JN197479

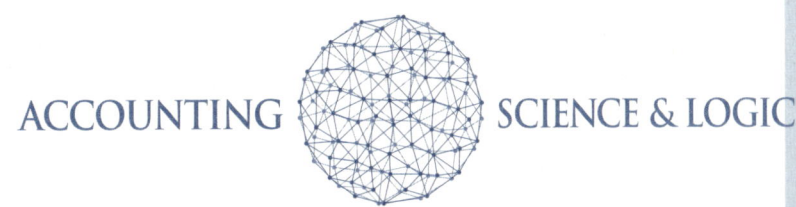

ACCOUNTING SCIENCE & LOGIC

会計の科学と論理

上野清貴［著］
Ueno Kiyotaka

中央経済社

序　文

　本書は，科学哲学の思想を背景として，会計を科学的および論理的に考察し，様々な角度から会計の本質を解明することを目的としている。会計を科学的および論理的に考察することによって会計のあるべき姿が見えてくる，というのが本書で最も主張しようとする点である。

　本書は9章からなっており，様々な角度から会計の本質を解明するという目的を達成するために，それぞれが独立した章立てとなっている。それらの概要は以下のとおりであるが，本書は通常の会計学書と比較して特異なところがあるので，少し詳細に概説する。

　まず，第1章「会計と科学的実在論」は，差額概念としての抽象的な利益や純資産がそもそも実在するのか，という従来から会計において論じられていた問題を，科学哲学における「科学的実在論」を適用することによって解明することを目的としている。この目的を達成するために，そこではまず，会計において主張されている非実在論と実在論を，主としてこれまで最も議論の中心となった利益について述べている。次に，改めて科学的実在論の概要を説明し，科学的実在論論争を通じて「構成的実在論」が究極的な科学的実在論であることを明らかにし，この構成的実在論を適用して，会計の実在性をいくつかの基本点に関して解明している。

　第2章「有機的貸借対照表論の科学的検討」は，シュミット（Schmidt）の提唱した有機的貸借対照表論をメリンスキー（Melinski）の所論を参考として科学論的に検討し，そのあるべき姿を探求することを目的としている。そこではまず，有機的貸借対照表論の特徴を論点として取り扱うことによって，この会計理論の本質を浮き彫りにしている。次に，有機的貸借対照表論をメリンスキーに従って公理化し，さらに，これに基づいて有機的貸借対照表論を科学論的に分析している。これによりこの会計理論の問題点が明確になるので，最後に，これを解決して科学論的要件を満たす有機的貸借対照表論の理念型を探究している。

　第3章「会計の主題と測定・評価」は，会計の主題に関して従来から様々な

意見と論争が繰り広げられてきた問題に対して，会計の主題が測定論であることを明らかにし，この測定の特質を解明することによって，それに適合する評価基準を論理的に導き出すことを目的としている。そこではまず，会計の主題に関して現代の代表的な思考学派を取り上げ，これらを批判的に検討することによって，会計の真の主題は測定論であることを明らかにしている。次に，測定論としての会計を科学論的に説明し，さらに，この測定論の特質を主として命題形式によって論じている。そして最後に，測定論の特質を受けて評価に関する一般的説明を意思決定に関わらしめて命題形式で行うとともに，論理的に適合的な評価基準の選択を行っている。

第4章「会計の科学的要件と会計システム」は，会計を科学的に説明するための要件を明らかにし，この要件に適合する会計システムを論理的に探究することを目的としている。そこではまず，会計の科学的要件として経験的検証可能性と目的適合性を説明し，次に，この科学的要件に適合する会計システムとして，いくつかの会計システムの中で，（実質）売却時価会計を論理的に導き出している。ただし，売却時価会計はすべての会計事象を説明し予測するには限界があるので，さらに，これを補足する会計システムを考察している。そして最後に，そこで導出した理念的な会計システム，つまり売却時価会計を「財に対する支配権」概念の拡張のもとに再構築する必要性を示唆している。

第5章「会計の本質としての会計責任説」は，会計の本質として従来から主張されてきた意思決定説および会計責任説のうち，現在の通説とは逆に，会計責任説が会計の本質であるべきことを明らかにすることを目的としている。そこではまず，井尻の所論に沿って会計責任説と意思決定説を改めて説明し，彼は会計責任説を主張していることを述べている。次に，これを哲学的および言語学的に証明するために，オースティン（Austin）の言語行為論を解説し，そこにおける「発語内行為」が重要であるとした上で，それと会計理論における会計責任との関係を明らかにしている。さらにこれを踏まえて，会計責任と意思決定の関係を解明し，最後に，通常いわれている会計責任の概念を拡張することによって，会計の本質として，真の意味における会計責任を明らかにするとともに，それに相応する会計測定を論じている。

第6章「会計における相対的真実性の成立論理」は，わが国「企業会計原

則」の一般原則の第1原則である「真実性の原則」に関して通常解説されているが，論理的に矛盾していると思われる「相対的真実性」の成立論理を解明することを目的としている。そこではまず，真実性の原則の一般的な説明を改めて行い，次に，相対的真実性の成立論理を解明するための鍵として，論理学，とりわけ記号論理学を解説している。その場合，記号論理学は構文論，意味論および語用論の分野に分かれているので，それらの意味と規則を説明し，これらの構文論，意味論および語用論が会計理論においてどのように適用されるのかを明らかにしている。そして最後に，経験科学において語用論が最も重要であることを述べるとともに，この語用論の領域において会計における相対的真実性が論理的に成立することを解明している。

　第7章「会計理論における条件付規範理論の論理と適用」は，すべての学問領域において，理論には大きく分けて記述理論と規範理論があるが，これらのうち，会計理論はどちらを探究すべきかを解明することを目的としている。そこではまず，実証理論と規範理論の概要を説明し，その場合，規範理論を絶対的規範理論と条件付規範理論に分けて解説している。次に，実証理論，絶対的規範理論および条件付規範理論の比較を行い，相互関係を明らかにし，それらの共通因子を通じて論理的に統合することによって，条件付規範理論の優先性を明らかにしている。そしてさらに，この条件付規範理論をいくつかの基本的事例に限定して会計理論に適用し，最後に，以上の解明に基づいて，今後の応用科学・社会科学としての会計理論の方向性を示唆している。

　第8章「資金会計における資金と対照資金」は，会計観としての「収入支出観」に基づく資金会計を対象とした「対照資金会計」を，コジオール（Kosiol）の所論を参考にして，その概要を明らかにするとともに，その構造的特質と機能を解明することを目的としている。そこではまず，コジオールの提唱する収支的貸借対照表論を詳細に説明している。次に，これに基づいて，様々な資金会計を概説し，さらに，この資金会計を対象とし，それに対応する様々な対照資金会計を解説している。そして最後に，この対照資金会計の構造的特質と機能を言語学的観点から解明し，対照資金会計の会計における基本思考を明らかにしている。

　そして，第9章「利速会計とEVA会計」は，新しい会計として井尻の提唱

する利速会計の内容，機能および利益概念を明らかにし，さらに，利速会計の実践としてのEVA会計の内容，ならびにEVA会計と利速会計の関係を明らかにすることによって，両会計の特質と利速会計の本質を解明することを目的としている。そこではまず，利速会計の概要を示し，次に利速会計を具体的な取引例によって説明している。これによって利速会計の全容が明らかになるので，さらに利速会計の機能と利益概念を解明している。利速会計は現在の実務においてほとんど使用されていないけれども，その基本思考に類似するものとして，現在実務において使用されているEVA会計があるので，このEVA会計を概説し，EVA会計を具体的な計算例によって説明している。そして，これらを踏まえてEVA会計と利速会計の計算構造的関係を明らかにし，最後に，両会計の特質と利速会計の本質を解明している。

　以上が本書の概要である。これらによって推察できるように，本書には様々な哲学的，科学的および論理学的思考が盛り込まれている。これらは，私が大学院時代から現在に至るまで，会計学研究に関してたどってきた思考過程であり，それらのほとんどが本書に収録されている。この意味で，本書は私にとって記念すべき書となると思われる。

　最後に，出版事情の厳しい中で，本書の出版を快くお引き受けいただいた中央経済社代表取締役社長の山本継氏および同取締役専務の小坂井和重氏に感謝申し上げたい。特に，小坂井和重氏には長年にわたり親密なお世話をいただいた。ここに改めて心より謝意を述べる次第である。

　2019年 4 月21日

上 野 　清 貴

目　　次

第1章 会計と科学的実在論

I　はじめに

　従来，会計において，資産マイナス負債として定義される純資産や，期末純資産マイナス期首純資産もしくは収益マイナス費用として定義される利益が存在ないし実在するかどうかは大きな問題点であった。というのは，それらは差額概念であり，具体的および物理的対象物をもたない抽象的な概念であり，抽象的なものの実在性（reality）が問題となるからである。

　このように，会計には存在性あるいは実在性の不明確な項目が多数あり，またそれらは重要な項目であるので，会計を科学的に説明するためには，この問題を解決しておくことが必須の要件である。そこで，この問題を科学哲学における「科学的実在論」を適用することによって解明しようとするのが，本章の目的である。

　この目的を達成するために，以下ではまず，会計において主張されている非実在論と実在論を，主としてこれまで最も議論の中心となった利益について述べる。次に，改めて科学的実在論の概要を説明し，科学的実在論論争を通じて「構成的実在論」が究極的な科学的実在論であることを明らかにする。そして，この構成的実在論を適用して，会計の実在性をいくつかの基本点に関して解明し，論述することとする。

II　会計の非実在論と実在論

　上述したように，従来から会計とりわけ純資産および利益の実在性に関して

多くの論争があった。本節では，これらのうち最も論争の多い利益の実在性に
関し，その非実在論と実在論について，それぞれの論者の主張を展開する。具
体的には，利益の非実在論を主張する代表者としてヒース（Heath）を取り上
げ，利益の実在論を主張する代表者としてマテシッチ（Mattessich）を取り上
げて，会計の非実在論と実在論の論拠を説明することとする。

1　会計の非実在論

⑴　収益力と支払能力

　ヒースによれば，企業の経営者は企業活動に関して2つの目的に関心をもっ
ている。それは，収益力（profitability）と支払能力（solvency）である。ここで，
収益力とは企業がその富を増加させる能力をいい，支払能力とは，企業がその
債務を期日に支払う能力をいう（Heath［1978］p.1）。換言すれば，収益力とは，
企業が利益を稼得する能力であり，支払能力とは，企業が現金を必要とする場
合に，どのような方法であれ，現金を調達する能力である。

　このような収益力と支払能力との間に密接な関連があることは明らかである。
長期的な支払能力は長期的な収益力に依存する。長期的にみれば，利益を稼得
していない企業が負債の返済資金を調達するために利用できる方策などまった
くない。しかし，短期的にみれば，収益力と支払能力とが必ずしも同じような
動き方をするものとは限らない。収益力のない企業でも，現金回収が現金支払
いを超え続けているために，数年間は支払能力があるかもしれない。他方，増
加した売掛金，棚卸資産および生産設備に融資するために現金の必要な，収益
力のある企業は，最終的には支払不能となりうる非現実的な債務返済スケ
ジュールにそれ自体縛られるかもしれないのである。

　収益力と支払能力とが異なる代表的な事例を，ヒースはさらに次のように明
確に述べている。会社の現金収支の時期は，資産・負債が記録される金額に影
響を与える場合以外は損益の測定と関連をもたない。ある品目を現金10,000ド
ルで販売することと，5年満期，10%利付きの受取手形10,000ドルで販売する
こととは，収益力を評価する上で同等の取引とみなされる。しかし，この2つ
の場合，現金を受け取る時期が非常に異なるから，支払能力を評価する上でそ
れらは同等の取引とはいえない。将来の現金収支の時期は支払能力を評価する

ための必要条件であるし，また支払能力を報告する問題と収益力を報告する問題とを区別するための不可欠の部分をなしている（Heath［1978］pp.3-4）。

　これは，突き詰めていえば，利益と現金との相違であるということができる。利益とは，ヒースによれば，1期間における企業の純資産の増加であり，抽象的な数字である。つまり，それは貨幣単位で測定された富の増加であって，物的な貨幣や「物」ではない。このような利益は現金をもたらさず，現金は事業活動によってもたらされる。事業活動の1つの効果は企業の現金の変動であり，他の効果は企業の純資産の変動である。しかし，純資産の変動は現金をもたらさない。受取債権の回収，借入れおよび株式の発行のような活動のみが現金をもたらし，利益があったかどうかにかかわらず，それらの活動が現金をもたらすのである（Heath［1979］p.92；［1981］p.167）。

　このような理由から，企業の利益に何が「生じた」かを示そうとすることは無意味である。利益は処分され，留保され，あるいは支払われうる物的な「物」ではない。つまり，利益は貨幣で測定されるが，資産ではない。もちろん，会社の現金に何が生じたかを示すことはできる。その一部は利益を指向する諸活動の結果として受け取ったものである。キャッシュ・フロー計算書がそれを示している。

　同様に，利益を指向する諸活動はその他の資産，例えば当座資産にも影響するから，会社の当座資産に何が生じたかを示す計算書も作成することができる。その一部は会社の利益を指向する活動の結果として受け取ったものである。しかし，会社の利益に何が「生じた」かを示してみても，それは意味がない。どのような計算書もそれを示すことはできない（Heath［1978］pp.101-102）。

　したがって，利益と現金および収益力と支払能力とは別物であり，両者を混同してはならない。従来，両者は混同されるきらいがあり，さらに収益力が重視される傾向にあったが，収益力に加えて，支払能力を別個に独立して把握することが必要であるのである。

　これに関して，ヒース自身次のように述べている。収益力と短期的な現金調達能力との区別を無視または混同している債権者は，自らの誤りに対して高い代償を支払うことになろう。今日，知識のある債権者が会社の将来のキャッシュ・フローに注目しているのは，高額の利益を稼得していたとしても，それ

によって負債の支払期日が到来した時に，負債を返済するために十分な現金が手元にあることが保証されないことを承知しているからである（Heath [1978] p.18）。

(2)　利益の非実在性

　このように，収益力と支払能力とを区別して認識する必要があり，支払能力の評価は非常に重要なのであるが，ヒースはさらに，利益は現実世界において実在しないと主張する。それは以下のような論拠である。

　彼によれば，会計人はしばしば利益を具体化する。彼らは，それを分配する，それを確保する，それを再投資する，それを内部留保する，それから固定資産の財源を確保する，等々という。

　しかし，利益は抽象的な概念である。それは，所有主との取引以外の源泉から生じた企業の純資産の価値測度の変動である。それを直接観察したり測定したりすることはできない。それは会社の資産および負債の属性（つまり，それらのコストや価値）の1つを測定し，それからそれらのデータを1組の規則に従って操作することによって決定される。

　利益の会計的概念は現実世界の事象のモデルであるけれども，現実世界において1.6人の子供をもつ家族が存在しないのと同様に[1]，利益は現実世界において存在しない。両者はわれわれの心の中にのみ存在する。それらは無形の概念であり，抽象概念である。

　ある人は，利益の具体化を害のない慣行または「単なる意味論の問題」として片づける。それは意味論の問題でもよいが，それは重要ではないことを意味しない。また，何かに意味論の問題と名づけることは，その慣行が無害であることを意味しない。利益を具体化することはコミュニケーション問題を生ぜしめ，しばしば誤った理由づけとなる（Heath [1987] p.2）。

　さらに，会社が配当金を支払う場合，会社は現金（またはその他の資産）を分配するのであり，利益を分配するのではないし，その現金が例えば1906年の

---

1)　これに関して，ヒースは次のように述べている。例えば，平均的な合衆国の家族は1.6人の子供をもっているとわれわれがいうとき，これは直接観察できない何かを可視化するのに役立つ。1.6人の子供をもつ家族を誰も見たことがない（Heath [1987] p.1）。

株主の出資からきたのか，それとも1984年の商品の販売からきたのかを決定することは不可能である。つまり，配当は現金で行われるものであり，利益の分配はありえないのである。

そして，ヒースは利益に関して次のように結論づける。利益はいかなるものの源泉ではない。それは，購入，保有や，財およびサービスの販売のような様々な活動に企業が従事したことの結果である。会社の利益がその現金の源泉として報告されるならば，貸借対照表で報告される現金の実際の変動と一致する計算書を作成するためには，現金以外の源泉として，減価償却，割引社債の償却，繰延税金の増加，等々も報告する必要がある。しかし，それらは現金の源泉ではないのである（Heath［1987］p.6）。

したがって，利益は現実世界において存在しない，とヒースはいうのである。

2　実在性の玉ねぎモデルと社会的実在性

(1)　実在性の玉ねぎモデル

利益は実在しないというヒースのこのような主張に対して，マテシッチは，ヒースは社会的実在性と物理的実在性を混同しており，社会的実在性を無視していると批判する。そして，社会的実在性の重要性を認識すれば，利益が実在することを証明できると主張する。マテシッチはこれを「実在性の玉ねぎモデル」（onion model of reality; OMR）に基づいて行う。

OMRは進化論で用いられる「創発属性[2)]」（emergent properties）の観念に基づき，実在性を物理的実在性，生物的実在性および社会的・文化的実在性のレベルに階層的に区別する[3)]。これらの実在性は，次のように概略的に説明する

---

2)　創発属性は一般に，進化論で用いられる概念であり，先行与件から予言したり，説明したりすることが不可能な進化，発展の属性をいう。これは，モーガン（Morgan）が『創発的進化』（1923）で提唱した概念である。生物の進化の歴史の中で，生物の発生，神経系を備えた生物の出現，人間の出現などいくつかの段階において，先行の諸状態に基礎はおいているものの，それから直接予見することのできないような飛躍が認められる，というのがモーガンの主張で，彼はこれらを創発の典型例と考えた（平凡社［1971］864頁）。

3)　厳密にいえば，マテシッチの開発したOMRは2つあり，それはオリジナルのOMRとそれを拡張ないし整理したOMRである。本章で述べるのは後者の拡張されたOMRであり，オリジナルのOMRでは，本文の生物的実在性と社会的・文化的実在性の間に「心理的実在性」が入る。拡張された実在性では，心理的実在性の一部は生物的実在性に組み込まれ，残りは社会的・文化的実在性に組み込まれる（Mattessich［2014］p.147）。

ことができる。

(1) 物理的実在性：これは力学，クウォーク，電子等の分野からなり，さらに，原子，分子，アミノ酸，タンパク質等のより高いサブレベルの分野からなる。各々のこれらの「主体」(entities) はすでに「創発属性」を有している。これらの様々な種類の実在性の認識は，すでに実在性の階層的観点を完全に意味しており，そのある局面は安定しているけれども，他の局面はより変動する。

(2) 生物的実在性：これはそれ自体DNA分子および生命の規準において現れ，また，近代の植物学および動物学において経験的に証明されたその創発属性において現れる。このレベルも，無数の生命形態の様々な段階に依存する多くのサブ階層からなる。事実，次のレベル（項目(3)）は，生物的実在性の主要なサブレベルと考えることができる。進化的飛躍は，ある基礎的な特性の永続性対その他の特性の変動性をわれわれに気づかせる。

(3) 社会的・文化的実在性：これは，人間のグループが社会的属性を生み出す場合に常に存在し，そこでは，その社会的属性はより高いサブレベルで道徳的，経済的，法的，および類似の属性となる。所有権および債権の経済的および法的関係は，物理的レベルにおける原子と同様に，また心理的レベルにおける痛みや好みと同様に，このレベルで経験的に実在である。

これらのより高い実在性は，以前の階層ならびに究極的な実在性を包含する。ある階層は以前の階層から生じ，それらによって跡づけることができるけれども，これは，そのような階層またはその主体がある以前の階層に「還元」できるということを意味しない。

現代において，次の規準が物理的実在性および生物的実在性を社会的・文化的実在性から区別するために使用される。前者はすべての人間の精神および表現に関して独立的であるけれども，社会的実在性はある精神に関して独立的であり，つまり当該特定種類の社会的実在性の創造に関係しない精神に関して独立的である。

以上のことから，このOMRを図示すると，**図表1-1**のようになる。

図表1-1 実在性の玉ねぎモデル

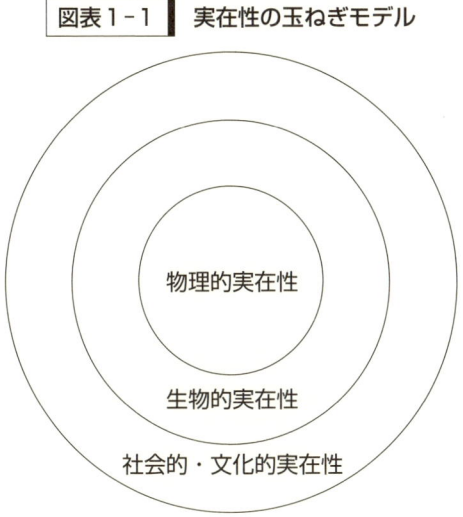

物理的実在性

生物的実在性

社会的・文化的実在性

⑵　社会的実在性の重要性

　この「実在性の玉ねぎモデル」（OMR）に関して，会計との関係でとりわけ重要なのは社会的実在性である。マテシッチはこれを次のように述べている。

　会計において，社会的実在性のレベルは明らかに極めて重要な役割を果たす。そこでは，ほとんどすべてのものは所有権および負債関係に依存し，それらの派生物および評価に依存する。特定の創発属性は実在であり，実在性は様々なレベルからなるという観念は，暗黙的にすべての科学の基礎にある。

　それは社会科学の分野において特に重要であると思われる。事実，意識，公債，所有権，価値等のような創発属性を経験的ではないものとみなすことは，会計学および経営学を含むすべての社会科学を形式科学（つまり，論理学や数学のような，経験的ではなく単なる概念的内容の学問分野）に還元することになる。しかしそのとき，形式科学もまたわれわれの世界の具体化ではないのか，という疑問が生じるが，この疑問にはっきりと「イエス」と答えることができる（Mattessich ［2014］ p.50）。

　すなわち，会計において社会的実在性が非常に重要であり，そこにおいて特徴的な所有権や請求権はまさに社会的実在性を有しているのである。マテシッチによれば，（貸借対照表の両側における）特定の請求権および所有権は5,000年

8

以上もの間最も重要で検証可能な社会的実在であった。それらなくして，法律家および会計人の必要性はほとんどなかったであろう。

そして，彼は次のようにいう。あなたの家の抵当権をあなたに保証する銀行家に，彼の債権が実在ではないこと（もしくはそれが「存在論的に主観的」であること）を納得させようとすると，彼はすぐに必要な証拠を提供することによって逆のことをあなたに納得させるであろう。また，あなたの財産に対する所有権が実在ではない（もしくは主観的にのみ実在である）と誰かが主張するならば，あなたはどのように反応するだろうか。それゆえ，日常生活および言語に一致する実在性の観念および社会的客観性の観念を受け入れることに適した十分な理由があると思われる（Mattessich［2014］p.51）。

(3) 利益の実在性

　所有権および請求権が社会的に実在であるならば，この権利の特定の変動としての利益や社会的および法的権利部分としての利益は，まさに実在であるということになる。マテシッチはこれを次のように実際的に説明している。

　例えば，あなたのまたはあなたの隣の庭にあるリンゴの木は，毎年果物の収穫物を生み出すことができる。この木からの利益は，一般的な考えとは逆に，リンゴの収穫物ではない。利益はむしろこの年次収穫物に対する財産請求権である。リンゴはこの利益の一時的な物理的現れ（資産）にすぎない。リンゴを利益とよぶことは，せいぜい，それの比喩的表現の1つであろう。

　所有権はその背後に資産がなければ事実上無意味であるけれども，その2つの観念が同じであると考えることは，頻繁になされる誤りであり，会計人がその誤りを犯さないことを望む。それらのリンゴの物理的実在性は所有権とはまったく独立である。それらのリンゴがあなたに属するか，あなたの隣人に属するか，ほかの誰かに属するかにかかわらず，それらは依然として同じリンゴである。

　もちろん，ビジネスの世界では，この問題はリンゴの庭におけるよりも複雑である。第1に，評価問題がある。第2に，企業における株主持分の変動は，通常，単一タイプの有形商品においてそれ自体現れず，負債と一緒になった様々な資産において現れる。それゆえ，利益の具体的な出現（つまり，ある人

と所有主との所有関係とは対照的に，生み出されたものとしての所有権の増加の対象）は，もはや特定の資産（例えば，いくつかの「リンゴ」）を必要とせず，おそらく価値等価の資産を必要とするであろう。

　その時でさえ，未分配の利益は増加した所有権であり，利益の分配は（それが具体的にどのように現れようと）社会的実在性の物理的結果である。そのような状況において，利益の性質は依然として同じであるけれども，この利益の決定（測定）は貨幣的評価または類似の評価を必要とする（Mattessich［2014］p.51）。

　さらに，マテシッチによれば，利益に多くの定義があり，それらのどれも絶対的ではないという事実は，表現，解釈，分類および測定の問題であり，実在性の問題ではない。資産の請求権としての資本の価値は，ほとんどの企業で絶えず変動し，配当および新投資を考慮しない場合でさえそうである。

　資産に対するそのような請求権が社会的実在であるならば，その価値変動も社会的実在であり，それをどのようにわれわれが表現し，分配し，評価するかにかかわらず，そうである。われわれが非包括的利益定義を使用するか包括的利益定義を使用するかにかかわらず，われわれは異なったニーズに従って様々な方法でこの実在性を分配する以外にない。この操作はあらゆる表現に対して優先権を有しており，それが科学的使用であろうと日常的使用であろうと，そうである（Mattessich［2014］p.60）。

　すなわち，利益は増加した所有権であり，追加的請求権であり，会計的概念によって表現しうる社会的実在であるのである。そして，この利益の測定は貨幣的評価を必要とし，利益に多くの測定方法があるけれども，それは測定の問題であって実在性の問題ではなく，利益は依然として社会的実在性を有しているのである。

Ⅲ　科学的実在論

　このように，会計およびその最も重要な構成要素である利益の実在性は，「実在性の玉ねぎモデル」（OMR）により，社会的実在性を有しているということになるが，会計および利益の実在性をさらに証明するためには，実在論の

根本原理にまで遡る必要がある。そこで重要となるのが哲学原理および科学理論であり，科学哲学における「科学的実在論」である。本節では，この科学的実在論はどういうものであり，これに関してこれまでどのような論争があり，その結果として本章で適用しようとする科学的実在論を明らかにすることとする。

1　科学的実在論の意味と歴史

科学的実在論は通常，次の2つのことを主張する科学哲学上の立場を指す（岩波書店［1998］225頁）。

(1)　十分論拠立てられた科学理論の諸言明は，たとえいわゆる観察不可能な対象に関する言明であっても，概して，客観的世界について（近似的に）真である。かつ，

(2)　このような科学的理論が一見指示する諸対象は，観察不可能な対象であっても，概して，理論とは独立に存在する。

科学的実在論が現れるに至った起源には次のような問題がある。物理学のような発達した科学の理論は，典型的に，「原子」「重力場」など観察不可能な対象（理論的存在者）を一見指示する語句を含み，したがって，少なくとも直接には観察によって実証不可能な部分（これを以下，「理論」とする）をもつ。では，「理論」は何らかの仕方で実証可能である（真偽を問える）のか，そうでないとすればどのような認識論的資格をもつのか。

現代科学哲学の出発点をなした経験主義的伝統（論理実証主義）においては，「理論」と観察との間には明確な認識論的区別があり，観察によって実証可能な言明のみが有意味である（真理値をもつ）と考えられた。それゆえ，「理論」の認識論的資格は一層大きく問題化した。これに対する経験主義的科学哲学者の解答は，還元主義または道具主義であった[4]。しかし，1950年代以降，これらの立場の様々な問題点が論じられ，科学的実在論が盛んに唱えられた。その

---

4)　ここで，還元主義とは，概略的にいえば，「理論」はすべて観察言語に翻訳可能という主張であり，道具主義とは，「理論」は観察言語間の推論関係を定め，体系化するための形式的計算装置という道具にすぎないという主張である。

議論の要点は結局，経験主義による理論と観察の絶対的区別に対する批判で
あった。

その後，観察・実験をはじめとする科学の方法的手続の多くが「理論」（正
確にはその一定の解釈ないしモデル）に依存しているという事実の認識が定着す
るに至って，科学的実在論はより広く受容される基礎を得た。しかし，皮肉な
ことに，この認識（観察の理論負荷性）の定着に最も貢献したのは，諸科学理
論の諸原理が互いに「通約不可能」[5]な社会的構成物にすぎず，したがって，
理論言明は理論相対的に真であるにすぎないと主張する科学哲学者たちであっ
た。

この社会的構成主義やその他の新しいタイプの反実在論との活発な論争を通
して，今日も科学的実在論はさらに洗練された形へと展開され続けている（岩
波書店［1998］225頁）。そこで，戸田山［2015］を参考にして，さらに詳細に科
学的実在論論争を跡づけ，本章で適用しようとする科学的実在論を解明してみ
よう。

2　科学的実在論論争

(1)　奇跡論法と悲観的帰納法

科学的実在論を擁護する初期のものとして，「奇跡論法」（no miracles argu-
ment）がある。これは「科学の成功からの議論」ともよばれており，次のこ
とを意味している。すなわち，広く受容された科学理論は様々な意味で成功し
ている。その成功は，その理論が（近似的に）真であることによって最もよく
説明できる。したがって，その科学理論は（近似的に）真であるだろう，とい
うものである。

ここでいわれる科学理論の成功とは，おおよそ次のものが含まれる（戸田山
［2015］56頁）。

---

5)　通約不可能性は，本来古代ギリシャ数学の概念であったが，科学史家のクーン（Kuhn）に
　　よって科学哲学的概念として使用されてから哲学用語になった。クーンは『科学革命の構造』
　　（*The Structure of Scientific Revolutions*）で，科学理論の発展や革命が，理論の単純な累積的
　　進歩という形では進行しないことを主張し，しばしば新旧理論相互間の世界観なり方法論にお
　　いて相互に理解しがたい乖離が残ることを指摘した。このように，理論相互間の比較が線上の
　　大小関係のようなわけにはいかず，共通の尺度によっては測れないことを科学理論間の通約不
　　可能性（または共約不可能性）とよぶ（岩波書店［1998］1096-1097頁）。

⑴　その理論が技術開発に応用される有用な装置や方法を生み出したこと
⑵　その理論から導かれる予言がよく当たってきたこと
⑶　様々な方法で様々な科学者が行ってきた実験の結果が揃っていること

　例えば，電子について理論から導かれた予言はよく当たってきた。電子について行われた実験の結果は，あたかも電子があってその同じ電子なるものについて多くの科学者が実験したかのようにうまくつじつまが合っている。そして，電子についての理論を用いてブラウン管が作られ，テレビが開発され，よく映っている。

　なぜ，こんなことが起こりえたのか。それは，電子というものが本当にあって，理論はその電子の存在とその性質について近似的に真なることを述べてきたからである，と考えるほかはない。逆に，理論が近似的に真ではなく，電子が存在しないなら，あるいは理論が述べているような性質を電子がまったくもたないなら，こうした電子理論の成功は，ほとんど奇跡になってしまう。これが「奇跡論法」とよばれるゆえんである。

　これに対して，奇跡論法を否定する非実在論があり，これが「悲観的帰納法」（pessimistic induction）とよばれるものである。これは次のことを意味している。すなわち，科学の歴史をひもとくと，成功していた理論でも，いずれ文字通りには偽であることが後になって判明したものの方が多い。したがって，現在のところきわめて成功している理論も将来には誤りであることが判明するだろう。つまり，いま成功している議論が措定している理論的対象は結局なかったのだとする可能性が高い。

　この非実在論のインパクトは強かったが，これを超克し，科学的実在論を擁護する理論として登場したのが，「分割統治戦略」（divide et impera）である。これは，理論において，残るものと捨てられるものを腑分けしようとするものである。すなわち，理論が捨てられるとき，丸ごと捨てられるということはない。残っている次の理論の重要な構成要素になるものがある。この残った部分が過去の理論の成功を説明するのであればよいとする（戸田山［2015］94頁）。

(2)　対象実在論と構造実在論

　上述した奇跡論法が具象する実在論は「対象実在論」（entity reality）とよばれる。これは既述のように，成功した科学理論に不可欠な理論的対象（観察不可能な対象）のほとんどは心と独立に存在する，というものである。

　この対象実在論は，さらに厳密にいうと，理論が記述している対象は独立の存在として存在すると信じる理由があるとする一方で，これらの対象について記述している理論の内容については懐疑的な態度をとる。こうした選択的懐疑により，悲観的帰納法に抵抗すると同時に，あくまでも実在論の一種にとどまろうとする。これにより，大きな理論変化の前後でも「同じ対象」について語っていると語る余地が生じるとともに，その対象は経験主義者の意味で観察不可能であり，観察不可能な対象の知識を認めることができる（戸田山［2015］217頁）。

　同じ科学的実在論を擁護する理論であるが，対象実在論に対する理論として「構造実在論」（structural realism）がある。これは，科学理論はそもそも世界の「構造」について語るものであり，その構造についての正しい記述を目的とする。そして，それに程度の差はあれ成功している，と考える立場である。科学は世界の構造について明らかにしようとするものであり，構造の理解に関して，漸進的累積的に進歩しているものと記述することができるとする。

　この構造実在論は，上述した分割統治戦略の一種だと考えることができる。分割的統治戦略は，理論変化に際して，変化する部分と保存される部分とを腑分けし，旧理論の成功をもたらしていたものは後者だと主張して，悲観的帰納法をかわそうとする。構造実在論は，その保存される部分こそ構造にほかならないと主張する。伝統的実在論は，世界に存在する対象の本性と，それらの間の関係（構造）について科学理論が述べる事柄の両方に対して実在論的態度をとろうとするのに対して，構造実在論はその一方を放棄する立場である。そして，放棄するのは対象であるという点で，対象実在論とまさに対照的になっている（戸田山［2015］194頁）。

　そしてさらに，対象実在論と構造実在論における両者の利点部分を統合し，分割統治戦略を洗練して，悲観的帰納法に抵抗しうると同時に，科学の営みにより忠実な実在論を導き出したものに，「半実在論」（semi realism）がある。

これは，構造実在論に対象実在論の重要なポイントを加味することで，構造実在論の難点を修正し，「洗練された構造実在論」として提示するものである。さらにいうならば，半実在論とは，構造実在論のいう「構造」を，抽象的構造から具体的構造に置き換えた立場である（戸田山［2015］224頁）[6]。

(3)　公理的アプローチとモデルアプローチ

　以上の科学的実在論，つまり対象実在論，構造実在論および半実在論はいずれも存在の真理性を主張するものであり，反実在論である経験主義および論理実証主義の影響を受けて，科学をまずは文の集まりもしくは公理系としてモデル化して考えるという方法を踏襲するものである。この方法は「公理的アプローチ」とよばれる。これに対して，1960年代から徐々に現れ，それに取って代わろうとする科学の見方の系譜がある。この代替的な科学観は，科学をモデルの集積として理解しようとするものであり，この方法は「モデルアプローチ」とよばれる。

　公理的アプローチにはいくつかの限界がある。公理的アプローチにうまく当てはまる科学理論は，数学と，いくつかの理論物理学，理論物理学を模範として理論化を進めた近代ミクロ経済学くらいのものである。その他の分野は，そもそも公理系としてモデル化することがきわめて疑わしい。

　公理的アプローチでは，科学理論という文の集まりが何かを説明する力をもつのは，そこに含まれる法則が普遍的で必然的だからであると考える。しかし，科学理論に現れる「法則」らしきものは，期待されるような普遍性も必然性ももたず，むしろ単なる一般化といった方がよいようなものの方が多い。例えば，分子遺伝学には，万有引力の法則やシュレディンガー方程式に相当するような

---

6)　ここで，抽象的構造と具体的構造を次のような例示で具体的に理解することができる。抽象的構造は，関係の高階の形式的性質に相当する。しかし，1つの同じ抽象的構造が具体的構造によって例示化される。スプーンを長さで並べた列とケーキを重さで並べた列は，いずれも同じ抽象的構造（全順序構造）の実例になっている。
　これに対し，様々なスプーンの長さとの関係は1つの具体的な構造をなす。したがって，具体的構造は，特殊者の第一階の性質の間の関係にほかならない。多くの場合，事物の第一階の性質がある仕方で関係していたら，その性質をもつ事物同士もそれと関連したある仕方で関係している。スプーン x の長さとスプーン y の長さの間に大きいという関係が成り立っているならば，x は y より長い（戸田山［2015］222-223頁）。

基本法則は存在しない（戸田山［2015］243-244頁）。

　このような理由で，科学哲学の展開の中で，次第に，公理的アプローチに対する不満が蓄積されてきた。その結果，こうしたプログラムを支える，科学を文の集まりあるいは公理系とみなすというモデル化の仕方そのものが次第に支持を失っていき，公理的アプローチの限界を踏まえ，それに取って代わろうとする代替物が現れてきた。科学を「モデル」の集積として捉えようというアプローチ，すなわち，「モデルアプローチ」である。

　そしてさらに，このモデルアプローチに，「理論の意味論的捉え方」（semantic conception of theories）とよばれる考え方が加わることになる。これは，理論の発見法，説明のツールといった，理論を補佐する認識論的道具としてモデルを考えるのではなく，むしろ，これまでの理論が占めていた位置にモデルを据えて，モデルを構築することが科学の認識論的目標であるとする考え方である。

　理論の意味論的捉え方では，公理系の形で形式化された理論と実在世界との間に「モデル」を挿入する。ただし，当初この「モデル」は，構文論的対象としての理論（公理系）に対する，論理学における意味のモデル，つまり公理系に意味論を与える集合論的対象として捉えられた。それゆえ，「意味論的」捉え方である。理論が直接的に実在世界によって評価されるのではなく，理論が評価されるのは，このモデルに照らしてである（戸田山［2015］259-260頁）。

　理論の意味論的捉え方では，指示・充足・真理という意味論的関係は，まず第1に，理論（公理系）と集合論的対象としてのモデルの間で考えられる。それでは，実在世界と理論はどのような関係をもちうるのだろうか。意味論的捉え方では，モデルと実在世界との間に，「前者が後者の理想化された複製品になっている」という関係を考える。言い換えれば，モデルと実在システムとの間には「似ている」という関係が成り立つ。

　ここで，類似性はかなり緩やかに理解されている。その最も極端なケースは，モデルと実物との間に同型性（isomorphism）が成り立つ場合であろうが，必ずしもそうでなくともよい。重要なのは，このような類似関係は意味論的関係ではないということである。実在もモデルも，どちらも対象である。何かを述べるという機能をもつものではない（戸田山［2015］262頁）。

　公理系が直接的に記述するものは抽象的な集合論的対象としてのモデルであ

るが，このモデルは，実在システムを理想化した複製品になっており，モデルと実在システムの間には様々な程度の類似関係が成り立つ。このことにより，公理系は間接的に実在システムについて，理想化を含みつつ何ごとか近似的に真なことを語ることができるようになる。そして，意味論的捉え方では，従来「理論」とよばれてきたものを公理系ではなくモデルと同一視しようと提起する。公理系は理論を表象・表現する方法として位置づけられる。したがって，同じ理論を異なる仕方で公理化する，と語る余地が生じる。

　意味論的捉え方では，しばしば「モデル」という語が二重の意味で使用される。実在システムと公理系を媒介する中間項としてのモデルは，公理系との関係でいえば，公理系の「意味論的モデル」つまり公理系の諸記号に解釈を与える装置である。同じモデルが，実在システムとの関係では，実物の単純化した模型という意味での「モデル」になる。むしろ，意味論的捉え方は，モデルにこうした二重の役割を担わせることによって成立している立場である，ということができる。

　理論の意味論的捉え方は，科学的実在論とはとりあえず独立の主張である。しかしながら，意味論的捉え方は科学的実在論のレパートリーを広げてくれる。すなわち，これまで科学的実在論論争は，主として（近似的）真理や指示のような意味論的概念を使って行われてきた。これに対して，意味論的捉え方において，モデルと実在システムとの間に想定される類似関係は，意味論的関係，つまり語や文のような表象とそれが表すもの（表象されるもの）との関係ではない。模型と実物の関係のように，2つの「物」の間の関係である。こうして，意味論的捉え方は，実在論者が自分の実在論的直観を述べる際のレパートリーを豊かにしてくれると同時に，真理とは何か，指示とは何かといった厄介な問題を実在論者が迂回することを可能にしてくれる（戸田山［2015］263-264頁）。

　意味論的捉え方では，モデルは様々な媒体によって表象しうるものであり，言語を用いて公理系という仕方で表象するのは，その1つの仕方にすぎないと考える。さらに重要なのは，それぞれの表象の仕方のどれ1つとして，それだけで理論のすべてを完全に表象し尽くしていると考える必要はないということである。

　このような様々な表象戦略を取り込む方向に拡張された意味論的捉え方の最

大の利点は，生物学や心理学などの，これまでの公理系アプローチに馴染まなかった，基本法則を欠く「メカニズム探求型」の科学が正当に捉えるようになるという点である。実際，これらの科学では，「理論」や「法則」よりも「モデル」概念を用いて分析する方が現実に即している。これらにおいては，上位レベルに見出される，機能・パターン・因果的規則性を実現する下位レベルのメカニズムを特定することが重要な課題である。

　そして，さらに重要なのは，こうした実現メカニズムの特定がそのまま，上位レベルの機能・パターン・因果的規則性に対する説明を与えているという点である。「どうしてそうなるのか」への答えが，普遍法則に包摂することによって与えられることもあるであろう。しかし，多くの場合われわれはそれを実現しているメカニズムをつきとめようとするし，それが成就したときに「説明が与えられた」と思うのである（戸田山［2015］268-269頁）。

3　構成的実在論

(1)　構成的実在論と構成的経験主義

　上記のモデルアプローチと理論の意味論的捉え方を科学的実在論に適用したものが，「構成的実在論」（constructive realism）である。この構成的実在論は「構成的経験主義」（constructive empiricism）に由来する。両者に共通しているのは，次の洞察である。科学者たちはモデルを構成して自然を理解しようとする。モデルは人間が構成した人工物であり，社会的に構成されるものである。この洞察を実在論者が取り込んではいけない理由はない。構成的実在論と構成的経験主義の違いは，こうしたモデルの類似性の強さにある。

　構成的実在論も構成的経験主義も，モデルと実在システムとの類似・非類似を両極端とするスペクトラムの間に位置する。この意味で，構成的実在論は「制限された実在論」（restricted realism）ということになる。モデルのすべての側面について，実在システムとモデルとの類似を主張するわけではないからである。そして，構成的経験主義は，類似性をさらに制限しようとする。つまり，類似性のポイントを世界の観察可能な側面に限る。これに対して，構成的実在論は，実在システムとモデルの類似ポイントを，観察可能・不可能の境界を越えて拡張しようとする（戸田山［2015］271-272頁）。

　このように，観察可能・不可能の境界を越えて拡張する構成的実在論は，「観点」（perspective）という概念を導入することによって展開される。そして，この立場は「観点主義」（perspectivism）とよばれる。

　観点主義は，概していえば次のような立場である。科学のモデルは，特定の観点から選択された実在のある局面だけを表象する。世界全体のあるがままのものをわれわれはもちえない。われわれがもちうるのは，人間の特定の観点から見られた世界の断片・一局面についてのモデルである。この観点は，われわれの実践的関心ないし研究目的に左右される。表象関係は二項関係ではなく，sがwをpのためにxを用いて表象している，という四項関係として理解しなければならない（戸田山［2015］276頁）。

　以上の構成的実在論と構成的経験主義の主張をここでまとめてみると，以下のようになる。まず，両者に共通した主張は次のとおりである（戸田山［2015］282-283頁）。

⑴　普遍的自然法則があって，それを真なる一般言明によって表現できるとは考えない。むしろ，科学はモデルを構成し改良していく営みとして捉えることができる。

⑵　モデルは，方程式，図表，計算機プログラムなど様々な仕方で表現される。それ自体は抽象的な対象である。つまり，本の上のインクの染みとか，計算機のメモリ内に蓄えられた磁気のパターンのような具体物ではない。そのような具体物によって表されている「何か」である。

⑶　モデルは，例えば方程式によって定義される。そのために，方程式によって明示的に特定化された性質のすべて，そしてそれだけをもつ。したがって，例えば調和振動子のモデルが方程式を完全に満たすか，といった問題は生じない。定義により，モデルはそれを定義する方程式を満たすからである。

⑷　モデルは抽象化と理想化を含む。モデルのターゲットになっている実在システムは，そのモデルに類似している。

　そして，構成的実在論のみの主張は，次の「観点主義」ないし「観点主義的実在論」（perspectival realism）である。

⑷′　モデルのターゲットになっている実在システムは，特定の観点に照らして，特定の程度まで，そのモデルに類似している。

　このように見ると，構成的実在論はかなり穏健な立場である。それは普遍主義を捨てている。つまり，いかなる時代のいかなる分野のいかなる科学者の実践にも当てはまる単一の科学の捉え方は存在しない。しかし，ときに科学は，観察可能な領域を超えて実在システムに類似したモデルをつくることを目指すのであり，われわれには科学がそれに（しばしば）成功してきたと考える合理的な理由がある。この程度の実在論的信念が正当化されれば十分であり，その意味で，構成的実在論は，われわれに必要な限りでの，擁護するに値する最小限の実在論を与えてくれている（戸田山［2015］288頁）。
　構成的実在論には，観点主義との関連でもう1つ重要な概念を導入する必要がある。それは「検出性質」（detection property）とよばれるものである。構成的実在論は，ある観点から検出（detect）され，科学理論で記述されている具体的構造にコミットする。ここで，検出性質とは，われわれがなんらかの仕方で検出できた世界への因果的結合を示す性質である。さらにいうと，検出性質は，因果的性質のうちわれわれが知っているものであり，世界とわれわれの因果的接触に基づいてわれわれが合理的に存在を信じているところの性質である（戸田山［2015］229頁）。
　この検出性質を構成的実在論に組み込むことによって，科学的認識の実在性がかなり広がることになる。すなわち，科学的知識の源泉を，人間による観察可能性（observability）をもつものに限定する必要はない。観察可能性を科学的検出可能性（scientific detectability）に拡張すべきである。

⑵　構成的実在論と半実在論

　検出可能性の概念を導入することによって，構成的実在論は半実在論に結びつく。半実在論は，われわれが何らかの仕方で検出できた因果的性質，つまり検出性質の織りなす具体的構造には合理的にコミットするが，そうでない性質（補助的性質[7]）に対しては，理論を構築するための虚構の可能性があるため，不可知論的な態度をとるべきだとする。そして，この実在論的態度を正当化す

20

るために，非経験的な因果関係とそれを支える力能としての因果的性質という形而上学的枠組みを「科学的実在論のための形而上学[8]」として提案する。

　これに，構成的実在論の基礎的構成要素であるモデル，類似性，観点といった概念装置を重ね描くことによって，次のような「構成的実在論のための形而上学」を手に入れることができる（戸田山［2015］295-296頁）。

(1)　世界は，われわれに検出可能な性質，検出不可能な性質をもつ「何か」からなる。これらの性質同士は互いに因果的に関係し合って，ある特定の構造を形づくっている。検出可能な性質のいくつかは，検出装置などを通して，われわれと因果的に相互に作用する（われわれによって検出されたり，操作されたりする）。それが可能なのは，われわれも世界の一部であり，因果のネットワークの中に組み込まれているからである。

(2)　しかし，世界の構造はきわめて複雑である。また，われわれの知覚と検出装置などの限界と認知能力の限界のため，人間が思いつくどんなモデルも，その全体に正確に類似することはできない。

(3)　したがって，われわれのつくるモデルは，世界全体の忠実な複製品というよりも，世界の一部の検出性質の織りなす具体的構造の一局面を，ある観点から捉えるためのものにとどまる。

(4)　このように，観点は相対的なものであるため，世界の同じ領域について複数の異なるモデルが可能になる。

この形而上学の上に乗るかたちで，次のような構成的実在論が主張できる。

(5)　検出を通して世界の具体的構造と相互作用することを通してモデルはつくられ，受容される。これが，成功したモデルが世界の一局面にある観点

---

7)　半実在論は，上述した検出性質と補助的性質を区別する。検出性質は既述のものであるが，補助的性質（auxiliary property）は，存在論的身分がまだわからないものであり，理論によって事物に帰されてはいるものの，検出に基づいてその地位を決めるには不十分な根拠しかない段階にとどまっている性質である。因果的性質かもしれないし，虚構かもしれない。どちらになるかは，科学の進展による。科学が進むと，補助的性質のうちのあるものはそのまま残り，あるものは検出性質に昇格し，あるものは単に捨てられることになる（戸田山［2015］229頁）。

8)　形而上学は，概略的には，あらゆる存在者を存在者たらしめている根拠を探究する学問であり，現象的世界を超越した本体的なものや絶対的な存在者を，思弁的思惟や知的直観によって考究しようとする学問である。

である程度まで類似していると信じる理由を与える。

(6)　観点の複雑性のため，様々なモデルがありうるが，それぞれのモデルは
　　　それぞれの観点から，それぞれの程度で世界の局面を表象している。どの
　　　モデルも，世界の局面にある仕方で似ており，世界の実在論的理解を与え
　　　ている。

(7)　モデルに含まれる補助的性質に関しては，検出性質とその構造のように
　　　強くコミットすることはできない。しかし，モデル全体として，世界の一
　　　局面に「似ている」ということにはコミットすることができる。それゆえ
　　　に，モデルに含まれる検出されていない補助的性質については，モデルを
　　　構成するための虚構という可能性に加えて，実は検出可能であるがまだ検
　　　出できていない可能性も，われわれは信じる理由がある。

(8)　後者の可能性が，さらなる検出実験のための努力を促す。こうして，モ
　　　デルは発見法として機能する。

そして，このような構成的実在論は，次のような理由で実在論的要求を満た
しているということができる（戸田山［2015］306頁）。

(1)　科学のモデルには様々な構成のされ方と使い道があるが，それらに応じ
　　　て，モデルのうちの少なくともいくつかは，実在システムのあり方の重要
　　　な特徴をうまく表象していると考えるのは，合理的である。

(2)　検出実験に成功したら，その検出された何かはやはりこの世界にあると
　　　考えるよい証拠が与えられる。それと同時に，その検出実験に使われた
　　　「何か」についてのモデルは，「何か」のあり方（本性）の重要な特徴を捉
　　　えていると考えるのは，合理的である。

(3)　確かに，世界全体を余すところなく正確に捉えたモデルは構築できない
　　　かもしれない。しかし，異なる領域について異なる観点から構築されるモ
　　　デルを増加していくことで，われわれは世界全体についての理解を進める
　　　ことができるし，その意味で，科学は累積的に進歩している。

(4)　確かに，モデルとその解釈ルールは，日常的形而上学を含むわれわれの
　　　認知リソースに制約を受けたものである。したがって，われわれはとりあ
　　　えず，電子という「対象」があって負電荷という「性質」をもつ，といっ

た言い方をするし，そのように理解もしている。これは文字通りにとれば偽であるかもしれない。しかし，こうした言い回しは比喩として理解されるべきである。「電子という対象が負電荷という性質をもつ」は，われわれのもつリソースで構成したものにすぎないかもしれないが，この言い方は「当たらずといえども遠からず」の仕方で実在システムのありさまを言い当てている。

　したがって，この構成的実在論は合理的な科学的実在論であり，本章で適用する実在論である。

Ⅳ　会計の構成的実在論による実在性

　前節では，科学的実在論の概要を説明し，科学的実在論論争を通じて「構成的実在論」が会計の実在性を証明するために本章で適用する科学的実在論であることを明らかにした。上述したように，構成的実在論は公理系の代わりにモデルを重視し，様々な実践的観点および研究目的的観点から検出性質をもつモデルをつくりだす。そして，このモデルが実在システムのあり方の重要な特徴を表象している，つまり類似しているとみる実在論である。

　そこで本節では，この構成的実在論を適用して，会計の実在性をいくつかの基本点に関して解明する。具体的には，方程式によるモデルを用いて一般的会計と会計的利益および現在価値会計と経済的利益の実在性を証明し，さらに，それを拡張して様々な会計システムおよび利益の実在性を論述する。ここで，実践的および研究目的的観点は会計的および利益的観点であり，検出性質は会計の構成要素ということになる。

1　一般的会計と会計的利益の実在性

　まずは，一般的な会計および会計的利益の実在性の証明である。これを，構成的実在論による方程式を用いたモデルを適用して行うと，以下のようになる。一般に，利益は1期間における企業の純資産（資本）の増加であると定義することができる。これを数式的に表すと，ある企業における第 t 期の会計的利益

(Y_t) は次のように示すことができる。

$$Y_t = K_t - K_{t-1} \tag{1-1}$$

ここで，K_t は t 期末における企業資本であり，K_{t-1} は t 期首における企業資本である。

これらの企業資本はさらに以下のように分解することができる。まず，期首における企業資本は次のとおりである。

$$K_{t-1} = A_{t-1} - L_{t-1} \tag{1-2}$$

ここで，A_{t-1} は t 期首における企業資産であり，L_{t-1} は t 期首における企業負債である。

前者の企業資産は貨幣資産，金融資産および非貨幣資産に分解することができ，非貨幣資産はさらに，棚卸資産，償却資産および非償却資産に分解することができるので，(1-2)式は次のように展開することができる。

$$\begin{aligned} K_{t-1} &= M_{t-1} + V_{t-1} + N_{t-1} - L_{t-1} \\ &= M_{t-1} + V_{t-1} + I_{t-1} + G_{t-1} + O_{t-1} - L_{t-1} \end{aligned} \tag{1-3}$$

ここで，M_{t-1} は t 期首における貨幣資産であり，V_{t-1} は金融資産であり，N_{t-1} は非貨幣資産である。さらに，I_{t-1} は t 期首における棚卸資産であり，G_{t-1} は償却資産であり，O_{t-1} は非償却資産である。

したがって，期末における企業資本は次のようになる。

$$K_t = M_t + V_t + I_t + G_t + O_t - L_t \tag{1-4}$$

これらの諸資産および負債はさらに分解することができ，それぞれ以下のように展開することができる。まず，期末の貨幣資産は，期首の貨幣資産に当期の収入を加算し，当期の支出を控除したものである[9]。そして，当期の収入はさらに当期の売上高とその他の収益に分解することができ，当期の支出も棚卸資産購入高，営業費およびその他の費用に分解することができる。したがって，

---

9)　本章では，現金取引を仮定している。したがって，収入は原則として収益を意味し，支出は費用を意味している。これは，議論を簡単にするためである。

t 期末の貨幣資産は次のようになる。

$$M_t = M_{t-1} + R_t - E_t$$
$$= M_{t-1} + (S_t + X_t) - (B_t + H_t + Z_t) \tag{1-5}$$

　ここで，R_t は t 期の収入であり，E_t は支出である。さらに，S_t は t 期の売上高であり，X_t はその他の収益である。そして，B_t は t 期の棚卸資産購入高であり，H_t は営業費であり，Z_t はその他の費用である。

　期末の棚卸資産は，期首の棚卸資産に当期の棚卸資産購入高を加算し，そこから当期の売上原価を控除したものである。したがって，t 期末の棚卸資産は次式のようになる。

$$I_t = I_{t-1} + B_t - C_t \tag{1-6}$$

　ここで，C_t は t 期の売上原価である。

　期末の償却資産は，期首の償却資産から当期の減価償却費を控除したものである。それゆえ，t 期末の償却資産は次のように表すことができる。

$$G_t = G_{t-1} - D_t \tag{1-7}$$

　ここで，D_t は t 期の減価償却費である。

　期末の金融資産，非償却資産および負債は，期首のそれと基本的に同じであると仮定する。したがって，t 期末の金融資産，非償却資産および負債はそれぞれ次式のようになる。

$$V_t = V_{t-1} \tag{1-8}$$
$$O_t = O_{t-1} \tag{1-9}$$
$$L_t = L_{t-1} \tag{1-10}$$

　そして，これらの式を(1-4)式に代入すると，t 期末における企業資本は次のように表現しなおすことができる。

$$K_t = M_{t-1} + (S_t + X_t) - (B_t + H_t + Z_t)$$
$$+ V_{t-1} + I_{t-1} + B_t - C_t + G_{t-1} - D_t + O_{t-1} - L_{t-1} \tag{1-11}$$

したがって，第 t 期の利益は，(1-11)式から(1-3)式を控除することによって導き出され，次のようになる。

$$
\begin{aligned}
Y_t ={}& M_{t-1} + (S_t + X_t) - (B_t + H_t + Z_t) \\
&+ V_{t-1} + I_{t-1} + B_t - C_t + G_{t-1} - D_t + O_{t-1} - L_{t-1} \\
&- (M_{t-1} + V_{t-1} + I_{t-1} + G_{t-1} + O_{t-1} - L_{t-1}) \\
={}& S_t + X_t - C_t - D_t - H_t - Z_t
\end{aligned}
\tag{1-12}
$$

それでは次に，上記の諸式に基づいて，財務諸表（期首貸借対照表，損益計算書および期末貸借対照表）の雛形を作成してみよう。

まず，期首貸借対照表は，(1-3)式より次のように数式的に表すことができる。

$$
M_{t-1} + V_{t-1} + I_{t-1} + G_{t-1} + O_{t-1} = L_{t-1} + K_{t-1}
\tag{1-13}
$$

ここで，この式の左辺は借方を表しており，右辺は貸方を表している。したがって，これを勘定形式で示すと，期首貸借対照表は次のようになる。

期首貸借対照表

貨 幣 資 産	M_{t-1}	負　　　債	L_{t-1}
金 融 資 産	V_{t-1}	資　　　本	K_{t-1}
棚 卸 資 産	I_{t-1}		
償 却 資 産	G_{t-1}		
非 償 却 資 産	O_{t-1}		

損益計算書は，(1-12)式より次のように数式的に表すことができる。

$$
C_t + D_t + H_t + Z_t + Y_t = S_t + X_t
\tag{1-14}
$$

したがって，これも勘定形式で示すと，損益計算書は次のようになる。

損益計算書

売 上 原 価	C_t	売　上　高	S_t
減 価 償 却 費	D_t	その他の収益	X_t
営 業 費	H_t		
その他の費用	Z_t		
利　　　益	Y_t		

　ここで，売上原価と減価償却費は，(1-6)式と(1-7)式よりそれぞれ次のように算出されることになる。

$$C_t = I_{t-1} + B_t - I_t \tag{1-15}$$

$$D_t = G_{t-1} - G_t \tag{1-16}$$

　そして，期末貸借対照表は，(1-4)式と(1-1)式より次のように数式的に表すことができる。

$$M_t + V_t + I_t + G_t + O_t = L_t + K_{t-1} + Y_t \tag{1-17}$$

　したがって，これも勘定形式で示すと，期末貸借対照表は次のようになる。

期末貸借対照表

貨 幣 資 産	M_t	負 　 債	L_t
金 融 資 産	V_t	資 　 本	K_{t-1}
棚 卸 資 産	I_t	利 　 益	Y_t
償 却 資 産	G_t		
非 償 却 資 産	O_t		

　以上は，構成的実在論を適用した一般的会計および会計的利益のモデルである。このモデルは，これらの観点から会計の構成要素を検出して実在システムを表象したものである。これにより，一般的会計および会計的利益は現実世界の重要な特徴を捉えており，この意味で，現実世界において実在していると考えることができる。

2　現在価値会計と経済的利益の実在性

　次は，現在価値会計および経済的利益の実在性の証明である。これも，構成的実在論による方程式を用いたモデルを適用して行うと，以下のようになる。まず，前項の会計利益と同様に，利益は1期間における企業の純資産（資本）の増加であると定義することができる。これを数式的に表すと，ある企業における第 t 期の経済的利益（Y_{et}）は次のように表すことができる。

$$Y_{et} = K_{et} - K_{et-1} \tag{2-1}$$

ここで，K_{et} は t 期末における企業資本であり，K_{et-1} は t 期首における企業資本である。なお，そこにおける添字の e は評価基準として現在価値を採用していることを表している。

これらの企業資本はさらに以下のように分解することができる。まず，期首における企業資本は次のとおりである。

$$K_{et-1} = \sum_{j=t-1}^{n} \frac{F_j}{(1+i)^{j-t+1}} + Q_{t-1} \tag{2-2}$$

ここで，F_j は j 期の予測純収入であり，i は利子率であり，n は計画期間の最終日であり，Q_{t-1} は t 期首における純貨幣資産である。

また，t 期末における企業資本は次式のとおりである。

$$K_{et} = \sum_{j=t}^{n} \frac{F_j}{(1+i)^{j-t}} + (1+i)Q_{t-1} + F_t \tag{2-3}$$

ここで，F_t は t 期に実現する純収入である。

したがって，第 t 期の経済的利益は (2-3) 式から (2-2) 式を控除することによって導き出され，次のようになる。

$$
\begin{aligned}
Y_{et} &= \sum_{j=t}^{n} \frac{F_j}{(1+i)^{j-t}} - \sum_{j=t-1}^{n} \frac{F_j}{(1+i)^{j-t+1}} + (1+i)Q_{t-1} - Q_{t-1} + F_t \\
&= \sum_{j=t}^{n} \frac{(1+i)F_j}{(1+i)^{j-t+1}} - \left[\sum_{j=t}^{n} \frac{F_j}{(1+i)^{j-t+1}} + \frac{F_t}{1+i} \right] + iQ_{t-1} + F_t \\
&= \sum_{j=t}^{n} \frac{(1+i)F_j - F_j}{(1+i)^{j-t+1}} - \frac{F_t}{1+i} + iQ_{t-1} + F_t \\
&= \sum_{j=t}^{n} \frac{iF_j}{(1+i)^{j-t+1}} - \frac{F_t}{1+i} + iQ_{t-1} + F_t
\end{aligned}
\tag{2-4}
$$

この (2-4) 式は以下のように解釈することができる。まず，右辺の第 1 項は，計算時点が期首から期末へ 1 期前進したことによって，将来純収入が利子分だけ増加したものであり，これはいわば未実現価値増加である。第 2 項は，前期

まで未実現であったF_tが実現したために，二重利益計上を防止する目的で当期の利益から控除すべきものであり，これはいわば未実現価値の減少分である。第3項は期首に保有していた純貨幣資産の利息分であり，第4項は当期に実現した純収入である。したがって，これら両者は当期の実現純収入である。

さらに，この(2-4)式は次のように単純化することができる。

$$
\begin{aligned}
Y_{et} &= \sum_{j=t-1}^{n} \frac{iF_j}{(1+i)^{j-t+1}} - \frac{iF_t}{1+i} + \frac{(1+i)F_t - F_t}{1+i} + iQ_{t-1} \\
&= \sum_{j=t-1}^{n} \frac{iF_j}{(1+i)^{j-t+1}} + iQ_{t-1} \\
&= i\left[\sum_{j=t-1}^{n} \frac{F_j}{(1+i)^{j-t+1}} + Q_{t-1} \right] \\
&= iK_{et-1}
\end{aligned}
\tag{2-5}
$$

すなわち，経済的利益は，期首における企業資本に利子率を乗じたものであり，この利子分が経済的利益ということになる[10]。

それでは次に，上記の(2-2)式，(2-3)式および(2-4)式に基づいて，現在価値会計における財務諸表（期首貸借対照表，損益計算書および期末貸借対照表）の雛型を作成してみよう。

いま，j期の予測収入をR_jとし，j期の予測支出をE_jとするならば，F_jは次のように分解することができる。

$$
F_j = R_j - E_j
\tag{2-6}
$$

また，t期首における貨幣資産をM_{t-1}とし，t期首における貨幣負債をL_{t-1}とするならば，Q_{t-1}も次のように分解することができる。

---

10) ただし，第1期の経済的利益は次のようになる。
　　$Y_{e1} = iK_{e0} + (K_{e0} - I_0)$
　　ここで，I_0は第1期期首（時点0）に投下した原初投資額であり，$(K_{e0} - I_0)$はエドワーズ＝ベルのいういわゆる「主観のれん」である（Edwards and Bell [1961] p.37)。
　　なお，本章は，議論を簡単にするために，確実性下の経済的利益および現在価値会計を仮定している。

$$Q_{t-1} = M_{t-1} - L_{t-1} \tag{2-7}$$

そこでまず，期首貸借対照表は(2-2)式，(2-6)式および(2-7)式より次のように数式的に表すことができる。

$$M_{t-1} + \sum_{j=t-1}^{n} \frac{R_j}{(1+i)^{j-t+1}} = L_{t-1} + \sum_{j=t-1}^{n} \frac{E_j}{(1+i)^{j-t+1}} + K_{et-1} \tag{2-8}$$

ここで，この式の左辺は借方を表しており，右辺は貸方を表している。したがって，これを勘定形式で示すと，期首貸借対照表は次のようになる。

期首貸借対照表

貨 幣 資 産	M_{t-1}	貨 幣 負 債	L_{t-1}
予測収入現価	$\displaystyle\sum_{j=t-1}^{n} \frac{R_j}{(1+i)^{j-t+1}}$	予測支出現価	$\displaystyle\sum_{j=t-1}^{n} \frac{E_j}{(1+i)^{j-t+1}}$
		資　　　　本	K_{et-1}

損益計算書は(2-4)式，(2-6)式および(2-7)式より次のように数式的に表すことができる。

$$E_t + iL_{t-1} + \frac{R_t}{1+i} + \sum_{j=t}^{n} \frac{iE_j}{(1+i)^{j-t+1}} + Y_{et} = R_t + iM_{t-1} + \frac{E_t}{1+i} + \sum_{j=t}^{n} \frac{iR_j}{(1+i)^{j-t+1}} \tag{2-9}$$

したがって，これも勘定形式で示すと，次のような損益計算書が導き出される。

損益計算書

実 現 支 出	E_t	実 現 収 入	R_t
支 払 利 息	iL_{t-1}	受 取 利 息	iM_{t-1}
未実現収入減価	$\dfrac{R_t}{1+i}$	未実現支出減価	$\dfrac{E_t}{1+i}$
未実現支出増価	$\displaystyle\sum_{j=t}^{n} \frac{iE_j}{(1+i)^{j-t+1}}$	未実現収入増価	$\displaystyle\sum_{j=t}^{n} \frac{iR_j}{(1+i)^{j-t+1}}$
経 済 的 利 益	Y_{et}		

そして，期末貸借対照表は(2-3)式，(2-6)式，(2-7)式および(2-1)式より次

のように数式的に表すことができる。

$$M_t + \sum_{j=t}^{n} \frac{R_j}{(1+i)^{j-t}} = L_t + \sum_{j=t}^{n} \frac{E_j}{(1+i)^{j-t}} + K_{et-1} + Y_{et} \qquad (2\text{-}10)$$

したがって，これも勘定形式で示すと，期末貸借対照表は次のようになる。

期末貸借対照表

貨 幣 資 産 M_t	貨 幣 負 債 L_t
予測収入現価 $\displaystyle\sum_{j=t}^{n} \frac{R_j}{(1+i)^{j-t}}$	予測支出現価 $\displaystyle\sum_{j=t}^{n} \frac{E_j}{(1+i)^{j-t}}$
	資 本 K_{et-1}
	経 済 的 利 益 Y_{et}

ここで，M_tは次のように算出されることになる。

$$M_t = (1+i)M_{t-1} + R_t - E_t - iL_{t-1} \qquad (2\text{-}11)$$

以上は，構成的実在性を適用した現在価値会計および経済的利益のモデルである。このモデルも，これらの観点から現在価値会計の構成要素を検出して実在システムを表象したものである。これにより，現在価値会計および経済的利益も現実世界の重要な特徴を捉えており，この意味で，現実世界において実在していると考えることができる。

3　実在としての会計システム

　以上の一般的会計と会計的利益および現在価値会計と経済的利益の実在性の思考を拡張すると，様々な会計システムとそれらの利益の実在性を証明することができる。そのためには，まず会計システムがどのように構築され，それがどのような測定要素から成り立っているのかを明らかにする必要がある。結論から先に述べるならば，会計システムの測定要素には，測定単位と評価基準とがあり，これらを組み合わせることによって会計システムが構成されることになる。そこで，これらの測定単位および評価基準とは何であり，それらにはどのような種類があり，それによって資産がいかに測定され，会計システムが形

成されるのかを解明することにしよう。

(1)　測定単位

　測定単位とは，資産を測定するための基準単位であり，それは貨幣単位（日本の場合，1円）で表される。資産はこの貨幣単位の量とその資産との関係づけによって測定されることになる。例えば，ある資産を1,000貨幣単位量（貨幣単位の1,000倍）で購入したとすれば，その資産とこの貨幣単位量とを関係づけ，その資産を1,000として測定することになる。また，ある資産をいま1,500貨幣単位量（貨幣単位の1,500倍）で売却できるとすれば，その資産とこの貨幣単位量とを関係づけ，その資産を1,500として測定することができる。

　このように，測定単位は資産の測定に際して貨幣単位量と結合される基準単位であるが，この基準単位である貨幣単位は必ずしも1つではなく，大きく4つに分けることができる。それは次のとおりであり，それらの内容は以下のとおりである。

(1)　名目貨幣単位
(2)　一般購買力単位
(3)　個別購買力単位
(4)　企業収益力単位

　名目貨幣単位は，一般物価の変動，個別物価の変動，ないしは企業収益力の変化を考慮しない測定単位であり，その時々の基準単位を修正しないものである。上の例でいえば，ある資産を1年前に1,000貨幣単位量で購入した場合，一般物価，個別物価，ないしは企業収益力がどのように変動していようとも，貨幣単位を1として固定し，その資産を1,000として測定することになる。

　一般購買力単位は，一般物価の変動を考慮した測定単位であり，一般物価指数の変動に応じて基準単位を修正していくものである。例えば，ある資産を1年前に1,000貨幣単位量で購入し，その時の一般物価指数が100であり，現在の一般物価指数が104であるならば，基準単位を1.04（＝104／100）に修正し，その資産を1,040（＝1.04×1,000）として測定するわけである。この一般購買力単位は，資産を測定する場合に，各測定値を同一の一般物価水準に統一し，一般

物価水準に関して比較可能にするために用いられる。

　個別購買力単位は，個別物価の変動を考慮した測定単位であり，個別物価指数の変動に合わせて基準単位を修正していくものである。例えば，ある資産を1年前に1,000貨幣単位量で購入したが，いまその同じ資産を購入しようとするならば，1,300貨幣単位量が必要であるとすると，その資産の個別物価指数が130（＝(1,300／1,000)×100）になるので，基準単位を1.3（＝130／100）に修正し，その資産を1,300（＝1.3×1,000）として測定することになる。この個別購買力単位は，資産の各測定値を同一の個別物価水準で統一し，個別物価水準に関して比較可能にすることを目的として用いられる。

　企業収益力単位は，企業の収益力を考慮した測定単位であり，企業収益力の変化に応じて測定単位を修正していくものである。例えば，1年前に10,000貨幣単位量を保有しており，正常な営業活動を行えば年10％の利益が稼得できる場合，いま11,000貨幣単位量を有しているはずである。これは，その企業に対する1年前の企業収益力が10,000であったものが，いまは11,000であることを意味し，現在の基準単位は1.1（＝11,000／10,000）であることを意味する。そこで，これまでの例におけるように，1年前に1,000貨幣単位量で購入した資産に対しては，それを1,100（＝1.1×1,000）として測定するわけである。この企業収益力単位は，資産の各測定値を同一の企業収益力水準で統一し，企業収益力水準に関して比較可能にするために用いられる。

(2)　評価基準

　評価基準とは，測定単位によって関係づけられる資産の基準となる測定値のことであり，測定単位たる基準単位を1とした場合の貨幣単位量のことである。この評価基準には，その資産を取引する，もしくは取引した仮定の相違によっていくつかの種類がある。すなわち，それらは，一方ではその資産が購入市場で取引されたか，それとも販売市場で取引されたかによって2つに分類され，他方ではその資産が過去に取引されたか，現在取引されるか，それとも将来取引されるかによって3つに分類される。したがって，資産の評価基準の種類は，これらの組み合わせによって6つあることになる。

　いま，これらの評価基準を一表にまとめ，各評価基準に名称を付すと，**図表**

1-2のようになり，それらの内容を説明すると，以下のとおりとなる。

図表1-2　評価基準の種類

時制 市場	過　去	現　在	未　来
購入市場	取得原価	購入時価	購入現在価値
販売市場	歴史的売価	売却時価	売却現在価値

　取得原価は，ある資産を購入するために，過去に支払われた貨幣単位量である。例えば，ある資産を1年前に購入し，その時に1,000貨幣単位量が支払われたならば，その資産の取得原価は1,000である。歴史的売価は，ある資産を過去において売却したとするならば，受け取ったであろう貨幣単位量である。例えば，上記の資産を1年前にすぐ売却したとすると，1,200貨幣単位量が受け取られたであろうならば，その資産の歴史的売価は1,200である。

　購入時価は，ある資産をいま購入するとするならば，支払わなければならない貨幣単位量である。例えば，上記の資産をいま購入するならば，1,300貨幣単位量を支払わなければならないとすると，その資産の購入時価は1,300である。売却時価は，ある資産をいま売却するとするならば，受け取るであろう貨幣単位量である。例えば，上記の資産をいま売却するならば，1,500貨幣単位量が受け取られるとすると，その資産の売却時価は1,500である。

　購入現在価値は，ある資産を将来購入するとするならば，支払わなければならない貨幣単位量をある利子率で現在に割り引いたものである。例えば，上記の資産を1年後に購入するならば，1,728貨幣単位量を支払わなければならず，利子率が年8％であるとすると，その資産の購入現在価値は1,600（＝1,728／1.08）である。売却現在価値は，ある資産を将来売却するとすると，受け取るであろう貨幣単位量をある利子率で現在に割り引いたものである。例えば，上記の資産を1年後に売却するならば，1,944貨幣単位量が受け取られ，利子率がやはり年8％であるとすると，その資産の売却現在価値は1,800（＝1,944／1.08）である[11]。

(3)　会計システムの諸類型

　以上，会計構成要素の中心である資産について，測定単位と評価基準を組み合わせることによって，その測定値がどのように決定されるのかをみてきた。そして，そこにおいて，資産に関して様々な測定値が生じることを解明した。これは，資産の測定値の相違がただちに会計システムの相違となり，様々な会計システムの可能性があることを示唆している。そこで次に，資産測定の相違によって識別される会計システムにはどのような種類があるのかを類型的に導き出してみよう。

　その場合，上であげた評価基準の種類を少し整理することができる。というのは，ある評価基準は会計システムに適用しても意味がないので，それを省略することができるからであり，また，ある評価基準は購入市場におけるそれと販売市場におけるそれとを統合することによって，初めてある明確な会計システムが導き出されるからである。

　前者に属する評価基準は歴史的売価である。歴史的売価は，上述したように，ある資産を過去において売却したとするならば，受け取ったであろう貨幣単位量であり，いわゆる「遡時予測」（retrodiction）による評価基準である。会計システムに関して，この評価基準に意味を見出すことは困難であるといわざるをえない。というのは，歴史的売価は，過去において売却が実際に発生したわけではないので，事実を何ら表さないし，過去に対する非現実的な予測であるので，実際上意味をもたないからである。したがって，この評価基準はこの際省くことができるのである。

　また，後者に属するのは購入現在価値と売却現在価値である。後述するように，これらの評価基準を使用して算定される利益が経済的利益であるが，それらを独立の評価基準とするならば，明確な経済的利益が導き出せないことになるからである。そこで，各会計システムを類型的に導出するに際して，これらの評価基準を統合することにする。その場合，両者に共通する名称を使用して，

11）　この資産の評価基準としての現在価値と上述した測定単位としての企業収益力単位とを混同してはならない。両者はともに割引要素としての性格を有しているのでともすれば混同されがちであるが，現在価値はあくまでも資産の評価基準であり，将来の貨幣単位量をある市場利子率で現在に割り引いたものであるのに対して，企業収益力単位はあくまでも資産を測定するための基準単位であり，当該企業の収益力を表すものである。

この評価基準を「現在価値」とすることにする。これが前項で示した現在価値
である。

　したがって，会計システムを類型的に導き出す場合の評価基準は，取得原価，
購入時価，売却時価および現在価値の4つということになり，これらが，名目
貨幣単位，一般購買力単位，個別購買力単位および企業収益力単位の各測定単
位と組み合わされることによって，各会計システムが導出されることになる。
いま，これを一表にまとめ，各会計システムに名称を付すと，**図表1-3**のよ
うになる。

図表1-3 　会計システムの諸類型

評価基準／測定単位	取得原価	購入時価	売却時価	現在価値
名目貨幣単位	(1) 取得原価会計	(2) 購入時価会計	(3) 売却時価会計	(4) 現在価値会計
一般購買力単位	(5) 実質取得原価会計	(6) 実質購入時価会計	(7) 実質売却時価会計	(8) 実質現在価値会計
個別購買力単位	(9) 実体取得原価会計	(10) 実体購入時価会計	(11) 実体売却時価会計	(12) 実体現在価値会計
企業収益力単位	(13) 成果取得原価会計	(14) 成果購入時価会計	(15) 成果売却時価会計	(16) 成果現在価値会計

　そして，これらの各会計システムにおいて算定される利益に名称を付すと，
図表1-4のようになる。

<table>
<tr><td colspan="1"></td><td></td><td></td><td></td></tr>
</table>

測定単位 ＼ 評価基準	取得原価	購入時価	売却時価	現在価値
名目貨幣単位	(1) 実現利益	(2) 経営利益	(3) 実現可能利益	(4) 経済的利益
一般購買力単位	(5) 実質実現利益	(6) 実質経営利益	(7) 実質実現可能利益	(8) 実質経済的利益
個別購買力単位	(9) 実体実現利益	(10) 実体経営利益	(11) 実体実現可能利益	(12) 実体経済的利益
企業収益力単位	(13) 成果実現利益	(14) 成果経営利益	(15) 成果実現可能利益	(16) 成果経済的利益

図表1-4　利益の諸類型

　これらのうち，(1)の取得原価会計は伝統的な会計制度における会計システムであり，リトルトン（Littleton），井尻等の主張する会計システムである。(2)の購入時価会計は価格変動会計における会計システムであり，エドワーズ＝ベル（Edwards and Bell）等によって提唱された会計システムである。(3)の売却時価会計はチェンバース（Chambers），スターリング（Sterling）等が提唱した会計システムである。(4)の現在価値会計は経済学的な会計システムとして知られており，フィッシャー（Fisher），ヒックス（Hicks），アレクサンダー（Alexander）等によって主張された会計システムである。

　(5)の実質取得原価会計は物価変動会計における会計システムであり，スウィーニー（Sweeney），ジョーンズ（Jones），片野等によって提唱された会計システムである。(6)の実質購入時価会計はいわゆる結合会計における会計システムであり，やはりエドワーズ＝ベル等の主張する会計システムである。(7)の実質売却時価会計はいわゆる継続的現時会計（continuously contemporary accounting）における会計システムであり，これもやはり，チェンバース，スターリング等の提唱した会計システムである。(8)の実質現在価値会計はやはり経済学的な会計システムとして知られており，アレクサンダーやチャン（Chang）等によって主張された会計システムである。

　(9)の実体取得原価会計と(10)の実体購入時価会計は営業能力資本維持会計における会計システムであり，シュミット（Schmidt），ギンザー（Gynther），レヴ

ズィン（Revsine）等が提唱した会計システムである。(16)の成果現在価値会計
は成果資本維持会計における会計システムであり，上記の経済学者のほとんど
が主張した，ないしは主張するであろう会計システムである。

(11)の実体売却時価会計，(12)の実体現在価値会計，(13)の成果取得原価会計，(14)
の成果購入時価会計，および(15)の成果売却時価会計はこれまでの会計学の文献
において提唱ないし主張されてこなかった会計システムである。しかし，それ
らは，資産の測定単位と評価基準の組み合わせから必然的に導出される会計シ
ステムであり，いわば黙示的な会計システムである。これらの会計システムも
重要であり，研究の対象となる会計システムである。

そして，これらはすべて構成的実在論による方程式を用いたモデル化を行う
ことができ[12]，会計および利益の観点から各会計システムの構成要素を検出
して実在システムを表象したものである。これにより，これらの会計システム
および利益は現実世界の重要な特徴を捉えており，この意味で，現実世界にお
いて実在していると考えることができるのである。

Ｖ　むすび

以上，本章では，会計および利益の実在性を解明することを目的として，ま
ず，利益の非実在性を主唱するヒースと利益の実在性を主張するマテシッチの
論拠を説明し，利益の社会的実在性を確認した。次に，科学哲学的観点から改
めて科学的実在論の概要を説明し，科学的実在論論争を通じて構成的実在論が
究極的ないし合理的な科学的実在論であり，本章が適用する実在論であること
を明らかにした。

この構成的実在論は，公理系の代わりにモデルを重視し，様々な実践的観点
および研究目的観点から検出性質をもつモデルをつくりだし，このモデルが現
実世界ないし実在システムのあり方の重要な特徴を表象しており，類似してい
ると見る実在論であった。構成的実在論はかなり穏健な立場であり，真理ない
し普遍性を追求しない。科学はときには，観察可能な領域を超えて実在システ

---

12)　上野［1993］はこれらの会計システムを，すべて方程式を用いてモデル化している。

ムに類似したモデルをつくることを目指すのであり，科学がそれに成功してき
たと考える合理的な理由があると考える立場である。このような構成的実在論
の基礎的構成要素は，モデル，類似性および観点という概念装置であるという
ことになる。

　そして，この構成的実在論を適用して，本章の目的である会計および利益の
実在性を，一般的会計と会計的利益および現在価値会計と経済的利益に関して，
方程式によるモデルを用いて証明した。さらに，この思考を拡張することに
よって，測定単位と評価基準の組合せによる16種類の会計システムに実在性が
あることを説明した。

　以上が本章の概要であるが，ここで明らかとなったのは，会計および利益に
社会的実在性があるのみならず，科学的実在性があるということである。そし
てさらに，構成的実在論を適用することによって，実践の有無に関わらずこれ
まで提唱されてきた会計システムおよび利益に実在性があるだけではなく，こ
れまで提唱されてこなかった実体売却時価会計，成果購入時価会計等の会計シ
ステムおよび利益にも科学的実在性があるということである。

　さらに，このことは，会計や利益に多くの定義があり，それらのどれも絶対
的ではないという事実は，表現，解釈，分類および測定の問題であり，実在性
の問題ではないとするマテシッチの主張にも符合する。様々な会計システムお
よび利益が存在するということは，測定の問題であり，実在性の問題ではない
のであり，様々な会計システムおよび利益はまさに実在性を有しているのであ
る。

　この実在性を念頭に置いて，これまで提唱されてきた会計システムおよび利
益概念を研究対象とすることはもちろんのこと，これまで提唱されてこなかっ
た会計システムや利益概念を研究対象とすることによって，会計研究の幅が広
がることになる。そこに，会計および会計理論において新しい発見や思想が生
まれてくる可能性がある。

第2章 有機的貸借対照表論の科学論的検討

I　はじめに

　「有機的貸借対照表論」（organische Tageswertbolanz）は，概略的にいえば，財産計算に関して資産を購入時価で測定し，損益計算に関して利益を売上収益と販売日の購入時価で測定された営業費用との差額で認識する会計理論である。この会計を提唱したのがシュミット（Schmidt）であり，彼の会計理論をもって，一連の資本維持論および購入時価会計論の嚆矢とするといっても過言ではない。彼は，第一次大戦後にドイツにおいて発生した未曾有のインフレーションを超克すべく，有機的貸借対照表論を展開した。

　シュミットの有機的貸借対照表論は他の会計学説に比べて難解であり，またスケールの大きな理論である。その理由は2つあるように思われる。1つは，有機的貸借対照表論は個別経済と綜合経済との関係を理論の全面に押し出したことである。当時の経営経済学者の誰もが綜合経済を意識して，理論を構築したことは確かである。しかし，それを終始徹底したのはシュミット以外にはない。後述するように，彼は企業を綜合経済たる有機体の中の細胞と見，細胞たる企業は時の経過とともに変化する綜合経済の状況に適応していかなければならないとする。これがシュミット理論の出発点であり，終局点である。

　有機的貸借対照表論のもう1つの特徴は，会計学の伝統的な考え方を改変して，会計と財務とを結合させ，通常の会計的処理方法に財務政策を織り込んだことである。そして，有機的貸借対照表論においてこれら2つの特徴が最も端的に現れているのが，シュミットの提唱する相対的価値維持および価値均衡の原則にほかならない。

　本章の目的は，これらの特徴を有する有機的貸借対照表論をメリンスキー（Melinski）の所論を参考として科学論的に検討し，そのあるべき姿を探求することである。ここで，科学論的方法とは，前世紀の初めより欧州の各地で誕生した論理実証主義に基づいたものである。そこでの中心は，科学問題と言明の論理的分析であり，一方では知識の真理性の規準を経験に求める反形而上学の立場に導き，他方，概念一般には言語表現の正確さと緻密さを追及する論理分析の方法である（大森［1964］75頁）。

　したがって，この科学論的方法を会計理論に適用するならば，その複雑な諸問題の分析的洞察が一義的に可能となるといわれている。さらにその言明を公理化することによって，一方では緻密な言語体系の定式化を可能とし，他方ではすでに定式化されている言語体系の適切な分析においてその機能を発揮することになる[1]。

　以上のことを念頭に置いて，本章では以下のことを述べる。まず，上述した有機的貸借対照表論の特徴を論点として取り扱うことによって，この会計理論の本質を浮き彫りにする。次に，有機的貸借対照表論をメリンスキーに従って公理化し，さらに，これに基づいて有機的貸借対照表論を科学論的に分析する。これによりこの会計理論の問題点が明確になるので，最後に，これを解決して科学論的要件を満たす有機的貸借対照表論の理念型を探究したい。

Ⅱ　有機的貸借対照表論

　本節では，有機的貸借対照表論の本質を明らかにするために，相対的価値維持および価値均衡の原則というこの会計理論の最も大きな特徴を詳細に論述する。まず，相対的価値維持の説明から始めることとする。

---

1)　会計理論における公理化の効用に関して，ディンケルの述べるところを要約すれば，おおよそ次の4つにまとめられる（Dinkel［1974］S.65）。
　(1)　客観的な検証可能性の獲得
　(2)　科学と実践の計算論的および評価論的観念および勧告の批判的分析と検証の容易性
　(3)　科学と実践でたてられ勧告された規範ならびに会計原則と規則の評価の容易性
　(4)　情報内容，現実近似性および使用可能性の高揚

1　相対的価値維持

　ある会計学説の本質を解明しようとする場合，それがどのような企業観に立脚しているのかを明らかにすることが必要である。そこで，有機的貸借対照表論について考察するに当たっても，まずその企業観から述べることにしよう。

　シュミットによれば，企業とは，価値を加工，運搬もしくは貯蔵によって高めるために，市場から価値自体を受け入れ，その後再びそのままの形態で，もしくは変化した形態で市場に送り出す，独立した有機体（Organisms）である（Schmidt［1951］S.31-32）。このような有機体はまた綜合経済たる有機体に包摂され，市場を通じてその器官（Organ）ないし細胞（Zell）の役割を果たすことになる。

　すなわち，綜合経済たる有機体の中では，企業は消費者の家政経済と同様に細胞である。これらすべての個別経済は，市場を通じて国民経済および世界経済の総有機体に結びつく（Schmidt［1951］S.47）。ここに，企業と綜合経済との間で密接な関係が形成されることになり，両者が相互に依存する関係が成立する。シュミットはこれを次のように述べている。企業自体は綜合経済の展開に規制され，しかも企業は全体の重要な一部として綜合経済の発展に自ら活発に影響を及ぼす。企業を有機的に見，綜合経済の一部として見るとは，この意味である（Schmidt［1951］S.395）。

　このような企業観から出発する場合，綜合経済における市場経済機構が重要となる。そこで，シュミットは需要と供給を通じて価格が購入市場と販売市場とに出現する綜合経済の市場経済機構を設定する。需要の原因は個人の欲求であり，その効用の度合いは貨幣によって表される。つまり，需要充足に適した財が生み出す効用は，個人がその欲求充足に支払うために準備する貨幣価格で示される。これに対して，製品および商品の供給は製品原価および販売原価に依存している。

　市場では供給者と需要者が利潤極大化の法則に従って行動するので，前者はその費用を極小化しようとするのに対して，後者はその欲求充足の効用を極大化しようとする。当該市場経済において，所得（国民所得）が企業利益を含めた生産費用に不断に等しい場合，両者の市場集団は効用の極大化に成功するこ

とになる。そのとき，企業の生産と消費者の消費とは一致し，国民経済は均衡の状態にあるといわれる。シュミットにとって，これが理想的な状態である。

　しかし，このような状態は非現実的な静態経済においてしか実現せず，現実の動態経済には適合しない。需要者の欲求構造，国民所得，生産数量等が変化するならば，そのような均衡状態は失われる。その場合，企業はこのような綜合経済の変化に適応していかなければならない。企業の適応が速ければ速いほど，その企業は良い状態にあるということができる。つまり，市場経済における企業の地位は，時の経過とともに変化する綜合経済の状況に適応する能力によって決定される。

　正常に展開している企業は，その「綜合経済における相対的地位」が一定となるように適応する。したがって，適応が綜合経済の展開に応じて行われる場合，それは正常な適応ということができる。ここから，有機的企業の最高原則ないし最高目標が導き出される。それはここでいう「相対的価値維持」(relative Werterhaltung) にほかならない。

　シュミットによれば，企業の相対的価値維持とは，企業を綜合経済における平均的生産性の展開に比例して維持することである。これは具体的に次のように説明される。例えば，綜合経済における労働時間が全体として20%減少し，そのほかに変化がないとすれば，次期において経営全体の生産物も80%にならざるをえない。この場合，企業が以前の80%を継続して生産することが可能であるならば，企業は相対的に維持されているのである。生産性が上昇する場合には，その逆となる (Schmidt [1951] S.146)。

　シュミットはさらに，生産性が変化しないで所得が変化する場合も相対的価値維持の問題に加える。上の例示でいえば，これは生産性が100%のままの状態を意味し，相対的価値維持の特殊な場合であるということができる。そして，相対的価値維持に関して，これらの場合に問題となるのが，費用評価問題であるとする。なぜならば，企業の相対的価値維持は同時に，生産と消費の永続的な均衡を完全に保証するような費用尺度を選ぶことを意味するからである。したがって，以下でも相対的価値維持の問題を両者別々に取り扱い，主として費用評価問題に焦点を当てることにする。

(1)　生産性が変化する場合

　まず，シュミットに従って，生産性が変化する場合における相対的価値維持の方法を示した**図表2-1**を掲げよう（Schmidt［1951］S.39）。

図表2-1　生産性が変化する場合の相対的価値維持

取引期間	数　量	総費用	売　上収　益	純利益	1個当たり費用	1個当たり販売価格
1	100	95	100	5	0.95	1.00
2	100	95	100	5	0.95	1.00
3	80	95	100	5	1.19	1.25
4	50	95	100	5	1.90	2.00
5	10	95	100	5	9.50	10.00
6	50	95	100	5	1.90	2.00
7	100	95	100	5	0.95	1.00
a	b	c	d	e	f	g

　ここでは，前期の生産のためのすべての費用，したがって前期の材料，賃金，減価償却費，企業利益を含めた利子は翌期首にこれらの受け手の手中にあり，前期に生産された商品の購入に備えるということが前提とされている。企業側からみれば，当期の売上収益は前期に生産した商品に対するものであり，この売上収益から当期の生産のための総費用を支払う。

　最初の2期間では，生産性は等しく，しかも所得も変化しない。1期間の費用合計は製品の総価値を制約する。したがって，当該企業が正常な費用で活動しているならば，経営者はその総費用を補償することができる。その売上収益から彼は次期に再び同量の製品を生産でき，それによって経済の完全な調和が保証される。

　3-5期のように企業の生産性が低下するならば，事情は異なる。この場合，3期の初めに2期からの製品100個が企業に存在する。買い手の側では100マルクの所得以上を支払うことはできない。他方，3期において生産性が低下するから，100マルクから80個の製品しか生産ではない。前期から存在する手持ち在高が全体で100マルクで販売されるならば，企業は次期において20個だけ貧しくならざるをえない。

　シュミットによれば，経営者はそのことを販売の瞬間に知る。なぜならば，われわれが仮定するように，販売の瞬間に生産性の低下はすでに事実であるからである。彼は，製品単位当たりの原価計算に際して過去の生産状況に基礎を置くのではなく，販売日の生産状況によってのみ，彼の実体財産の減少を避けることができる（Schmidt［1951］S.39）。

　これは，前期から繰り越された 100個のうち当期の生産性に等しい80個を単位当たり１マルクではなく，1.25マルクで販売することによって達成される。そして，この100マルクの売上収益に当期に発生した95マルクの総費用を対応させることによって，生産と消費の均衡が可能になる。この95マルクは販売日の購入時価にほかならず，ここに販売日の購入時価による費用評価基準が生じてくる。そして，この購入時価と取得原価との差額は，資本金勘定に準ずる勘定としての財産価値変動勘定（Vermögenswertänderungskonto）ないし価値修正勘定（Wertrichtungskonto）の貸方に計上される。これがシュミットの主張する費用評価基準およびその会計処理である。

　しかし，この場合に生じる状況は相対的価値維持ではなく，シュミットの用語に合わせるならば，絶対的価値維持[2]であることに注意しなければならない。なぜならば，当期に80個の製品が販売されることによって，当期末に企業に残

　2）　この「絶対的価値維持」という用語はこれまでの会計学の用語にはなく，シュミットの相対的価値維持に対応する用語として筆者が独自に用いた言葉である。その意味するところは，販売日の購入時価を費用計上することによって，綜合経済の変動には関わりなく，一定の価値が維持されるということであり，これはいわば会計的・計算的維持である。そして，その目的とするところは，収益と費用の同一価格水準における対応である。
　　この絶対的価値維持は「実体維持」と同義ではないことに注意しなければならない。実体維持は現在保有している実体財とまさに同一の財を継続して維持することであり，これを達成するためには，販売日ではなく，実際の補填日の購入時価を費用計上しなければならない。販売日と補填日とが同じならば，もしくは販売日と補填日との間で価格変動がないならば，両者は一致することになるが，現実にはそうでない場合の方が多いであろう。さらに，絶対的価値維持は上述したように会計的・計算的維持であるけれども，実体維持は財務的・実際的維持であり，たとえ補填日の購入時価を費用計上したとしても，何らかの理由で実際に同一財が再調達されなければ，それは実体維持とはいえない。したがって，両者を厳密に区別しなければならない。
　　ただ，ここでは販売日と補填日とが一致する等の非現実的な場合が仮定されており，絶対的価値維持と実体維持は等しくなっている。これは，計算的に絶対的価値維持を行い，そこから留保された資金を即座に同一財に再投資することによって，同時に実際的にも実体維持を行ったことを意味する。この概念的区別が重要なのであるが，シュミットはここではこの区別をしておらず，減価償却の説明に至って初めてこれを行う。

る製品の個数は前期から繰り越された20個と当期に生産された80個の合計100
個であり，その価値が維持されるからである。このことを次の製品勘定が示し
ている。

製 品 勘 定

期　首　在　高　　100×0.95　　　　= 95	売　　上　　高　　80×1.25　　　= 100	
財 産 価 値 変 動　100×0.2375[1]= 23.75	期　末　在　高　　100×1.1875 = 118.75	
期 中 増 加 高　　　80×1.1875[2]= 95		
利　　　　　益　　　　　　　　　　　5		
218.75	218.75	

1)　（1.25 − 1.00）× 0.95 = 0.2375
2)　95 ÷ 80 = 1.1875

　シュミットの主張する相対的価値維持の条件を満たすためには，期末の製品
個数は生産性の低下に比例して80個でなければならない。それでは，この状況
のもとで相対的価値維持をどのように達成するのであろうか。これについて，
シュミットは次のように答える。その場合，過剰な在高は市場において価格を
下げるに違いない。それによって，製品の価格は，現在の生産性に基づいて同
数の同製品を製造するのに必要な費用以下に低下しうる。費用以下での価格の
下落は，生産者にその活動に際してこれ以上の在庫品を阻止させる市場の自動
的な警戒信号であろう（Schmidt［1951］S.40）。
　すなわち，この場合に生じる20個の過剰在高は市場において価格下落をもた
らし，さらに再生産価値以下に価格を押し下げる。これは経営者にとっては損
失をもたらす危険信号であるので，生産を60個に減少させる必要がある。そし
て，20個の過剰生産力は他の有利な投資に転用される。他方，3 期に販売され
る製品はあくまでも80個であるので，2 期から繰り越された100個のうち，販
売されずに残った20個と 3 期に生産された60個との合計80個が 3 期末の製品在
高を形成することになる。ここに，相対的価値維持が達成される。これらの状
況を勘定形式で示すと，次のようになる。

製 品 勘 定

期 首 在 高	100×0.95	= 95	売 上 高	80×1.25	=100
財産価値変動	100×0.2375	= 23.75	期 末 在 高	80×1.1875	= 95
期中増加高	60×1.1875	= 71.25			
利 益		5			
		195			195

　それでは，5－7期のように生産性が上昇する場合にはどうであろうか。経営者が6期の初めに5期の製品をその取得原価に基づいて販売しようとするならば，もちろん100マルクの十分な所得が手に入る。しかし，6期において生産者（＝消費者）は，彼が生産する50個に対して10個しか消費できない。その限りでは，生産と消費の均衡が乱される。ところが，販売日の費用状況に基づいて販売するならば，売上収益は1個当たり2マルクしか生じないが，この場合手許にある所得の5分の1が前期の全製品を購入するのに十分である。残りの5分の4は，当期の製品を取得するのに役立つ。そして，生産と消費がそれぞれ50個となり，これによって生産と消費の均衡が保たれる。

　このように，シュミットは生産性が上昇する場合にも販売日の購入時価を費用の評価基準として推奨する。しかし，この費用評価基準によって，ここでも相対的価値維持ではなく，絶対的価値維持が達成されることに注意しなければならない。なぜならば，6期において5期に生産された10個の製品と6期に生産した50個のうちの40個の合計50個が販売され，期末には6期に生産した10個が残ることになり，その価値が維持されるからである。次の製品勘定が示すように，これは絶対的価値維持以外の何ものでもない。

製 品 勘 定

期 首 在 高	10×9.5	= 95	売 上 高	50×2	=100
期中増加高	50×1.9	= 95	財産価値変動	10×7.6[1]	= 76
利 益		5	期 末 在 高	10×1.9	= 19
		195			195

　1）　（10.00－2.00）×0.95＝7.6

　それでは，この状況のもとで，どのようにして相対的価値維持が達成される

のであろうか。これについても，シュミットは次のように答える。生産の減少に際して低下せざるをえなかった販売速度は，ここでは生産性の上昇に比例して増大する。さらに，この上昇に直面して製品の在庫がほとんど十分ではないという事態が生じる。というのは，在庫品はごく短期間のうちに販売されるからである。それゆえ，在庫品を補充するためにさらに特別な需要が発生し，価格を費用よりもかなり上昇させる傾向が生じる。それによって，経営者は再び自発的に製品を増加せしめ，不十分な在庫品も補充されるであろう。これが達成されるならば，新しい混乱が発生しない場合，市場において完全な調和が確立される。在庫品を補充するために，5 期の製品の購入を満たしえなかった所得は，信用の方法で利用することができる（Schmidt［1951］S.40）。

　すなわち，生産性の上昇に際して販売速度が増大するので，10個の在庫品では不十分であり，6 期末には50個の在庫品を保有しておかなければならない。このためには，6 期に50個ではなく，90個生産する必要がある。これによって，6 期には5 期に生産した10個と6 期に生産した90個のうちの40個との合計50個が販売され，残りの50個が6 期末に存在することになる。これによって，相対的価値維持が達成されるのである。これらの状況を勘定形式で示すと，次のようになる。なお，6 期に90個の製品を生産するためには，171（＝90個×1.9）マルク必要であるが，企業には95マルクしか支出する余裕がない。そこで，不足した差額の76マルクは信用によって金融されることになる。

製 品 勘 定

期 首 在 高	10×9.5＝ 95	売 上 高	50×2 ＝100
期 中 増 加 高	90×1.9＝171	財 産 価 値 変 動	10×7.6＝ 76
利 益	5	期 末 在 高	50×1.9＝ 95
	271		271

　このように，シュミットによれば，販売日の購入時価による費用評価基準が達成するのは，絶対的価値維持ではなく，あくまでも相対的価値維持である。この方法があたかも企業の絶対的維持に役立つとみなされようとも，それが達成するものは相対的維持にすぎない。というのは，生産量と消費量は生産の増加や減少に比例して推移するし，さらに生産が変化する時期には，所得はその

購買力において増加もしくは減少するからである（Schmidt［1951］S.148）。

　上の例示では，これは次のようにして行われた。生産性が低下する場合，販売日の購入時価を費用計上することによって，その瞬間に絶対的価値維持が生じるが，企業はこの状態にとどまることはできない。というのは，このままでは製品の販売価格が製造費用以下に下落し，企業は損失を被るからである。そこで，経営者は生産と在庫品とを減少させなければならない。この生産減少と在庫品減少の必要性を，販売日の購入時価による費用評価基準は経営者に告げるのである。生産性が上昇する場合にもこのことは同じであり，この費用評価基準は生産増加と在庫品増加の必要性を経営者に告げるのである。

　このように，販売日の購入時価による費用評価基準は，販売日以後に生産を増加すべきか，減少すべきか，それとも中止すべきかを経営者に知らせ，また在庫品を増加すべきかそれとも減少すべきかを知らせる機能を有している。したがって，この種の費用計算は生産の変化によって販売財と生産財に対する生産資本の誤った配分を自動的に制限し，経営者の即時的修正を可能ならしめる（Schmidt［1951］S.156）。そして，経営者の販売日以後のこの修正によって，相対的価値維持が達成されるのである。

　このようにみてくると，シュミットの相対的価値維持は純粋な会計的・計算的維持ではなく，財務的・実際的維持であるということができる。会計的にいえば，売上収益から販売日の購入時価費用を控除することによって，シュミット自身の言葉を借りるならば，販売の瞬間において同じ製品を再び生産するために，どれくらい消費しなければならなかったか（Schmidt［1951］S.148）が明らかになるのみであり，これは絶対的価値維持以外の何ものでもない。

　したがって，シュミットのように相対的価値維持を達成しようとするならば，経営者は会計処理とは関係のない何らかの財務的措置をとらなければならない。この財務的措置が相対的価値維持の本質であり，換言すれば，相対的価値維持は財務上の実際的維持であるということができる。そして，シュミットの損益計算を会計的にみれば，それはあくまでも絶対的価値維持なのである。このことは，次の「所得が変化する場合」にも同じである。

⑵　所得が変化する場合

　ここでもまず，シュミットに従って，所得が変化する場合における相対的価値維持の方法を示した**図表 2 - 2**を掲げよう（Schmidt［1951］S.42）。

図表 2 - 2　所得が変化する場合の相対的価値維持

取引期間	数　量	費　用	売 上 収 益	帳 簿 利 益	新購入・新生産における費用増加（−）費用減少（＋）	純利益 e−f=g	財産価値変動に対する増　加（＋）減　少（−）
1	100	95	100	5	−	5	−
2	100	95	100	5	−	5	−
3	100	95	150	55	−47.5	7.5	+47.5
4	100	142.5	200	57.5	−47.5	10	+47.5
5	100	190	250	60	−47.5	12.5	+47.5
6	100	237.5	300	62.5	−47.5	15	+47.5
7	100	285	300	15	−	15	−
8	100	285	250	−35	+47.5	12.5	−47.5
9	100	237.5	200	−37.5	+47.5	10	−47.5
10	100	190	150	−40	+47.5	7.5	−47.5
11	100	142.5	100	−42.5	+47.5	5	−47.5
12	100	95	100	5	−	5	−
a	b	c	d	e	f	g	h

　様々な取引期間(a)において，同じ製品数量(b)が生産される。各期間の最高費用(c)として，前期の売上収益(d)が使用でき，これから企業利益(g)を留保することができる。1 − 2 期は貨幣価値安定期を示し，3 − 6 期は所得のインフレーションを示し，8 − 11 期はデフレーションを示している。

　価格が安定し，生産が同じ期間では，費用（95マルク）はその受け手の側において需要を条件づける消費用の所得となる。労働者，従業員，仕入先，経営者報酬および企業利益の受け手としての投資者は，結局生産した商品の買い手として現れる。そして，これによって生産と消費の均衡が保たれることになる。

　さて，3 期において急激に人為的購買力が市場に現れる。元の100マルクの所得の代わりに，150マルクが需要として市場に現れる。しかし，この150マルクは生産された製品以上のものを取得することはできない。したがって，所得

増加の枠内において製品の効用評価の増加が生じる。以前の１マルクに対して
１個当たり1.5マルクが支払われる。ここではいまや，生産性の変化による貨
幣価値変動の場合とは異なって，所得の変化による貨幣価値変動が生じる。こ
こでは，販売価格と同様に，財産価値も変化する。

　３期において，これまでの５マルクに対して55マルクの帳簿利益が生じてい
る。これは150マルクの売上収益から95マルクの費用を控除したものであり，
伝統的な会計利益にほかならない。しかし，材料価格，賃金，設備価格等が上
昇するので，企業は次の購入に際してこれまでの100個に対して費用として
142.5マルクを支払わなければならない。したがって，150マルクの売上収益の
中から販売日の購入時価である142.5マルクを留保しておかなければならない。
それゆえ，帳簿利益55マルクの全部が利益ではなく，このうち7.5マルクのみ
が企業利益であり，残りの47.5マルクは財産価値増加分となる。これは財産価
値変動勘定の貸方に計上される。

　そして，この留保された142.5マルクを100個の製品に再投資することによっ
て，所得が変化する場合の相対的価値維持が達成されることになる。すなわち，
この場合の相対的価値維持は販売日の購入時価を費用計上し，それによって留
保された資金を同一財に再投資することによって達成されるのである。した
がって，この場合の相対的価値維持は実体維持にほかならない。この意味では，
実体維持は相対的価値維持の一種であるということができる。これらの状況を
勘定形式で示すならば，次のようになる。

製 品 勘 定

期 首 在 高	100×0.95	= 95	売　　上　　高	100×1.5	=150
財産価値変動	100×0.475	= 47.5	期 末 在 高	100×0.95	= 95
期 中 増 加 高	100×0.95	= 95			
利　　　　益		7.5			
		245			245

　それでは，所得が減少する場合はどうであろうか。８－11期において所得の
減少が現れており，それぞれの期間は帳簿上の損失を示している。しかし，
シュミットによれば，これは真の損失ではない。なぜならば，次期以降の費用

が減少し，さらにそれぞれ47.5マルク減少するために，企業は綜合経済に対してその地位を相対的に維持できるからである（Schmidt［1951］S.44）。この47.5マルクの費用減少を35マルクの帳簿損失に対して加味すれば，8期において12.5マルクの正常な企業利益が生じることになり，これは以下の期間においても同様である。したがって，所得が減少する場合にも，企業利益は売上収益から販売日の購入時価を控除することによって算定され，これから留保された資金を同一財に再投資することによって，相対的価値維持が達成されるのである。もっとも，この場合の相対的価値維持は実体維持にほかならない。これらの関係を勘定形式で示すと，次のようになる。

製 品 勘 定

期 首 在 高	$100 \times 2.85 = 285$	売 上 高	100×2.5	$=$	250
期 中 増 加 高	$100 \times 2.85 = 285$	財産価値変動	$100 \times 0.475 =$		47.5
利 　 　 益	12.5	期 末 在 高	$100 \times 2.85 =$		285
	582.5				582.5

　このように，生産性が変化する場合と同様に，所得が変化する場合にも，企業利益は売上収益から販売日の購入時価費用を控除することによって算定される。上述したように，シュミットによれば，これによって相対的価値維持が達成されるのである。しかし，生産性が変化する場合と同様に，会計的にみれば，ここでもこれは相対的価値維持ではなく，絶対的価値維持が達成されることに気づく。なぜならば，所得が増加する場合にも減少する場合にも，この損益計算によって，企業は常に100個の製品の価値を維持するのみであり，例えば販売日と補填日との間で価格変動が生じる場合，実際に100個の製品を維持するためには何らかの財務的措置が必要であるからである。したがって，この費用評価基準は絶対的価値維持以外の何ものでもない。

　ただ，生産性が変化する場合には，経営者が多大の財務的措置をとることによって相対的価値維持を達成するのであるが，この所得が変化する場合には，財務的措置も前者ほどではないであろう。というのは，この場合には生産性が変化しないのであるから，それに企業を適応させる必要はなく，常に同じ数量の製品を保有するための努力で十分であるからである。その意味では，所得の

みが変化する場合の方が経営者の措置としては容易である。しかし，いずれに
しても，シュミットのいう相対的価値維持は財務的・実際的維持であり，彼の
損益計算を会計的にみれば，絶対的価値維持であるということがいえるのであ
る。

2　価値均衡の原則

　前項の相対的価値維持と並んで，シュミット有機的貸借対照表論のもう1つ
の特徴は，ここで扱う「価値均衡の原則」（Prinzip der Wertgleichheit）である。
企業の貸借対照表において，その全項目は貨幣資産および貨幣負債と実体財お
よび自己資本とに大きく区別され，それらの評価方法はそれぞれ異なっている。
貨幣資産および貨幣負債は「その名目価値の固定性」によって特質づけられ，
財産計算において最初の名目価値で評価される。したがって，貨幣価値の変動
は貨幣資産の購買力に影響を及ぼすことになるが，それは実体財との関係で明
らかとなる。

　貨幣価値が下落するならば，貨幣資産（現金および貨幣債権）はより少ない
数量の実体財しか購入することができず，逆に貨幣価値が上昇するならば，よ
り多くの実体財を購入することができる。同じことが貨幣負債（他人資本ない
し貨幣債務）についても妥当する。貨幣価値が下落する場合にはより少ない実
体財の対価によって返済することができるし，貨幣価値が上昇する場合にはそ
の逆となる。この場合，企業が最大の利益を稼得するためには，貨幣価値上昇
時には貨幣資産を多くして貨幣負債を少なくし，逆に貨幣価値下落時には貨幣
資産を少なくして貨幣負債を多くすればよいことになる。

　しかし，シュミットによれば，将来の価格展開に関してほとんど知ることは
できないから，唯一の確実な方法は，借方側のすべての実体財は自己資本で調
達し，借方側のすべての貨幣債権および貨幣在高は貨幣債務によって調達する
方法である。すなわち，シュミットは，貨幣資産と貨幣負債とを金額的に同額
に保ち，同時に実体財と自己資本も同じ金額で保持することによって，貸借対
照表で貨幣価値変動を除去しようとする。これが「価値均衡の原則」である。
この実際の方法を示したものが，次の3つの貸借対照表である（Schmidt [1951]
S.133）。

貸借対照表Ⅰ

1. 設　　　備	500	5. 自 己 資 本	750
2. 実体的販売財	250	6. 他 人 資 本	250
3. 貨 幣 債 権	200		
4. 生産準備貨幣	50		

貸借対照表Ⅱ

1. 設　　　備	5,000	5. 自 己 資 本	7,500
2. 実体的販売財	2,500	6. 他 人 資 本	250
3. 貨 幣 債 権	200		
4. 生産準備貨幣	50		

貸借対照表Ⅲ

1. 設　　　備	50	5. 自 己 資 本	75
2. 実体的販売財	25	6. 他 人 資 本	250
3. 貨 幣 債 権	200		
4. 生産準備貨幣	50		

　正常な価格の場合，原価計算がすべての費用部分を販売日の購入時価で計算するならば，経常的な貨幣需要を金融するために250マルクを必要とする。シュミットによれば，この合計は他人資本から調達される。しかしいま，価格水準が10分の1に下落するならば，製品価値と必要な他人資本も同様に減少するので，225（＝250−25）マルクを返済できる状態にある。これに対して，価格水準が10倍に上昇するならば，他人資本においても10倍の需要が発生するが，これは比例的に増加する国民所得から容易に補償できる。

　これらの措置を継続的に行うならば，たとえ貨幣価値が変動しても企業は危険に陥らない。これについて，シュミットは次のように述べている。貸方貨幣在高と借方貨幣在高とが相互に一致している限り，財貨市場におけるすべての価値変動はそれに影響を及ぼさないということが，価値均衡の原則から明らかとなる。というのは，一方の購買力損失は他方の購買力利益によって相殺されるからである（Schmidt［1951］S.137）。これが価値均衡の原則の最も重要な機能であり，役割である。

　さらに，シュミットによれば，価値均衡の原則は損益計算において費用を販

売日の購入時価で計上することによって達成される。すなわち，われわれが補填費用の原則を，実体製品が貨幣もしくは貨幣債権となる日，つまりそれを販売する日の補填価格に関連づけるならば，すなわち製品を市場に引き渡す日の補填費用価値で計算するならば，販売領域（＝自己資本）と貨幣領域（＝他人資本）の比例的形成が可能となる（Schmidt [1951] S.141）。

　具体的には，これは次のような手続を踏むことになる。いま，販売日の購入時価で費用計上することによって，その留保資金が即座に製品の補填に充てられるならば，この実体財と自己資本とが対応される。その場合，購入時価と取得原価との差額は財産価値変動勘定の貸方もしくは借方に計上されることになる。他方，この計算によって利益が生じるならば貨幣資産が増加し，損失が発生するならば貨幣資産は減少するが，これは自己資本の増減によって対応する。すなわち，前者の場合には利益配当を行い，後者の場合には自己資本を新たに調達する。これによって，販売日を境とした販売領域と貨幣領域との均衡が保持されるのである。

　いま，上記の貸借対照表Ⅰを期首貸借対照表としよう。期中に製品が500マルクないし200マルクで販売され，販売日の購入時価がいずれも300マルクであり，また設備が600マルクに上昇したとするならば，両者の期末貸借対照表は次のようになる。

貸借対照表

1. 設　　　　備	600	5. 自　己　資　本	750
2. 実体的販売財	300	6. 財産価値変動	150
3. 貨　幣　債　権	200	7. 他　人　資　本	250
4. 生産準備貨幣	50		
	1,150		1,150

　販売日の購入時価で費用計上し，即座に製品を補填することによって，借方側の実体財の合計900マルクは貸方側の自己資本と財産価値変動勘定の合計900マルクとに対応し，貨幣資産合計250マルクは他人資本に対応している。この場合，前者の取引の場合には200（＝500－300）マルクの利益が生じるが，これは利益配当される。他方，後者の取引の場合には100（＝200－300）マルクの損

失が発生するが，これは自己資本の新たな調達によって賄われる。これらによって，実体財が自己資本から調達され，貨幣資産が他人資本から調達されて，価値均衡の原則が達成されるのである。

　実体財に対する措置は上記の例示で明らかになったが，賃金，光熱費等の他の費用部分についてはどうであろうか。これらの費用部分は継続的ではなく，生産期間の終りに即座に補填することができる。新しい期間の経過において，賃金等が使用され，支払われる時が到来するまで，これらの費用補填は貨幣価値のままで留まっていなければならない。これが上記の生産準備貨幣にほかならない。いま，費用を販売日の購入時価で計算するならば，即座に再使用できない補填費用の部分は，所得水準に自動的に従う販売領域から名目的に固定された不変の貨幣領域に入る。

　賃金が上昇する場合，賃金補填が不十分となる可能性が生じる。他方，賃金が下落する場合，賃金補填をしてなお余りあるという可能性が生じる。そのような生産準備貨幣が補填のために十分でないならば，他人資本の増加によってこれを調達しなければならず，過剰が生じるならば，そこから他人資本が返済される。上記の例示において，いま賃金の上昇のために生産準備貨幣を100マルクに増加しなければならないならば，価値均衡の原則を満たすために50マルクだけ他人資本を新たに調達しなければならない。その結果，貸借対照表は次のようになる。

貸借対照表

1. 設　　　備	600	5. 自 己 資 本	750
2. 実体的販売財	300	6. 財産価値変動	150
3. 貨 幣 債 権	200	7. 他 人 資 本	300
4. 生産準備貨幣	100		
	1,200		1,200

　以上によって明らかなように，シュミットにとって重要な原則である価値均衡の原則は，費用の評価基準として販売日の購入時価を採用することによって達成される。そして，結論として次のように述べる。いまや，われわれが自然的に条件づけられた自己資本と他人資本の境界を，あたかも販売日における費

用部分の補塡価値をもってする計算の是正によって見出したかのように思われる。というのは，このような観点は価格水準のいかなる変化に際しても経済における企業の相対的地位の保持，自己資本と他人資本との関係の保持を最も良く保つからである（Schmidt［1951］S.142）。

　それでは，この価値均衡の原則とシュミットの最高原則である相対的価値維持との関係はどうであろうか。次に，これを考えてみよう。といっても，相対的価値維持のうちで所得が変化する場合に関して，上記のことがそのまま妥当する。換言すれば，これまで述べた価値均衡の原則の方法は，取りも直さず生産性が一定で所得が変化する場合の相対的価値維持の方法であったということができる。上記の措置によって，相対的価値維持が達成されるからである。それでは，所得が一定で生産性が変化する場合はどうであろうか。これについて，シュミットはほとんど触れていないのであるが，推測すれば次のようになろう。

　まず，貨幣領域について述べると，上述したシュミット自身の例示から明らかなように，生産性が上昇する場合にも低下する場合にも，所得が一定なので貨幣資産に変化が生じない。したがって，他人資本も変化しないことになり，貨幣資産と他人資本は絶えず均衡する。すなわち，貨幣領域は生産性の変化に影響を受けない。

　次に，販売領域において生産性が低下する場合，シュミットによれば，綜合経済の展開に企業が適応していくためには，製品の生産を減少させなければならない。そして，これによって余った生産能力を他のより有利な実体財に投資することになる。この場合，実体財の総額は依然として変化せず，自己資本と常に均衡することになる。したがって，生産性が低下する場合にも販売領域は何ら影響を受けないのである。

　しかし，生産性が上昇する場合にはいささか事情が異なる。前項で述べたように，シュミットはこの場合生産と在庫品の増加に適応するために，これまでの資金が不足する分は他人資本の調達を主張する。しかしながら，彼のいうような措置をとるならば，貨幣領域と販売領域が均衡しないことが明らかであり，価値均衡の原則を満たさないことは明瞭である。なぜならば，他人資本が過度に増加するからである。価値均衡の原則を満たすためには，この場合やはり増加する製品は自己資本によって調達しなければならない。これによって，初め

て貨幣領域と販売領域とが均衡するのである。

　いま，生産性の上昇によって実体財が全体で500マルク必要であると仮定するならば，上記の貸借対照表は実体財と自己資本の両者が変化し，次のようになる。

貸借対照表

1. 設　　　　備	600		5. 自 己 資 本	950
2. 実体的販売財	500		6. 財産価値変動	150
3. 貨 幣 債 権	200		7. 他 人 資 本	300
4. 生産準備貨幣	100			
	1,400			1,400

　このように見るならば，価値均衡の原則と有機的貸借対照表論の最高原則である相対的価値維持との関係が，自ずと明らかになるように思われる。相対的価値維持とは，企業を綜合経済における平均的生産性の展開に比例して維持することであった。これは綜合経済の展開に企業を適応させていく最高原則であり，いわば個別企業と綜合経済との関係において成立するものである。そして，綜合経済との関係で一旦個別企業の目標が定まるならば，今度は個別企業の枠内で相対的価値維持を達成するための手段として，価値均衡の原則が用いられるのである。

　すなわち，所得が変化して生産性が変化しない場合には，貨幣領域の増減のもとに相対的価値維持を達成する。他方，生産性が変化して所得が変化しない場合には，貨幣領域の不変のもとに相対的価値維持を達成するのである。そして，これらの場合に用いられる費用評価基準が，販売日の購入時価にほかならない。したがって，価値均衡の原則は相対的価値維持を補完する原則であるということができる。

　しかし，この価値均衡の原則はいずれにしても，純粋な会計的原則であるとは言い難く，むしろ財務政策の原則である。なぜならば，所得が変化する場合に販売日の購入時価計算を行うにしても，絶対的価値維持が達成されるだけで，貨幣資産と他人資本とを均衡させるためには，上記のように，特別な財務的措置が必要であるからである。これは生産性が変化する場合にも同様である。こ

の場合に販売日の購入時価計算を行うならば，貨幣資産と他人資本とは均衡するけれども，達成されるのは依然として絶対的価値維持であり，相対的価値維持を達成するためにはやはり特別な財務的措置を必要とし，実体財と自己資本とを増減させなければならない。このように考えるならば，価値均衡の原則もシュミット特有の財務的原則なのである。

Ⅲ 有機的貸借対照表論の公理化

　以上が有機的貸借対照表論の特質であり，本質である。本節では，これらの特質に基づいて，この会計理論の公理化をメリンスキーに従って行うこととする。彼は有機的貸借対照表論の公理化をコジオール（Kosiol），シュヴァイツァー（Schweitzer）等の研究に基づいて行っている。しかし，周知のように彼らの公理系は収支的損益計算を計算目的として公理化したものであり，購入時価評価基準を骨子とする有機的貸借対照表論にはあてはまらない。

　そこで，メリンスキーは，彼らの公理系を模範としながらも，それらを全面的に採用するのではなく，必要と思われる限りにおいて採り上げ，さらに有機的貸借対照表論に固有の定義，公理および計算規則[3)]を付け加えるという方法で公理化を行っている。

　その場合，このような公理化は貸借対照表計算の言明体系の意味論的次元で直接的になされることに留意しなければならない。様々な解釈を受けやすく，補足として意味論的に解釈される内容のないカリキュラスがたてられるのではなく，それはある一定の領域に直接関連する意味論的に解釈されたカリキュラスである。したがって，それは経験科学における言明体系の定式化過程として特質づけられる帰納的公理化となる。

　また，公理化における概念形成に際して，一連の概念は黙示的に周知なものと仮定され，事物ではなく記号に関係する唯名的定義以上のものはほとんど導

---

3) ここで，定義，公理および計算規則とはそれぞれ次のような内容のものである。
 (1) 定義：無定義の基礎概念と形成規則からなり，当該公理系の操作的概念網（語彙）を構成するもの
 (2) 公理：当該公理系の基礎に置かれる無証明の基本的仮定
 (3) 計算規則：定義および公理に基づいて他の命題（定理）を導出するための演繹規則

入されない。このような措置は，個々の用語を言語表現で用いる場合，曖昧な解釈を許さないということを前提としている。

　さらに，有機的貸借対照表論の公理化に際して，経営経済学の専門用語が対象言語として基礎に置かれる。そうすることによって，経営経済学の事象を自然言語記号で写像することができる。そして，その用語命題は周知のように若干の概念の定義を省略することができるということで支持されている。

　ところで，シュミットは彼の有機的貸借対照表論を二元論的立場から有機的財産計算論と有機的損益計算論とに区別して論じている。したがって，メリンスキーも公理系の形成にあたってそれらを別々に構築する。その内容は次のとおりである（Melinski［1976］S.165ff.）。

1　有機的財産計算の公理系
　(1)　定義：D_1 数量尺度，D_2 計算尺度，D_3 収支，D_4 在高，D_{41} 財産，D_{42} 資本在高，D_5 期間損益，D_6 計算修正尺度，D_7 生産性尺度
　(2)　公理：A_1 数量公理，A_2 運動公理，A_3 写像公理，A_4 評価公理Ⅰ，A_5 価値均衡公理，A_6 財産計算目的公理
　(3)　計算規則：R_1 財貨および負債運動の把握，R_2 財貨（運動）（借方）記帳，R_3 負債（運動）（貸方）記帳，R_4 在高測定規則，R_5 価値変動計算規則，R_6 損益測定規則，R_7 計算尺度修正計算，R_8 生産性計算

2　有機的損益計算の公理系
　(1)　定義：D_8 費用および収益，D_9 期間損益，D_{10} 時価利子（率）
　(2)　公理：A_7 評価公理Ⅱ，A_8 損益計算目的公理
　(3)　計算規則：R_9 財貨および負債運動の把握，R_{10} 損益作用的財貨運動の記帳，R_{11} 損益作用的負債運動の記帳，R_{12} 損益測定規則，R_{13} 損益計算の価値変動計算規則，R_{14} 利用費用計算，R_{15} 減価償却計算

　これらのうち，有機的貸借対照表論に固有のもので，以下の論説に必要と思われるものだけをメリンスキーに従って述べておこう。

　D_7　生産性尺度：様々な時点における数量尺度と計算尺度の関係によって経済性の表現としての生産性を算定する関数が生産性尺度として用いら

れる。この関数を個別経済的もしくは綜合経済的に形成することができる。これらはその時点における生産性の展開を反映する。さらに，個別経済的および綜合経済的生産性は相互に関係づけられなければならない。

A_4　評価公理Ⅰ：すべてのクラスの貨幣財および貨幣負債ならびに自己資本の運動および在高に関して，次のことが妥当する。当該借方項目もしくは貸方項目に関して流出ないし流入する貨幣単位金額に基礎を置く貨幣への直接的写像が行われる（取得原価，実現収支価値）。非基準クラスの尺度単位で表されるすべての財在高に関して，次のことが妥当する。それらは間接的に貨幣へ写像され，決算日の基準クラス尺度単位における等価交換価値がそれらに割り当てられる（決算日の購入時価，未実現収支価値）。その場合，それは相応する在高の調達市場における再調達に際して購入時点で費消されるであろう価格である（再生産価値，購入時価）。当該期末在高の購入時価と取得原価ないし前期末の購入時価との間で差額が生じるならば，その財在高における計算尺度差額は適切な計算規則によって把握され，企業計算で表示されなければならない。

A_5　価値均衡公理：すべての貨幣資産在高およびすべての負債在高に関して，次のことが妥当する。これらは金額および拘束期間において等しく保たれなければならない。すなわち，貨幣資産＝貨幣負債という等式を満たさなければならない。

A_6　財産計算目的公理：計算目的は企業の市場制約的収益価値（再生産価値，購入時価）を財産計算として確定することである。再生産価値は，計算時点で企業を設立するにはどれほどの貨幣単位を費やさなければならないかを示す。その場合，生産性で測定された綜合経済における企業の相対的地位が一定となるように，財産が維持されなければならない。

R_5　価値変動計算規則：二重評価によって実質財の期末在高に計算尺度の差額が発生する場合（＝取得原価ないし前期末購入時価と当期末購入時価との差額），この差額は貸借対照表貸方側の特別勘定（財産価値変動勘定）に記入される。当期末購入時価－取得原価ないし前期末購入時価の差額が正（負）ならば，勘定の右側（左側）で増加（減少）が生じる。それゆえ，基準クラス尺度単位で表され，時の経過に従って在高に生じる保有財産

のすべての価値変動はこの勘定で排除される。

R$_8$　生産性計算：各任意の関連時点に関する投入財の生産性価値は，次の規則によって算定される[4]。

$$pw_t = \frac{\dfrac{aw}{p_{aw}}}{m_{aw}} \cdot \frac{p_t}{m_t} = aw \cdot \frac{m_{aw}}{m_t} \cdot \frac{p_t}{p_{aw}}$$

　　　m_t＝関連時点における給付単位＝投入財単位当たりの生産物
　　　$p_t / m_t = k_t$＝生産物単位当たりの原価
　　　p_t＝関連時点における投入財数量単位当たりの価格
　　　p_{aw}, m_{aw}＝m_tおよびp_tと同じ意味であるが，取得日に関連している。
　　　aw＝具体的な企業自体の投入財の取得原価
　　　pw_t＝関連時点における個別経済的生産性価値

　この規則によれば，個別経済的生産性指数はウェイトづけられた給付単位，ウェイトづけられた価格および取得原価によって生じることになる。
　各任意時点に関して，（個別経済的生産性価値と）同じ構造の規則によって得られる次のような綜合経済的生産性価値を用いることができる。

$$PW_T = AW \cdot \frac{P_T}{P_{AW}} \cdot \frac{M_{AW}}{M_T}$$

　　　P_{AW}＝調達時点における物価水準
　　　M_{AW}＝調達時点における綜合経済的生産性
　　　P_T, M_T＝P_{AW}およびM_{AW}と同じ意味であるが，関連時点に関係している。
　　　AW＝具体的な企業自体の取得原価
　　　PW_T＝綜合経済的生産性価値

　この計算規則は綜合経済の展開に対する企業の財産計算と損益計算の管理に役立つ。PW_Tとpw_tとの間で次のような関係が成り立つ。$pw_t > PW_T$ならば，企業は相対的価値維持以上に成功したのであり，逆の場合には失敗したのである。$pw_t = PW_T$ならば，企業は相対的価値維持を営み，同時に綜合経済におけるその相対的地位を保証したことになる。

---

4)　この計算規則は，後にも触れるように，シュミット自身が直接述べているわけではなく，彼の生産性計算および相対的価値維持計算の1つの試みとしてメリンスキーが公式化したものである。

A_7 評価公理II：すべての収益および費用に関して，次のことが妥当する。それらは直接的および間接的に貨幣へ写像される。収益はそれと等価の収支運動に基礎を置いているとき，評価されたものとみなされる。費用は間接的に貨幣へ写像され，そこでは調達市場における補填費用財の販売日交換価値が基準クラス尺度単位でそれに割り当てられる（販売日における費用財の購入時価，未実現収支価値）。その場合，財が市場に移転する時点が販売日として妥当する（実現）。取得原価ないし前期末購入時価と販売日購入時価との間で差額が生じるならば，この差額は適切な評価規則によって把握され，それに応じて企業計算で表示しなければならない。

A_8 損益計算目的公理：損益計算の目的は，収益と費用とを反映する正しい期間損益を販売から確定することである。

R_13 損益計算の価値変動計算規則：販売日費用財購入時価と取得原価ないし前期末購入時価との差額が正（負）ならば，基準クラス尺度単位におけるこの差額は増加（減少）として財産価値変動勘定の右（左）側に記帳される。

Ⅳ 有機的貸借対照表論の科学論的分析

以上の公理系に基づいて，有機的貸借対照表論を科学論的に分析することが本節の課題である。その場合，分析のポイントとしてまず第1に若干の公理に基づいて有機的貸借対照表論に科学的根拠があるか否かが検討される。そして次に，言語論的側面と公理系の3要件の観点から，有機的貸借対照表論の公理系そのものを批判的に分析することになる。

1 科学的論拠

有機的貸借対照表論の科学的根拠を検討する場合，特にカリキュラスと現実との関連を吟味しなければならない。すなわち，有機的貸借対照表論のカリキュラス体系がどの程度まで企業過程を適切に写像し，設定された計算目的の追求に際して用いるに価するかを明らかにしなければならない。

このために，基本的言明としてまず有機的貸借対照表作成モデルの本質を構成する個々の公理（A_4評価公理I，A_6財産計算目的公理，A_7評価公理IIおよびA_8

損益計算目的公理）が用いられる。そして，それに基づいて(1)購入時価の問題，(2)実体維持と企業計算，(3)計算目的の二元性および(4)相対的価値維持が問題となる。

有機的貸借対照表論の科学論的根拠に関する問題をそのような少数の論点に限定したのは，それによって当該モデルが企業過程を適切に写像し，企業の経済的事象に関して経験的に意味のある言明を行うことに適しているか否かを判断することができるからである。さらに，それは有機的貸借対照表論のモデルがその設定目的をどの程度まで満たしているのかに関して，科学論に基礎をおいた言明を可能にすることになる（Melinski［1976］S.202-203）。

(1)　購入時価の問題

貸借対照表作成モデルの枠内における評価問題は，現在では一般に測定論的観点のもとで考察されている。広い意味で測定を「規則に従って対象もしくは事象に数字を割り当てること」（Stevens［1951］p.1）と解するならば，会計理論は企業過程に関連する事象に一定の規則に従って数字を割り当てる所産と解することができる。さらに，企業過程の属性や関係に数字を割り当てることは，その数字によって企業過程の構造を写像することと解することもできる。

その場合，留意しなければならないのは，その数字は信頼できる数字でなければならないということである。この意味から，貸借対照表作成モデルにおける評価が真の実現収支価値（取得原価）に基づいているならば，属性および関係は無条件に写像可能となる。なぜならば，これによれば，財貨および資本の運動は直接的もしくは間接的に収支を通じて確実に写像されるからである。

これに対して，購入時価は真でない未実現（派生的）収支価値である。それによって，実現収支価値に基づいた貸借対照表作成モデルの枠内で可能であった企業過程の一義的な写像からの離脱が生じる。特に，該当する財が市場に存在していないために，実質財の購入時価が決算日に妥当する市場価格から導出されない場合，企業過程を収支に写像するに際してどの未実現収支価値に基礎を置くべきかという問題が生じる。しかしながら，この場合，企業過程で稼動している財に貨幣数量を割り当てる基準を内包した一般に妥当する規則が現在のところない。

64

　さらに，評価時点の選択を不偏的に行えないということも，考慮する必要がある。シュミットは彼の有機的貸借対照表論の目的に関して2つの評価，つまり実質財在高に関する決算日購入時価と費用財に適用される販売日購入時価とを識別している。在高の購入時価は統一的に決算日時点で示されるが，これに対して費用財の販売日購入時価では，1つの費用財に関して費用財として期中に販売された数だけ多くの購入時価が存在することになる。

　貸借対照表作成モデルにおける数量概念が観察言語L_n（さらに測定論的に拡張された言語$L_n{'}$）[5]に属するということから出発するならば，それは設定された要件に従って具体的に観察可能でなければならない。しかし，購入時価の場合この要件は満たされず，1つの事象に対して観察できない多くの貨幣的数量表現が割り当てられる可能性がある（Melinski［1976］S.205-206）。

(2) 実体維持と企業計算

　有機的貸借対照表論の中心的任務は，一定の方法で規定された企業の実体を企業計算によって維持することである。貸借対照表計算はまず企業過程の写像であるということから始めるならば，貸借対照表測定モデルはどの程度まで実体維持を保証するかが問われなければならない。換言すれば，この問題は実体財在高と運動を，購入時価を内容とする貨幣量で写像することがどの程度まで測定論的観点のもとで実体の維持を保証するかということである。

　しかしながら，前述したように購入時価の測定論的根拠が不十分であるために，それを市場過程の写像目的に利用することにはほとんど適していない。そして，実体をその現在の形態で一義的に測定し，写像することができないならば，実体維持計算の方法には初めから問題がある。

　これに対して，実体維持の問題は財務的措置（利益処分）の問題に属するという命題から始めるならば，有機的貸借対照表論は利益測定と財務政策とを混同しているということになる。すなわち，その場合の貸借対照表作成モデルは

5)　観察言語とは科学言語のうち，現実の事象をそのまま表現する部分のことであり，事象の具体的識別に関する言明の言語的定式化ならびに測定システムによる測定結果に関する言明が最も広い意味で「観察」とよばれる。この意味から観察言語を，識別可能性と観察可能性とを具体的に有している言語L_nと，もっぱら測定の言明のみを扱うような言語$L_n{'}$とに分離することができる。

測定モデルだけでなく，経営経済学の処理的科学目標[6]から導出される意思決定モデルをも含んでいるのである。しかし，貸借対照表は観察言語に基づいて記述的科学目標を達成する数量的記述モデルもしくは測定モデルであり，意思決定モデルではないにもかかわらず，それによって達成することができない，またしなくともよい意思決定機能を貸借対照表は果たすことになる。

　この意味から，シュミットの相対的価値維持の考察も測定モデルから始めることができず，また説明することもできない。費用評価を通じて企業実体を綜合経済の状況に適合させることを貸借対照表計算に要求するならば，単純な数量的記述モデルとしての貸借対照表計算は過大な要求を受けることになるからである。そもそも，実体維持思考を前面に出す貸借対照表作成モデルの大きな欠点は，それは確かに意思決定モデルの特質を有しており，記述的科学目標に向かって形成されているけれども，同時にそれは純粋な記述から逸脱し，処理的科学目標に向かって形成される言語体系の要素を受け継いでいることに見ら

---

　6)　経営経済学の科学目標は次の3つに区別される。
　　(1)　記述的科学目標
　　(2)　理論的科学目標
　　(3)　処理的ないし実用的科学目標
　　記述的科学目標の目指すものは，経営経済学に関連する現象を記述することである。そこでは，経営の経済活動を適切な方法で記述し，これらの記述を順序だって体系化させることが重要となる。記述的科学目標における記述的言明は観察言語L_nによって定式化される。
　　理論的科学目標では，経営経済学的現象を体系的に記述することが重要であるのみならず，存在するものとして確定された経験的現象の説明が問題となる。経営経済的現象を説明する言明体系において包括的に用いられる言明の集合は，通常，理論とよばれている。したがって，経営経済学の理論的科学目標は経験に関する理論の設定と証明においてその実現をみることになる。さらに，理論は予測を可能にするという任務，つまり確定された経験的規則に基づいて未来に生じる事象の予測を可能にすることの任務も有している。このように，理論的科学目標は経営経済学的現象を記述し，説明し，さらに予測することを指向している。このような理論的科学目標における理論的言明は，いわゆる理論言語L_Tによって定式化される。これは論理学および数学の諸記号と各学科の専門用語からなる。
　　処理的科学目標にとって重要な任務は，対象の知識を応用して一定の行動目的に適った行動規則を導き出すことである。それは，一定の目的に関して人間の経済環境を形成するような言明を経営経済学は用意しなければならないことを意味している。処理的科学目標に属する言明は目的に対する手段の特質を有しており，それゆえこの言明体系は規範的，実践的，目的もしくは意思決定的論理体系ともよばれている。もっとも，それは説明と予測を可能にする理論でその基礎づけを行う必要がある。理論の裏づけによって初めて最適な行動規則が導出されるからである。このような処理的科学目標における規範的言明は，いわゆる規定言語によって定式化される。これは判断と意思決定を表し，指図を行い，命令を与え，権利と義務とを帰属させ，行動を正当なものと知らしめるために用いられる。したがって，この言語は義務論理学に属する言語であり，真理値を有しない。

れるのである。

　測定計算と財務計算のこのような混同は，有機的貸借対照表作成モデルの経験的内容を高めることができない。というのは，一方ではこのような混合モデルにおいては記述的要素と処理的要素（政策的要素）を分離しなければならず，他方ではこの混合モデルで行われる言明は現実をほとんど検証できない，つまり観察的言明を導出することができないからである（Melinski［1976］S.211）。

(3)　計算目的の二元性

　シュミットによって提唱された財産計算と損益計算の同時的な企業計算目標がどの程度まで計算的に内容があり，また科学論的に保証されうるかがここでの問題である。考察の出発点は，「原価，時価もしくは他のいかなる価値をとろうとも，企業の拘束されている資産の合計によって企業の価値を見出すことはできない」（Schmalenbach［1956］S.30）というシュマーレンバッハの見解である。このような観点から，彼が計算目的の二元性を「非科学的なもの」としたのは周知のところである。そして，今日の一般的な見解によれば，財産価値（企業価値）は収益価値と解され，それは将来に稼得されるべき収入の割引現在価値として測定される。

　しかしながら，シュミットはこのような収益価値を測定することの困難性を認識し，彼の有機的財産計算において市場制約的収益価値を提唱した。これは個々の貸借対照表能力を有する財産部分の購入時価を合計した企業の再生産価値にほかならない（Schmidt［1951］S.124）。そして，このようにして算定された有機的財産計算は損益計算に役立つ手段であるとする。しかし，上述した意味からいえば，シュミットの財産計算は厳密な意味での企業の価値評価計算でないことは明らかである。

　さらに，財産計算と損益計算とがシュミットの主張するように密接な関係にあるならば，両計算で評価された価値も相互に密接な関係がなければならない。しかしながら，価値評価のこの密接な関係は観察できない。決算日の購入時価と販売日の購入時価は異なった価格水準における経済現象の動態に基づいて発生し，したがって，無条件に比較できない異なった時点における購入時価であるからである。この観点のもとでも，二元性を保証することはできない。

　結局，シュミットの体系では財産計算と損益計算はあまり関係のない2つの独立した部分計算であり，そうであるならば，数量的記述モデルによって財産の表示と損益の測定を同時に確定することはできないのである。貸借対照表作成モデルは1つの計算目的に基礎を置いている場合ほど経験的に内容のあるものとなる。多数要求される計算目的設定（二元論，多元論）は貸借対照表作成モデルの言明内容を減少させ，特に設定目的が相互に矛盾する場合には，事情によっては経験的に内容のない言明となる（Melinski［1976］S.214）。

⑷　相対的価値維持の問題

　シュミットにおいては，綜合経済における企業の相対的地位と相対的価値維持とは同一視される。すなわち，企業の相対的価値維持とは，綜合経済における平均的生産性の展開に比例して企業を維持すべきであるということである（Schmidt［1951］S.146）。このような相対的価値維持を遂行するには，その経験的内容に照らして次の2つの要件を満たさなければならない（Melinski［1976］S.216）。

⑴　個別企業の生産性が測定論的に一義的に写像される個別経済的指標を見出さなければならない。
⑵　国民経済のより高い水準で生産性を表す綜合経済的指標の開発に成功しなければならない。

　⑴に関して，財貨および資本の価値構成要素が一義的に写像できない場合，測定論に基づいた適切な指標の構成は難しい。したがって，上述した計算規則 R_8（生産性計算）はシュミットの要請する相対的価値維持を定式化した1つの試みにすぎないのであるが，その定式化が正しかったとしても，彼によって適用される経済的に内容の乏しい購入時価はその個別経済的生産性価値の測定を恣意的な計算にしてしまう。

　さらに⑵に関して，綜合経済的指標は個別経済的生産性指標と同じ構造をもたなければならない。そうでなければ，両者の生産性数値が相互に比較できないからである。したがって，ここに個別経済的生産性数値の欠点と同じ欠点が

現れることになる。

　これに関連したもう１つの問題点として，理解された生産性の概念いかんによって他の関係に基礎を置いた他の構造の指標が成立することに触れる必要がある。これによって，計算における恣意性のもう１つの要因が現れ，公理化に用いられた生産性価値関係も１つの恣意的な設定とみなされる。明らかに，他の構造を有する計算規則を常に形成することができるのである。

　シュミットが相対的価値維持に関して行った言明の経験的内容は，一方では明瞭な生産性の概念規定に依存しており，他方では数学的に矛盾がなく，測定論に基づき，さらに検証可能性を有する計算方法がどの程度まで開発されているかに依存している。しかし，彼は測定論的問題と同様に数学的問題をも無視している。すなわち，シュミットは個別企業の「綜合経済の生産性における相対的地位」の正確な定式化を行わなかったし，数学的定式化もほとんど行っていない。

　さらに，相対的価値維持に関して２つの問題点がある。第１に，綜合経済の生産性が減少する場合，シュミットによれば企業は減少した生産性へ適合していかなければならないが，それがどの程度まで望ましくまた必要なものとみなされるのかが論議されていない。第２に，綜合経済における各企業の相対的地位を主張するというシュミットの考えによって遂行される経済過程では，企業を新設する余地がない。すべての企業はその確固とした市場持分を有し，綜合経済と同じ方向に修正適合されるからである[7]。

　以上，有機的貸借対照表論を主として４つの局面から科学論的見地に基づいて検討してきたが，それらの評価を総括すれば次のようになろう。すなわち，そこでは記述的言明体系の科学論的要件を満たさない言明が単純な測定モデルとしての貸借対照表作成システムの中に混入している。したがって，有機的貸

---

　7)　なお，公理５の価値均衡公理に関しても次のような批判がなされる。すなわち，シュミットのこのような提案に従って，企業者はその財務的措置を自由裁量で実行しうるような状態にはない。企業者の財務的措置はその自発的な意思決定に依存するだけでなく，資本市場が彼の考えに従ってくれるかどうかにも依存するのである。さらに，価値均衡の原則は利潤極大化原則の意味では誤りである。貨幣価値が下落する場合には企業者はむしろ負債をできるだけ多くして流動資金を少なくしなければならない。逆に貨幣価値が上昇する場合には，負債を少なくして流動資金を多くしなければならないのである。

借対照表作成モデルは経験的に内容の乏しい言明を必然的に生ぜしめているのである。

　さらに，有機的貸借対照表モデルは実体維持思考からその数字を導出するのみならず，計算体系に入る前にさらに生産性計算を受けた価値評価をも含んでいる。この価値評価は恣意的な方法によって行われるので，有機的貸借対照表論は検証可能で，測定論に基づいた価値評価としての実現収支価値から著しく遠ざかる。生産性の考察には意味があるだろうということは決して否定されるべきではないが，測定モデルの枠内ではそれは当を得ていない (Melinski [1976] S.218-219)。

2　公理化問題

　前項では，有機的貸借対照表論をその若干の公理に視点を絞って科学論的に検討してきたが，本項では，さらに経営経済学における各科学目標の言語論的局面と公理系の3要件の観点から考察される。

　有機的貸借対照表論の公理系を記述的科学目標の枠内で考えるならば，その公理系はそこで用いられている言語が観察言語L_n（ないし拡張された観察言語L_n'）の領域に属するモデルである。観察言語ないし拡張された観察言語に基づいた貸借対照表作成モデルは，基本命題（単純存在命題，プロトコール命題）の形式で言明を行う。基本命題が観察可能性のみを対象としなければならないということが要求されるならば，各基本的命題がモデルの妥当な基本命題として認められる前に，それらはその観察可能性に関して検証されなければならない。

　例えば，公理A_4とA_7（評価公理Ⅰと評価公理Ⅱ）に関して，「財Aは x の価値をもつ」という単称基本命題は，「それは x の価値をもつ」という属性を示す特殊な対象「財A」からなる。対象である財Aが存在していると仮定するならば，さらにその属性が観察可能か否かを検証しなければならない。x の価値を有する属性が購入時価によって表される場合，購入時価が客観的に測定可能か否か，つまり観察可能か否かが問題となる。しかし，購入時価は必ずしもすべての場合において観察することができないから，「財Aは x の価値をもつ」という言明は，場合によっては経験的意味を認めることができず，その言明には

経験的意味がないのである（Melinski［1976］S.224-225）。

　次に，理論的科学目標の枠内で有機的貸借対照表モデルを言語構造の観点から考えるならば，さらに広い一連の洞察が得られる。有機的貸借対照表論の公理系では，特に公理において理論的言明と思われる若干の命題がある。形式論理学における量記号を含み，同様に一般法則の形式で用いられ，それゆえ一般的含意として定式化されうる一般命題が用いられている。

　しかしながら，一般法則による言明が対象領域における同質性，規則性および法則性について語り，説明と予測の基礎を与えるべきであるということから始めるならば，有機的貸借対照表論の公理系における一般命題をより詳細に考察する場合，一般法則の形式に妥当する公理は，もっぱらカリキュラスや計算技術の形成に関して一般的に言明するのみであることは明らかである。公理における一般命題を，適切な先行条件のもとで説明や予測に適した理論的言明体系の中心的構成要素とすることはできない。

　これに関して，有機的貸借対照表論の公理系をヘンペル＝オッペンハイム（Hempel and Oppenheim）の理論的言明条件[8]に照らしてみるならば，それは明らかに第2条件を満たしていない。すなわち，有機的貸借対照表論はその公理系において一般法則を含んでいないのである。また，言明は経験的に内容のあるものでなければならないという第3条件に照らしていえば，公理A_4（評価公理Ⅰ）は購入時価のために一義的な価値評価を確定できないがゆえに，「すべての財在高を決算日の購入時価で評価しなければならない」という命題は，価値評価に関して大きな論理的余地を有している。論理的余地が大きい場合には，周知のように経験的内容および情報価値が少ない。

　さらに，有機的貸借対照表論とその公理系に含まれている処理的（規定的）要素にも言語論的に問題がある。上述した公理系では，貸借対照表作成モデル

---

8)　理論的言明の場合，ヘンペル＝オッペンハイムによれば，次の4つの条件が満たされなければならない（Hempel and Oppenheim［1953］pp.321-322）。
　(1)　被説明項は理論的推論によって説明項の諸前提から演繹されなければならない。
　(2)　説明項には少なくとも1つの一般法則が含まれていなければならない。
　(3)　説明項の言明は経験的に内容のあるものでなければならない。つまり，それは現実の事象に関連し，そこでは少なくとも原則として検証可能でなければならない。
　(4)　説明項の諸命題は事実上真でなければならない。

が意思決定モデルとして構築されることなしに，相対的価値維持という計算設
定目的が有機的貸借対照表論の公理として定式化されている（A₆財産計算目的
公理）。それゆえ，規定的要素が貸借対照表の測定モデルの中に入り，規定言
語に固有の諸問題がすべて現れることになる⁹⁾。

測定モデルの場合，メタ段階で中和化する意味で設定目的（計算設定目的）
を規定的領域から記述的領域に移すことに成功しない限り，有機的貸借対照表
論とその公理系を経験的にテストするすべての努力は初めから水泡に帰してし
まう。というのは，規定言語で定式化された言明には決して真理性がないから
である¹⁰⁾。

言明の規定的特質は有機的貸借対照表論の公理系のA₅（価値均衡公理）にお
いても特に明瞭に現れている。ここで，シュミットは明らかに貨幣資産と貨幣
負債を貸借対照表において同じ金額で計上することを要求する（価値均衡の原
則）規定的言明を行っている。A₅から記述的言明を得るために，規定的要素
を中和化することはここでは難しいであろう（Melinski［1976］S.228）。

以上は言語論的局面からの検討であるが，次に有機的貸借対照表論の公理系
は公理的言明体系に関する 3 要件¹¹⁾を満たしているか否かについて簡単に検

討する。

　まず体系の無矛盾性に関して，例えば在高に関する有機的貸借対照表論の公理A_4（評価公理Ⅰ）の場合，次のような問題が生じる。すなわち，検証可能な市場価格を有する同じ財を市場で調達できないために決算日購入時価が測定されないならば，現に保有されている在高はすべての可能な数割当てに関して必然的に未解決である。しかし，計算モデルの一貫性を保証するためには何らかの評価価値を付さなければならないが，その場合，貸借対照表計算に際してまったく異なった結果が導出される可能性が生じる。しかしながら，多くの結果のうち常に1つしか正しいものはないのであり，その意味ではその体系は矛盾しているのである。

　次に，公理の独立性に関して考察するためには，公理間の関係を相互に研究する必要がある。例えば，公理A_4（評価公理Ⅰ）とA_7（評価公理Ⅱ）は，実質財評価に関して偶然に同じ評価原則を要求している。これらは重複しているのである，したがってそれを避けることができるであろう。しかしながら，有機的貸借対照表論の公理系において，例えば公理A_6（財産計算目的公理）とA_8（損益計算目的公理）が双方とも計算目標として損益測定をあげているとするならば，それらは相互に独立していない。例示した両者の場合には，一方の公理がそのつど他の公理から演繹されることになる。

　さらに体系の完全性に関して，有機的貸借対照表論の公理化が計算カリキュラスのみならず，企業過程に言及することも目指しているのであるならば，その公理系は完全でないことはただちに明らかである。なぜならば，それは企業過程を明示的に言及しておらず，むしろ諸公理においてはもっぱら企業過程に関する一連の仮定が黙示的に含まれているだけであるからである。公理化が計算カリキュラスに関して行われる場合にのみ，それは完全であるように思われる（Melinski［1976］S.229-230）。

Ⅴ　むすび

　以上，本章では，有機的貸借対照表論の科学論的検討をメリンスキーの所論を参考としていくつかの観点からかなり詳細に行ってきた。そして，そこでの

結論として，有機的貸借対照表論は測定計算モデルと財務計算モデルの混合物であるということができる。このような混合モデルでは，記述的科学目標と処理的科学目標とが混在する結果，そこに用いられる科学的言明も記述的言明と規定的言明とをともに包含することになる。したがって，そこから導き出される貸借対照表は，一方では経験的に内容の乏しいものとなり，他方では企業の正しい意思決定に寄与しないという結果となる。このような欠陥をもつ有機的貸借対照表論が科学論的に保証されえないのは明らかである。

　しかしながら，この結論から直ちに有機的貸借対照表論の言明体系を経営経済学の知識財産として認めることができないという判断を下すのは早計であるように思われる。科学的根拠が不十分であるために多くの問題が残されているにもかかわらず，この貸借対照表論を経営経済学の知識財産として認めるためのより重要な根拠がある。

　これは，有機的貸借対照表論が現在においてもまさに無視できない重要な意味をもつ問題提起に根ざしていることに見られる。すなわちそれは，貨幣価値や財貨価値が変動する場合に，生産能力を具現する企業の実体を企業計算によっていかに維持すべきか，という問題である。この問題提起によって，シュミットは科学論的根拠がないためにただちに「非科学的なもの」として片付けることのできないまったく注目すべき貢献をしたのである。

　そこで，有機的貸借対照表論の経営経済学への貢献を無視しないために，それに対する今後の展望として考えられるのが，これまでしばしば示唆してきたように損益測定計算と財務政策計算とを分離するという考え方である。これは何も新しい結論ではなく，これまで多くの論者によって提唱されてきたところのものである。すなわち，有機的貸借対照表論の主要目的である広い意味での実体維持は，財務計算によって達成される。

　そして，この場合に生じる積立金勘定はシュミットの財産価値変動勘定と同じ機能を果たすことになる。もちろん，そこでは購入時価評価の検証可能性を保証する測定手段の開発が必要となるであろうが，これによってシュミットが提唱した設定目標と同じものが追及できるのである。

　そればかりではない。これによればさらに，一方では損益計算は検証可能な価値基準に基づいているために経験的に高い情報内容となり，他方では財務計

算の意思決定モデルは同様に検証の得られやすい見通しの利くモデルとなる。したがって，有機的貸借対照表作成モデルはこの分離計算によって初めて科学論的要件を満たす異論のないモデルとなるのである[12]。

　そしてそのためには，上述したように，購入時価評価の検証可能性を保証する測定手段の開発が必要となる。というのは，有機的貸借対照表論の評価基準はまさに購入時価であり，他の評価基準ではないからである。有機的貸借対照表論は，その後盛んに提唱され，現在に至っている購入時価会計理論の嚆矢である。

---

12) さらに，これによれば，上述した「在高の購入時価は統一的に決算日時点で示されるが，これに対して費用財の販売日購入時価では，1つの費用財に関して費用財として期中に販売された数だけ多くの購入時価が存在することになる」や「決算日の購入時価と販売日の購入時価は異なった価格水準における経済現象の動態に基づいて発生」するという有機的貸借対照表論に対する批判は，妥当しないことになる。なぜならば，むしろその時々の販売日の購入時価を費用計上することによって，収益と費用が同一価格水準で対応し，有機的貸借対照表論の一方の目的である適正な損益計算を可能とするからである。そして，未販売の資産に対して財産価値変動勘定を設定することによって，もう一方の目的である統一的な決算日時点における財産計算も可能となるのである。

第3章

会計の主題と測定・評価

| I | はじめに |

本章の目的は，会計の主題が測定論であることを明らかにし，この測定の特質を解明することによって，それに適合する評価基準を論理的に導出することである。

会計が果たして何を対象とし，何を主題とすべきかの問題に関して，従来から様々な意見があり，激しい論争が繰り広げられてきた。しかし，現在に至ってもなお，この問題は解決されていないというのが現状である。これは，会計に対する基本的な考え方の相違が依然として根深く存在しているからにほかならない。このように，会計思考の異なる中で，測定論が会計の真の主題であることを論理的に解明することが，本章の第1の課題である。

そして，会計の主題が測定論であるならば，会計測定の本来的特質を改めて明らかにし，この特質に基づいて，それに適合する評価基準を論理的に導出することが，本章の第2の課題である。

これらの目的を達成し，課題を解決するために，本章は以下のことを論じる。まず，会計の主題に関して現代の代表的な思考学派を取り上げ，これらを批判的に検討することによって，会計の真の主題は測定論であることを明らかにする。次に，測定論としての会計を科学論的に説明し，さらに，この測定論の特質を主として命題形式によって論じる。そして最後に，測定論の特質を受けて評価に関する一般的説明を意思決定に関わらしめて命題形式で行うとともに，論理的に適合的な評価基準の選択を行う。

$$\boxed{\text{II}}$$ 会計主題の検討

　上述したように，会計の主題に関してこれまで様々な意見が提起され，激しい論争が繰り広げられてきたにもかかわらず，現在に至ってもこの問題は解決されていない。そこで，本節はこの問題に焦点を当て，何が会計の真の主題であるかを論理的に解明するための糸口を見出すことをその目的とする。具体的には，現代の代表的な思考学派を取り上げ，これらを批判的に検討するという形式で，会計における真の主題を導き出すための手段とする。

1　人類学，心理学，数秘学としての会計

　現在，学会および実務界において代表的な会計思考は以下の3つであるように思われる。第1のそして最も普及している思考は，会計の主題を会計人の会計行動に置くものである。すなわちこれは，会計人の会計行動を観察し，彼らの会計行動を一般化された原則のもとに包括することによって，それらを合理化しようとするものである。そして，その代表的なものは，現在盛んに主張されている「実証的会計理論」（positive accounting theory）である。この理論は，会計すべき現象についての理論ではなく，会計人についての理論であり，「人類学」と共通性を有しているので，これを「人類学としての会計理論」とよぶことにしよう[1]。

　第2の代表的な会計思考は，会計の主題を会計情報の受け手の反応に置くものである。ここでは，財務諸表の受け手たる投資者が何らかの反応をして株価が動くならば，その財務諸表および会計情報は有用であり，それが有用な「情

---

1)　この命名者は筆者ではなく，スターリング（Sterling）である。彼はこの理論をさらに次のように説明している。人類学的会計理論のテストは会計人の会計行動の観察である。例えば，会計人が通常「保守的な」数字を記録することを会計人類学者が観察し，これを「保守主義の原則」として一般化するならば，われわれはこの原則を，会計人が実際に保守的な数字を記録するか否かを観察することによってテストすることができる。会計人類学者が「多様性の原則」（principle of diversity）を立てるならば，われわれはこの原則を，会計人が実際に類似の事象を異なった方法で記録するか否かを観察することによってテストすることができる，等々である（Sterling［1970b］p.449）。なお，次の「心理学としての会計理論」および「数秘学としての会計」も命名者はスターリングである。

報」を含む証拠とみなされる。この思考の代表的なものは，「効率的市場仮説」(efficient markets hypothesis) に基づく会計理論である。この理論の重点は人々の反応にあり，「心理学」に通ずるので，これを「心理学としての会計理論」とよぶことにする。

　第3の代表的な会計思考は，現在の会計実務におけるそれであり，会計の主題を観察可能な財や富の量に置くのではなく，観察不能な「数字」に置くものである。ここでの主題は，現行の棚卸資産会計や固定資産会計において明確に現れているように，それらをどのように原価配分計算するかであり，それらをどのように測定するかではない。そこでは，富および利益の測定が想定されるけれども，実際にはそれは計算活動であり，これらの計算活動の結果である数字は経験的指示物をもたない。この経験的指示物をもたない「数字」をこの会計思考は重視するので，これはまさに数占いたる「数秘学」(numerology) であり，したがって，これを「数秘学としての会計」とよぶことにしよう。

2　人類学，心理学，数秘学としての会計の問題点

　このように，現代の代表的な会計思考は，人類学，心理学，および数秘学としての会計であるが，これらはそれぞれ会計の主題として妥当しない固有の問題点を有している。以下，これをスターリングの所論 (Sterling [1970b] pp.449-454；[1988a] pp.8-12；[1988b] pp 9-10) を参考にして述べてみよう。

　まず，「人類学としての会計理論」には次のような問題点がある。

(1)　会計人は，彼らが行動すべき方法で会計行動するというのは，必ずしも真ではない。Xがそのケースであるので，Xはあるべきケースであると結論づけることは誤りである。会計人が実際にどのように会計行動しているかを観察して一般化することから，会計人が行動すべき方法に到達する可能性はない。したがって，この種の理論化は，会計人がなぜある方法で会計行動するのかの説明を提供し，彼らの会計行動を予測する能力を提供するかもしれないが，それは彼らの会計行動の良さについての判断をもたらさない。彼らの会計行動の良さを判断するためには，他の規準が必要である。

(2)　その過程は変化を不可能にする。現在の世代の会計人に，一般に認めら

78

れた会計原則（これは前の世代の会計人の行動を観察することによって引き出された原則である）に従って会計行動することを要求することによって，変化は禁じられてきた。その要求が厳しく強制されるならば，各世代は前の世代とまさに同様に会計行動し，これは最初の世代に遡るであろう。もちろん，会計理論において変化は生じてきたが，これらの変化は人類学的解釈によっては説明されないし，提供されない。

(3) 最初の世代に続いて，その過程は循環的である。すなわち，われわれは教育すべきことを見出すために会計人の会計行動を観察し，次に行動すべき方法を彼らに教育し，さらに教育すべきことを見出すために会計人の会計行動を観察する，等々となる。

(4) 最も重要なことに，物理学の理論が物理現象に関係し，物理実務家に関係しないのと同様に，会計理論は会計現象に関係すべきであり，会計実務家に関係すべきではない。

　人類学的調査は有用な情報を提供する。会計実務家がどのように行動し，彼らがなぜそのように行動するのかを知ることは重要である。彼らの行動が「会計原則」のもとに一般化できるならば，それらの知識は有益である。しかし，そのような知識は，会計人の行動の理論とは対比される会計理論のための基礎を提供せず，したがって，「実証的会計理論」などによって代表される「人類学としての会計理論」は妥当ではない[2]。

　次に，「心理学としての会計理論」には次のような問題点がある。

　2) スターリングはこの人類学としての会計理論の特異性をさらに次のように述べている。このような研究およびそれに関連する理論は会計学の文献において「科学的なもの」もしくは「社会科学的なもの」として特質づけられているけれども，ある学問分野における実務家の研究は，私の知る限りでは，科学の歴史において独特である。研究者が熟練した職人を観察することによって始まった例は科学の歴史においてあるが，私の知る限りでは，研究者がそのような観察で終わった例はない。この相違は極めて重大である。すなわち，科学者は熟練した職人からのものも含めて知識を獲得できるすべての場合から知識を得るが，次に彼らは研究過程によってその知識を拡大し，修正し，洗練することを試み，さらにその改善した知識を彼らはその技能を改善する目的で職人に還元する。彼らは熟練した職人の研究を目的とせず，むしろそれを職人が取り扱っているものについての知識のための手段とする。また彼らは，そのような知識の蓄積は規範的であるけれども，職人の行動の知識の蓄積は実証的であるという誤った信念で，職人の知識を拡大し，修正し，洗練しようとすることを禁止しない（Sterling [1988b] p.14）。

(1)　それは心理学の刺激・反応学派の方法論に従っている。財務諸表が刺激であり，反応が財務諸表の受け手の意思決定である。刺激の頻度の影響，刺激の変化と有価証券の変化との相関関係，投資者および経営者に対する様々な刺激の影響，価格変化および数量変化に及ぼす刺激の影響等に関して，証拠が集められてきた。これは，例えば人々もしくは実験動物に及ぼす電気ショックの頻度，強度等の影響を観察することとまったく類似している。その結果生じる理論もまったく同じであろう。すなわち，それは，刺激に対する人々の反応を説明もしくは予測する理論であろう。会計理論がこの性格をもつべきであるということは，必ずしも明らかではない。

(2)　会計の刺激に対する受け手の反応が，ある種の会計実務が正当化される証拠とみなされるならば，これらの反応が条件つきであったという可能性を見逃してはならない。会計報告書は長い間公表されてきたし，それらの公表は，それらを公表する経営者や会計人によって行われた印象的儀式を幾分伴っていた。受け手はおそらく彼らが反応すべき印象を得て，他人が反応することに注目してき，それによって反応に条件づけられるようになってきた。パブロフの犬がベルの音に反応したという事実は，ベルの存在に対する正当化を提供しない。

(3)　これは語用論的情報内容と意味論的情報内容との重要な区別である。語用論の研究は記号と記号の使用者との関係に関連している。意味論の研究は記号と対象ないし事象との関係に関連している。ある人がある記号に反応するならば，その記号は語用論的情報内容を有している。しかし，その反応はその記号の意味論的情報内容とは何の関係もない。人々は，われわれが「うそ」とよぶ記号に反応するかもしれない。「うそ」という用語の意味するものは，それが負の意味論的情報を有しているということであり，換言すれば，それは「誤報」である。

　　同じことが会計報告書についても妥当する。それらは人々が反応する記号である。しかし，その記号は現実世界の現象に結びついているかもしれないし，いないかもしれず，受け手はその結びつきもしくは結びつきの欠如を知っているかもしれないし，知らないかもしれない。受け手はある現実世界の現象に関心があり，それらの記号が彼らにその現象を識別させる

と正しくもしくは誤って考えるかもしれない。それゆえ，受け手が会計報告書に反応するという事実は，彼らが反応すべきであるということを必ずしも意味しない。

(4)　批判の最後の点はあるアナロジーによって最も良く示すことができる。ある医師が患者のひざをたたいてその反応に注目するだろう。その医師はこの反応から，その患者が情報を受けたと結論づけない。むしろ，反応は医師に対する情報である。医師はそれから，その反応が病的か否かを決定する。その反応は，医学理論に対する観察可能なインプットである。会計人は受け手の反応に対して同じスタンスをとるべきである。受け手が反応するという事実は会計人に対する情報であり，その反応が病的か否かを決定するのは彼らの義務である。

　すなわち，「効率的市場仮説」などによって代表される「心理学としての会計理論」は，意味論的情報よりも語用論的情報を重視した理論であり，現実世界の現象を表しているか否かは二次的であり，さらに，会計情報の受け手の反応それ自体を重要視して，会計情報の送り手の真の任務を看過している。したがって，この会計理論も妥当ではないと結論づけざるをえない。

　最後に，「数秘学としての会計」には次のような問題点がある。

(1)　この会計の問題点は，監査における検証過程の特殊な性質から生じる。わずかな例外はあるが，この会計システムのアウトプットのどれもが個別に検証できない。すなわち，インプットから計算された数字を検証するために遂行しうる独立的な経験的操作はない。「純利益」も「純資産」も観察不能であり，個別的に測定できない。むしろ，それらは勘定残高の合計である。勘定残高は観察できないし，個別に測定できない。それらはむしろ仕訳記入の合計である。

　監査過程はアウトプットの検証ではない。むしろ，それは本質的にアウトプットの再計算であり，インプットの正確性もしくは真実性をチェックするための基礎である事業記録の「検査」である。それゆえ，監査過程は，そのシステムに対するインプットおよびそれらのインプットが操作される方法に焦点を当てる。それはシステムのアウトプットを検証しない。

⑵　このことは，会計人と物理人（physicists）とを比較することによって一層明確となる。会計人は計算することを訓練されるけれども，物理人は観察することを訓練される。計算は会計の最終製品であるけれども，物理学では計算は中間製品であり，その数字のアウトプットは観察と比較されなければならない。会計人はしばしば計算の方法を「コンベンション」とよび，彼らは書類を調査して再計算することによってそれを「テスト」する。つまり，彼らは，計算された数字が何かを表しているか否かについてほとんど関心がない。

　物理人は計算の方法を「仮説」とよび，彼らは計算された数字と直接的な観察とを比較することによってそれを「テスト」する。つまり，彼らはほとんど常に，数字が何かを表しているかどうかに関心があり，何も表していない数字には軽蔑的である。反復的な確証の後で，彼らは名称を「仮説」から「法則」に変更し，その場合にのみ，彼らは観察によってそれらの計算のアウトプットをテストすることなしにそれらに頼るのである。

⑶　システムのアウトプットを検証しないことによって，次のような不条理が生じうる。すなわち，現在，原価配分に関していくつかの異なった方法がある。インプットおよび計算の正確性をいかに注意深くチェックしても，この過程はそれらの一連の方法を確証もしくは反証する手段を提供しない。結果として，これら一連の方法はすべて容認でき，監査人はそれらの間で選択する手段をもたない。2つの異なった方法が（異なった企業において）同じインプットに適用することができ，1つが必然的に間違いに違いないにもかかわらず，両者のアウトプットが正しく表示されていることを監査人は保証することになる。さらに，異なったアウトプットをもつ異なった方法の数は無限となる可能性がある。

⑷　これに関連して，会計人によって報告される額は，ほとんど例外なく比較的自由な算術的構造物である。これらは会計学の文献では「客観的なもの」として特質づけられるけれども，それはある周知の学問分野の独立的に存在する意味において客観的ではない。むしろ，会計数字は，非常に広い領域内で，ある学問分野の特異な産物以外の何ものでもない。それは個人的感情もしくは偏見によって影響されることなしに事実に一致するとい

82

う意味において客観的ではない。

　まったく逆に，それは個人的感情によって大いに影響され，報告された額が一致する事実は存在しない。それは科学的テストとの関係づけに依存するという意味において客観的ではない。というのは，テストとそれらの額との密接な関係は存在しないからである。要するに，会計数字は非会計学の文献で通常みられるいかなる意味においても客観的ではない。

　これらのことから明らかなように，現行会計実務における「数秘学としての会計」の最大の問題点は，そこにおける会計数字は真でも偽でもないということである。というのは，会計数字と対応があるか否かを決定するための検討すべき現象がなく，それらの会計数字は検証できないからである。この意味で，現行会計実務は無意味であり，正当視することはできない。会計人は会計を最も具体的な現実を取り扱うものとして考える傾向にあるが，彼らは，数字が現実に対応するもしくは表現するということとは逆に，数字が現実であるという幻想に苦しんでいるのである[3]。

Ⅲ　測定論としての会計

　以上によって，現代の代表的な会計思考である，人類学，心理学，および数秘学としての会計のいずれもが，重大な問題点を有していることが明らかとなった。そして，その問題点として，これらの会計思考において共通していえることは，これらは現実の会計現象（会計が取り扱う経済現象）を会計の主題とせず，別のものを会計の主題としているということである。すなわち，人類学としての会計理論は会計人の会計行動に焦点を当て，心理学としての会計理論は会計情報の受け手の反応に目を向け，そして数秘学としての会計は原価配分

---

[3]　これと同じことを，スターリングは別のところで次のように表現している。会計実務の数字は，分析的でも検証可能でもないという論理実証主義者の意味で，意思決定には有用でないというプラグマティストの意味で，そして操作的に定義されていないという操作主義者の意味で，無意味である。会計実務の数字は，これらを経験的に検証可能にし，それらが意思決定に（使用されるのみならず）有用であることを証明し，そしてそれらを操作的に定義することによって，有意味にする必要がある（Sterling [1988b] p.16）。

等の数字を重視する。その結果，これらの会計思考では，最適な会計方法を永久に決定することができないのである。

　そこで，会計すべき方法，つまり最適な会計方法を決定するためには，現実の会計現象を会計の主題としなければならず，さらにいうならば，会計現象の測定を会計の対象としなければならない。これは，ある方法で計算された会計数字とその数字が表そうとしている現象の独立的な測定値との間で，密接な対応関係がなければならないことを意味している。ある計算方法が測定された額と密接に対応する数字を生み出すことが判明するならば，その方法は継続的に使用されるべきものとして選択され，そのような対応関係が見出されないならば，その計算方法は棄却されることになる。

　最適な会計方法を決定するためには，このような対応概念がきわめて重要であるが，これは会計特有の問題ではなく，科学論における基本である。ある思考（もしくは思考の記号）がその対象に対応しているかどうかは，まさに科学的方法の本質である。対応があるか否かを見出すために対象を独立して観察することは，科学的言明を検証もしくは反証する過程であり，したがって，対応概念は科学にとって不可欠である。これを会計に当てはめてみると，会計が経験科学として成立するためには，会計数字と会計現象の測定値との対応が不可欠となり，対応概念がきわめて重要な概念となるのである。

　このことをさらに明確に理解するために，ここで，「経験科学」について改めて説明しておく必要がある。これに関しても，スターリングが的確に述べているので，彼の所論（Sterling [1970b] pp.446-448）を参考にしながら，述べていくことにしよう。まず初めに，経験科学は，現実世界における事象の説明と予測をその目的としている。したがって，経験科学の命題は，それがある経験的現象を正しく説明もしくは予測する場合にのみ，真であるといわれる。

　しかし，経験科学の理論は，観察によって検証されうる命題のみから構成されるわけではない。むしろ，経験科学における理論は，分析命題と経験命題の結合からなる。ある理論の構文論的ないし論理的部分は抽象することができ，その理論の経験的部分から分離して研究することができる。この過程は通常ある理論の「形式化」とよばれ，その結果は「形式」システムとよばれる。もちろん，形式システムそれ自体は経験理論ではない。形式理論が経験科学の理論

としての機能をもつためには，意味論的規則が加えられなければならない。

　つまり，ある理論が経験的たらんとするならば，原初段階であるインプット
と最終段階であるアウトプットの検証は不可欠である。上述したように，経験
理論におけるすべての命題が検証可能であるということは要求されてはおらず，
観察を受けない形式システム内で操作する多くの用語がある（これらは「観察
言語」と対比する意味でしばしば「理論言語」とよばれる）。しかし，経験理論は
検証可能ないくつかの命題を原初段階と最終段階においてもっていなければな
らない。これらの個々の命題の検証はその理論のテストとして行われ，それら
の命題が真であることが判明するならば，その理論は「実証された」もしくは
「確証された」といわれるのである。

　要約すると，経験科学の理論は2つの部分に大きく分けることができる。す
なわち，それは(1)抽象的な記号とこれらの記号を操作する一連の構文論的規則
からなる形式システム，および(2)ある記号を意味論的規則による観察に結びつ
ける形式システムの解釈である。形式システムにおける命題は，それらが公理
もしくは定義から演繹されるという意味で分析的である。解釈された理論の命
題は経験的であることが意図されており，それらは観察によってテストされな
ければならない。

　意味論的規則は，(1)インプットと(2)アウトプットという2つの異なった種類
の観察に関係する。ある理論が完全であるためには，それらの種類の観察が行
われなければならず，測定規則が特定化されなければならない。これらはその
形式システムに対する経験的インプットである。それらのインプットは次に構
文論的規則に従って操作される。そして，その形式システムのアウトプットは
意味論的規則を通じて再び観察に結びつけられる。それらの観察がその形式シ
ステムによって特定化されるならば，その特定の命題は検証されたといわれる
のである。

　そして，以上の関係をスターリングは**図表3-1**のように示している（Sterling
[1970b] p.448）。

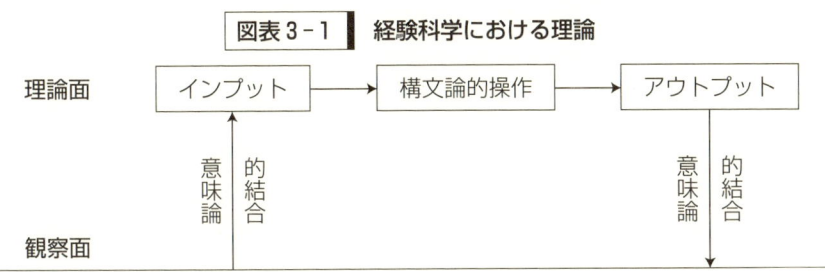

図表3-1　経験科学における理論

理論面　インプット → 構文論的操作 → アウトプット

意味論的結合

観察面

　これを会計との関係で述べると次のようになろう。まず，現実の会計現象（会計的経済取引）を観察し，仕訳を通じて会計現象が数字化される。これが意味論的規則を適用したところのインプットである。次に，これらの数字が構文論的規則に従って操作され，元帳転記が行われ，アウトプットとしての財務諸表が作成される。さらに，この財務諸表の会計数字が意味論的規則を通じて独立に観察された会計現象の測定値と対応される。そして，会計数字と会計現象の測定値との間で密接な対応関係が見出されるならば，この会計システムおよび会計理論は確証されたといわれ，経験科学として成立するのである。

　このように見てくると，ある会計理論が経験科学として成立するためには，少なくともその原初段階と最終段階において，会計数字と現実の会計現象とを対応させるために「測定」が非常に重要な役割を果たすことがわかる。換言すれば，会計理論と会計現象の測定とは不可分の関係にあるのである。

　理論は，何が測定されるべきであり，測定がどのように操作されるべきであり，どのような測定可能な結果を期待することができるかを明らかにする。これは，何が測定できるかということによって理論が拘束されることを示唆している。それはまた，予測される事象が個別の測定によって検証もしくは反証されるだろうということにおいて，測定が理論に相互作用することも示唆している。このように，理論と測定は一体であり，スターリングによれば，測定のない理論は単なる空論であり，理論のない測定はあてのない放浪である（Sterling [1970b] p.455）。

　したがって，会計の主題は，会計人の会計行動でも，会計情報の受け手の反応でも，原価配分された会計数字でもなく，現実の会計現象の測定である。会計の主題を測定に置くならば，会計の命題は反復して検証でき，すべての人々

によって検証できる。そのような検証は，われわれの直面している問題を議論し続ける代わりに解決させることができ，われわれの論争を法律や裁判所に訴える代わりに，科学的テストに訴えることによって解決することができるのである[4]。

| Ⅳ | 測定の概念と特質 |

前節において，会計の主題は現実の会計現象の測定であり，測定可能な属性を会計しなければならないことを明らかにした。そこで，次に問題となるのは，測定可能な会計属性，つまり資産等の評価基準のうちどの評価基準で会計現象を測定すべきかということになる。この問題を解決するためには，まず測定の概念および特質を知っておく必要がある。それゆえ本節では，測定の概念と特質について改めて述べることとする。

1　測定の一般命題

これに関して，スターリングは測定の概念および特質を「測定の一般命題」として一般化し，以下のように述べている（Sterling [1970a] pp.72-80）。

彼によれば，まず第 1 に，測定の目的は比較することであり，測定は比較の過程である。われわれは，ある物が他の物よりも長い，重い，抵抗力があるなどという。われわれは諸対象のある属性を区別するために語の比較級形を用いる。この基本的で単純な事実は，測定の結果が語の原級形で通常述べられるために，時々見落とされる。それが比較であることをわれわれが忘れがちであるというまさにその事実は，その概念的意味の証拠である。

4）　もっとも，測定問題は非常に難しい問題であり，現在において解決されていない多くの問題が存在することは事実である。しかし，これらの問題を解決するために挑戦することが，今後のわれわれの任務となる。この意味で，スターリングは次のように述べている。われわれの現在の測定問題は手に負えないことを認めざるをえない。物体が静止するまで，古代人が移動距離を測定できなかったのと同様に，償却資産が売却されるまで，その費用を測定できない（と主張される）。相違点は，われわれはわれわれ自身の無能力性のために測定を諦めたけれども，科学者は彼らの無能力を挑戦とみなしたということである。重要な点は，われわれもわれわれの測定問題を解決できない問題として諦めてしまうのではなしに，挑戦とみなすことができたということである（Sterling [1975b] p.32）。これに関しては，さらに後述することとする。

「3フィートの長さ」は，われわれがそれを原級の白か黒かの記述であると思うほど明確であるという印象をもたらす。しかし，これを考えるとき，その言明が比較であることは明らかである。それは，この物が3フィートより小さいすべての物よりも長く，まさに3フィートのすべての物に等しく，3フィートより大きいすべての物よりも短いことを意味する。したがって，測定の基本的な目的は，ある属性に関して区別ないし識別を可能にすることである。このことから，測定の第1命題は次のようになる。

測定命題1：測定の目的は対象ないし事象を他の対象ないし事象に対して順序づけ，比較することである。

次に重要となるのは，測定すべき次元（属性，特質）の構成と定義である。すべての測定は「想像され，探求され」なければならない。すなわち，われわれは諸次元を発見するのではない。われわれは観念的にそれらを想像し，さらに測定としてその概念を表現することを可能にする操作を行うことを探求するのである。次元の概念は根本的である。想像されない次元を測定することはできない。長さの次元の概念がない場合に，ある対象にメートル尺を併置することは無意味であろう。想像しなかったものの表現を探求できないことは明らかである。

上述したように，測定はある特定の属性に関して諸対象を比較ないしランクづける過程である。明らかに，その属性は比較可能でなければならず，そうでなければそれを測定することができない。より根本的なのは尺度ないし次元の概念と定義である。「次元」はある特定の属性の概念およびその属性を計量する観念にとって便利な名称である。したがって，測定の第2命題は次のようである。

測定命題2：次元の構成と定義は，測定の操作のための前提条件である。

次元の構成と定義によって想像される次元が与えられたならば，われわれはその次元に関してその対象と他の対象とを関係づけ，比較することができる。

ある対象と他の対象を並べることができ，これ以上の改良なしにどちらが長い
かを見出すことができる。しかし，これは比較の不完全な形式であり，さらに
それはある対象と他の対象との特定の関係にすぎない。その比較を一般化する
ために，われわれは測定単位を必要とする。つまり，識別の程度を改良するた
めに，数の使用を必要とする。

測定の操作はその対象とある測定単位との比較を含む。その目的は特定の次
元においてその対象と他の対象との比較を促進することである。換言すれば，
単位の使用は比較を一般化する。単位の媒体を経て，諸単位に関して適合的な
次元を表すことによって，ある対象を，測定されたかないしはされる他のすべ
ての対象に関係づけることができる。

単位の目的は特定化された次元でその対象と他のすべての対象とを比較可能
にすることであり，つまりその測定を一般化することである。われわれが測定
の一般性を様々なクラスのデータ利用者に拡張したいならば，選択される単位
はこれらの利用者によく知られたものでなければならない。このことから，測
定の第3命題は次のようになる。

測定命題3：単位は諸対象の一般的比較を可能にする。よく知られた単
位は様々な人々による測定の一般的使用を可能にする。

対象と単位との比較は，通常，数による言明を生ぜしめる。数を使用する理
由は，(1)対象間の識別に際して高度の洗練を得ること，および(2)便利性である。
言葉の構成要素は3つの分類，つまり原級，比較級および最上級のみを含み，
これらはまったく不十分な比較しか可能にしない。これらの分類のみを用いる
と，明らかに2つの極端しか識別することができない。例えば，ある一連の棒
において最短と最長しか指摘することができない。他のすべては，最短よりも
長い，最長の次，最長よりも短い，のような比較級形でしか表せず，これでは
ほとんど識別できないし，厄介である。

単位の数はそのような制限をもっていない。1つの分類，つまり単位が必要
なだけである。さらに，その一般的な数体系はすべての次元におけるすべての
単位に利用することができる。それゆえ，数の1つの特質はその便利性である。

もう1つの特質はその数体系に利用できる無限に細かい階級づけである。数はすべての望ましい程度に細分化することができる。単位が細分化されるならば，数で表される測定はあらゆる程度の正確性をもたらすことができる。数を使用する場合の正確性の限界は，測定者の制限された知覚の結果ないしは測定手段の限界の結果である。すなわち，それは数の特質によるものではない。したがって，測定の第4命題は次のようになる。

> **測定命題4**：数の使用は言葉の分類体系よりも便利であり，高度の正確性を可能にする。

　測定の操作ないし手続は，その目的のためにある次元の尺度においてある一定の対象の配置を行い，数を見出す。その操作の目的は測定手段，正確性，あるいは手続の特定化とは関係がない。ある特定の対象を測定するのに利用可能な様々な手段や手続があるかもしれないが，測定手段の選択はその目的とは関係がない。

　重量は，異なった手続を必要とするいくつかの異なった種類の手段を使用することによって測定することができる。しかし，各場合において，要求される目的は，その手続と手段によって，その対象がもつポンド，グラム等の数を見出すことである。ひとたび単位の数が見出されたならば，その対象はその単位数を媒介としてこの次元尺度における他のすべての対象に関係づけられたことになる。

　次元が観念的概念であり，単位が恣意的であることは否定できない。しかし，ひとたびこの次元が想像され，単位が明確にされるならば，対象はこれらの次元の単位に関してある数をもつ。したがって，操作の目的はその数を見出すことである。

　数が使用されるという事実が与えられるならば，その操作はその尺度において対象の位置を示す特定の数（ないしは数の範囲）を見出す。対象は現在の状態をもっており，操作はその状態を見出す。このことから，測定の第5命題は次のようになる。

> **測定命題5**：測定操作の目的は，ある一定の尺度においてある一定の対象の適切な位置を見出すことである。その位置の一般的言明は単位数で行われる。

以上，測定の一般命題を述べてきたが，これらをまとめて示すと，次のようになる。

　測定命題1：測定の目的は対象ないし事象を他の対象ないし事象に対して順序づけ，比較することである。

　測定命題2：次元の構成と定義は，測定の操作のための前提条件である。

　測定命題3：単位は諸対象の一般的比較を可能にする。よく知られた単位は様々な人々による測定の一般的使用を可能にする。

　測定命題4：数の使用は言葉の分類体系よりも便利であり，高度の正確性を可能にする。

　測定命題5：測定操作の目的は，ある一定の尺度においてある一定の対象の適切な位置を見出すことである。その位置の一般的言明は単位数で行われる。

そして，これらのことから，測定の概念は4つの時間的に順序づけられた段階として次のように概説することができる（Sterling［1970a］p.81）。

　⑴　次元の概念

　⑵　その次元の単位と尺度の定義

　⑶　単位を数的に表すことの同意

　⑷　ある一定の対象において単位数を見出す操作の記述と適用

2　測定に付随する条件

以上が測定の一般的概念および特質であるが，これらに加えて，測定に付随する満たすべき条件がある。それは測定の「標準化」，「現在性」および「加法性」である。

(1) 標準化

　上述したように，測定の目的は比較することである。スターリングによれば，この目的を達成するために，測定の条件は標準化されなければならず，もしくは調整しやすくなければならない。ある場合にこれが望ましいのは，それが(1)チャンネル容量を保存し，(2)費用を最小にするからである。他の場合に標準化が不可欠であるのは，データを比較可能にするために調整する周知の方法がないからである。それゆえ，条件の標準化が必要であるが，これは不可能である。というのは，2つの測定をまったく同じ条件のもとで行うことはできないからである。標準化できない条件の変化に対して行える唯一のことは，データの利用者が比較不能性の程度を調整ないし推定できるように，その非標準的な条件を報告することである。

　データの標準化は少なくとも必要であり，また不可欠であるので，諸原則を統一しようと試みてきた人々の努力は賞賛するに値する。会計人は長い間企業内における方法の継続性の必要性を認識してきており，企業間の一様性はこの規則の単なる延長にすぎない。企業内の継続性は時の経過においてデータを比較可能にすることを目的としており，企業間の継続性は企業間でデータを比較可能にする目的をもっている。

　測定すべき対象の相違がなぜ異なった測定方法を必要とするのかが，理解できない。測定の目的は相違を見出すことである。異なった方法が使用されるならば，その異なった結果が対象の相違を反映しているのか，それとも方法の相違を反映しているのかを知ることは不可能である（Sterling [1970a] pp.86-88)。したがって，測定には測定条件の標準化が必要なのである。

(2) 現在性

　測定の目的は比較することであるが，さらに，測定はある特定の時点において諸対象をランクづけることを目的としている。その操作はある対象に含められる単位を見出すことを目的としており，それはある特定の時点，つまり現在で行われる。操作を昨日あるいは明日に行うことはできない。つまり，操作を今しか行うことができない。操作を将来に行うことを計画することは可能であり，操作を過去に行ったということは可能であるが，その操作は常に実際上現

92

在において行われる。もちろん，将来の操作が何を明らかにし，過去の操作が
何を明らかにしたかを予測することはできる。しかし，それらは予測
（prediction）および遡時予測（retrodiction）であり，測定ではない[5]。

　測定操作は現在の状態を見出すことを目的としている。この操作はある一定
の時点で生じ，その時点に存在する状態を見出す。操作が行われる時点は常に
現在である。現在の状態を測定するために将来を予測する（推定する）必要性
をなぜ感じるのかは，まったく明らかではない。

　予測ないし他の人々の予測の報告は価値があり，適合的な情報であることは
否定しない。逆に，ある条件のもとでは，予測は測定よりもはるかに有用であ
るかもしれない。しかし，これらの予測は実際上測定ではないことを指摘する
ことは重要である。スターリングによれば，「利益の測定」という句は文献に
おいてまったく自由に用いられている。説明の明瞭性のために，測定という用
語を予測ないし遡時予測を表すために使用すべきではない（Sterling［1970a］
pp.95,100)。すなわち，測定は現在を表す用語なのである。

(3) 加 法 性
　測定の要件として，加法性（additivity）が重要となる。加法性の最も初歩的
な定義は次の形式をとる。すなわち，

> 算術的加算の操作に相応する次元的加算の操作が存在する。

　この定義において，2つの異なった操作がある。第1は算術的加算の操作で
あり，これは算術の規則に従って数を結合するよく知られた概念である。第2
は諸対象の結合である次元的加算の操作である。別個の対象に対する測定操作
によって見出される数の合計が，結合した対象に対して測定操作を行うことに

---

5) スターリングによれば，さらに重要なのは，操作がすべての対象に関して同時に行われるか，
もしくは測定が調整を受けるという要件である。すなわち，われわれがある対象と他の対象を
比較したいならば，その操作の時間的位置を標準化しなければならないか，もしくはそのデー
タを調整するための周知の方法がなければならない。時間的測定は一般により情報的である。
というのは，それらはより多くの比較を可能にし，測定の目的は諸対象を比較ないしランクづ
けることであるからである（Sterling［1970a］pp.90,95)。

よって見出される数に等しいならば，その次元は加法的であるといわれる。

$$\mu(A) + \mu(B) = \mu(A \cup B)$$

ここで，μは対象Aの測度関数であり，$\cup$は物理的結合である。

多様な受け手による広範な問題状況において，加法的属性は測定をより有益にし，より情報的にする。記述的相関物をもつ算術的演算の次元が高ければ高いほど，測定の情報内容は大きくなる。したがって，加法的な次元は非加法的な次元よりも望ましい。諸単位の結合は順序的次元で測定可能でなければならず，もしくはその次元は加法的でなければならない。その次元は加法的ではないのに，諸単位が加算されるならば，その結果生じた数字が何を意味するかを知ることは困難である。

要するに，富の測定において，ある資産クラス内における個々の単位の価値はそのクラスの総価値を得るために加法的でなければならない。そして，諸資産クラスの価値は企業の総価値を得るために加法的でなければならない。利益の測定において，異なった時点における企業の価値はその変化を知るのに必要な減算を行うために加法的でなければならない。これは，われわれがこれらの様々な合計の経験的意味を証明できなければならないことを意味する。選択された評価係数は経験的に有意味な合計をもたらさなければならないのである。

そして，そのためには，測定の時間的位置を同質的にしなければならない。時間的位置の混合は現在の条件の測定ではない。時に関して不変の測定は，時間的位置が同質的な場合にのみ，加法公理に従う（Sterling［1970a］pp.178,184）。

Ⅴ 評価基準の選択

これにより測定の特質およびその付随的条件が明らかとなったので，次にいよいよ，測定可能な会計属性，つまり資産等の評価基準のうちどの評価基準で会計現象を測定すべきかを論理的に考察する。これは評価基準の選択の問題であり，意思決定に関わる問題である。

1　評価の一般命題

　これに関しても，スターリングは評価の特質を「評価の一般命題」として一般化し，以下のように述べている（Sterling［1970a］pp.120-130）。

　彼によれば，まず第1に，評価は本質的に犠牲の概念に関係する。他の尊重される財に対するある尊重される財の犠牲がある。財と非財との間で選択ないし犠牲はない。つまり，この場合に選択の必要がないのは，その分類手続がすでにその決定を行ったからである。2つの競合する財の間でのみ，選択が生じうる。要するに，査定（比較判断，関係判断）は，2つの望ましい競合する財ないし目的の間の意識的選択の表現であり，周囲の状況が他のものに対してあるものの犠牲を強制する場合にのみ行われ，また有用である。したがって，評価の第1命題は次のようになる。

> **評価命題1**：評価は，われわれが他の財を獲得ないし維持するためにある財を犠牲にすることを強制される場合にのみ生じる。

　これに続き，評価の第2命題は次のように表される。

> **評価命題2**：評価はすべての時点で行われている連続的な活動である。

　この命題はそれ以上の条件をもっている。人が前進している時間的次元において諸代替案の間で連続的に選択している場合，彼は必然的に将来を予測している。その選択は，将来にある競合する状態間の選択である。その選択は現在の諸物の間の選択ではなく，将来におけるそれらの物の状態間の選択である。人は現在の財をもち，それを継続して保有することを決定するかもしれないが，この意思決定はその財に関する存在しない将来の状態についてであり，その現在ないし過去の存在についてではない。したがって，現在におけるBに対するAの犠牲は，将来におけるAとBの状態についての予測の結果である。

　例えば，ある人がレストランBよりもレストランAを選択することを決定すると仮定する。この決定を行うときに，その選択者はAとBの状態を予測して

おり，彼はこの予測に基づいて選択を行う。犠牲にされた代替案Bは予測であり，測定を受けていない。選択者はAとBをランクづけるが，そのランクづけは満足の予測である。それは現在の状態の測定ではない。

　ここで，2つの異なった概念がある。すなわち，(1)測定可能な現在の大きさと，(2)予測できるかもしれないが，測定できない予測される大きさである。

　次の第3の評価命題は，現在の選択に価値があるというものである。例えば，AとBが5フィートをもっていると仮定する。Aが選ばれるのは，それがより早い率で増大すると予測されるからである。AがBよりも長いということはできないが，選択者がBよりもAを尊重しているということができる。選択者がAを獲得するためにBを犠牲にするので，Bを測定することができ，AはBの5フィートよりも価値があるということができる。

　Aは長さにおいてBに等しいが，Aは選択者の貴重性においてBよりも大きい。この貴重性は現在の時点で得られ，将来に変化するかもしれないが，これは，Aが現在の時点においてBよりも価値があるという事実を否定しない。このことから，評価の第3命題は次のようになる。

評価命題3：現在の選択，つまり選択された代替案は，選択者にとって
　　　　　　　すべての拒否された代替案よりも明らかに価値がある。

　次の第4の評価命題は，価値の順序尺度に関係する。順序尺度の場合，区間の大きさについて何もいうことができないが，次善の代替案が決定でき，この次善の代替案が基数的測定を受けるならば，その価値を少し正確にすることができる。

　これを明らかにするために，スターリングは，完全市場における小麦先物商人の企業モデルを提示する。この市場では，小麦と貨幣という2つの商品のみが存在する。

　このモデルに関して，小麦市場がその商人の最善の代替案であると仮定し，そして小麦市場内に小麦と貨幣という2つの代替物しか存在しないので，次善の代替案を決定することは容易である。したがって，BがAに対して犠牲にされるならば，AはBよりも価値があり，Bは他のすべての代替案よりも価値が

ある。Bが例えば5ブッシェルの小麦であるならば，Aは5ブッシェルの小麦よりも価値があるということができる。小麦の量は変化しうるので，これはより多くの比較を可能にする。したがって，評価の第4命題は次のようになる。

> **評価命題4**：ある財の価値はそれを次善の代替案の測定値と比較することによって序数的に測定することができる。

次の第5の評価命題は，犠牲の時間的観点である。犠牲に関する次のようないくつかの時間的分類がある。

(1) 過去の犠牲。他の財を得るために不要にされた財（ある財を取得するために放棄された貨幣）

(2) 現在の犠牲。他の財を保持するために現在放棄されている財（ある財を保持するために放棄されている貨幣）

(3) 事前的犠牲。他の財を獲得ないし保持するために放棄されなければならないであろう財の予測される大きさないし効用（ある財を取得しなかったことによって放棄されると予測される貨幣額）

(4) 事後的犠牲。他の財を獲得ないし保持するために過去に犠牲にされた財の現在の大きさないし効用（ある財を取得したならば得られたが，その財を取得しなかったことによって放棄された貨幣の現在額）

(4)を除いて，すべてはこれまで会計測定の正しい方法として提唱されてきた。これによって明らかなように，要するにすべてが「真の」犠牲である。そして，評価は犠牲と密接に結びつくので，それらすべてを評価に使用することができる。しかし，評価は，その評価を生ぜしめた犠牲と同じ時間的観点をもたなければならない。過去の犠牲は過去の価値のみをもたらすことができ，現在の犠牲は現在の価値のみをもたらすことができる，等々である。それゆえ，評価の第5命題は次のようになる。

> **評価命題5**：価値の時間的修飾語は犠牲の時間的修飾語と一致しなけれ
> ばならない。

　そして，次の第6の評価命題は，いよいよ評価基準の選択につながるもので
ある。上述したように，評価の行為はその対象の将来の状態に関係する。評価，
つまり代替物をランクづけ選択する行為は，必然的に前向きの属性をもってい
る。それゆえ，(4)の犠牲概念を評価過程から除外することができる。というの
は，それは後向きであるからである。予測の検証が(4)の概念の目的であり，検
証は常に後向きの手続である。事後的犠牲を測定することはできるが，その代
替物はもはや利用できないので，代替物間で決定することの関係的意味におい
て評価することはできない。

　選択される時に観察可能な唯一のことは，Aが選択され，Bが犠牲にされる
ということである。そして，このことからわれわれはA'＞B'であると推論す
る。しかし，B'は観察できないし，実際の大きさがどうなるかも観察するこ
とができない。というのは，それは将来のことであるからである。このために，
(3)の犠牲概念は評価過程にとって不可欠であるが，それは測定ではない。むし
ろ，それは予測である。ここでは測定可能な次元に関心があるので，(3)の概念
は除外される。

　(1)の概念は過去の評価である。つまり，それはもっぱら価値の歴史に関係し，
現在の価値に関係しない。それはもっぱら過去の犠牲（ある財を取得ないし獲
得することによって生じた犠牲）に関係する。そして，これは適合的な情報であ
るかもしれないが，それは明らかに代替物の現在の選択とは関係のない歴史的
情報である。

　これによって，(2)の現在の犠牲のみが適合的な評価基準として残ることにな
る。これに関連して，上記の例におけるように，AはBよりも大きくなると予
測されたので，それが選択されたと仮定しよう。t_1において，AはBよりも価
値がある。t_2において，Aが再び選択されるならば（命題2），それはなおBよ
りも価値がある（命題3）。価値はその犠牲を測定することによって序数的に
測定されるので（命題4），Bの大きさが変化する時には常に，Aの価値も変化

する。したがって，t_2における価値はt_2でBを測定することによってのみ決定することができる。t_1における犠牲はt_2における価値に関係しない。このことから，評価の第6命題は次のようになる。

評価命題6：現在の価値は現在の犠牲を測定することによってのみ序数
　　　　　的に測定することができる。

時が適合的な変数であるならば，測定が行われた時点においてしか，その測定は次元を真実に表さない。上記のことは自明の理であり，極めて明白である。これは過去と現在の評価を「純粋な測定」問題にする。すなわち，評価問題はすべての測定に共通な問題と同じである。

以上によりすべての評価命題が明らかになったので，いま，これらの評価命題はスターリングに従って次のように要約することができる。評価は，われわれの文脈の査定的意味で，競合する財の間からの選好の表現である。財は他の財を獲得ないし保持するために犠牲にされなければならない。ある財の選択および他のすべての財の拒否のための規準は，諸財の予測される将来の状態である。諸財はこの予測に従ってランクづけられ，選択された財の価値は，次善の代替物を測定することによって序数的に測定することができる。

犠牲はいくつかの時点から見ることができる。すべてのそのような時間的観点は真の犠牲であるが，現在の犠牲のみが現在の評価に適合する。過去の犠牲は過去の評価であるので，有用な歴史的情報をもつかもしれないが，それらは現在の評価には関係がない。犠牲の測定における困難は過去および現在のすべての犠牲に関して等しいと仮定される。

上述したように，評価は意思決定過程である。人はある財を選択し，他の財を犠牲にしなければならない。どの財を選択するかは，他のすべての意思決定に構造的に類似するある決定を必要とする。一般に，意思決定に必要なデータは，(1)利用可能な代替案，(2)各代替案の予測される結果，および(3)ある結果に関する選好である。意思決定に適合する外生的情報は同様に，(1)代替案が利用できることに関する情報と，(2)予測に必要な情報に分類することができる。

　経済ないし商業の問題において，利用可能な代替案は市場価格によって与えられる。犠牲ないし財に対する支配権の次元は，価値ないし貴重性についての推論を可能にする次善の代替案の一般的表現であることに加えて，利用できるかもしくは利用できた代替案の一般的表現である。利用可能な代替案はすべての意思決定に適合するので，市場価格はすべての意思決定に対して適合的である。予測に必要な情報はそれほど容易に一般化されない（Sterling［1970a］pp.131-132）。

　したがって，現在価格（present price）（時価）がある時点における富の測定に関して適切で正しい評価係数であるということである。他の価格は適合的でないか，あるいは測定ではない。利益測定に関していえば，利益は2時点間における貨幣の量と取引資産の量×現在価格の合計の差額であり，その時点は情報の要求によって決定されることになる。

2　現在価格としての時価の論拠

　現在価格としての時価の論拠には，次の積極的論拠と消極的論拠がある（Sterling［1970a］p.320）。

  (1)　積極的・適合的論拠。適合的な数字における推測は，容易に得られる適合的でない数字よりもはるかに価値がある。しかし，その問題を正しく見る場合，それらの困難は本質的にサンプリングのそれと同じである。

  (2)　消極的・比較的論拠。いま行われているものと提案された方法とを比較する必要がある。

　これらのうち，時価の積極的論拠は目的適合性からの論拠であり，次のようにいうことができる。目的適合性に関連して，意思決定は代替案間の選択を必要とする。商品の販売によって得ることのできる総貨幣は，これらの代替案に関係する数字である。この総貨幣は，企業家が他の財を獲得ないし保持するために行う現在の犠牲である。同様に，この犠牲は他のすべての受け手にとって彼らの時点比較と期間比較に関して適合的である。

　それゆえ，合理的な意思決定を行いうる前に，現在市場価格たる時価が決定されなければならない。目的適合性は，以前の正当化を拒否することを余儀な

くし，時価を決定することの大きな困難を克服する仕事を始めることを余儀な
くする不可避的な基準である。測定論の観点から，その問題は測定手段と観察
の問題である。より良い測定手段を開発し，より良い観察者を訓練する必要が
ある。

　次に，時価の他の評価基準との比較に関して，異なった会計方法から生じる
取得原価の大きな相違はよく知られている。これは，その用語の合理的な意味
で，取得原価を検証する方法がないという事実の証拠である。

　これは消極的な論拠である。代替的な評価方法に適用される諸基準は比較に
基礎を置くべきである。不完全市場において時価の決定は難しいであろうが，
結合原価の有意味な配分よりも難しくはない。時価の推定は観察者によって異
なるであろうが，取得原価が会計人の間で異なるよりも異ならないであろう。
時価で再評価することは費用がかかるであろうが，監査料金はいまは相当高い。
比較しなければならないものはその支出から得られる結果である。

3　現在出口価格としての売却時価の論拠

　ところで，現在価格としての時価には，現在出口価格（present exit price）
（売却時価）と現在入口価格（present entry price）（購入時価）がある。これら
のうち，現在出口価格としての売却時価がこれまでの論述から推奨されること
になる。

　これに関して，スターリングは次のように述べている。われわれは相場商人
に議論を限定する。まず，われわれが現在出口価格ないし売却時価を支持する
ことは，犠牲次元に関するわれわれの前の議論から明らかであろう。手数料を
加算し，さらにそれらを諸単位に配分することは，避けたい結合原価の問題で
ある。より重要なことに，商人の代替案は，彼が販売できるものによって規定
されるのであり，彼が購入できたものによっては規定されない。それゆえ，わ
れわれはその小麦を現在市場価格マイナス手数料で評価する。

　さらに，われわれはその小麦を同じ理由で総在庫品の売却時価で評価しよう。
長い期間にわたる1つ1つの販売がしばしばより高い収入をもたらすことは確
かである。しかし，商人が将来に1つ1つ販売することを決定するためには，
彼はそれらの推定される将来収入と総在庫品の売却時価とを比較しなければな

らない。それゆえ，合理的な意思決定をすべきであるならば，売却時価が決定されなければならない。そして，われわれは利益を時によって区切られた額として定義してきたので，当然，その時が現在でなければならないと結論する（Sterling［1970a］p.327）。

このことから，現在出口価格としての売却時価の必要性は次のようになる。商人は，どの代替案が利用できるかを知るために売却時価を知る必要がある。さらに，彼は選択するために将来を予測する必要がある。他の利害関係ある受け手は，彼らがどのように将来を予測するかに関わりなく，将来価値に関する彼らの予測と売却時価とを比較するために，その売却時価を知る必要がある。さらに，商人と他の受け手は，企業が現在の債務を履行することができるか否かを知るために，売却時価を知る必要がある。

将来価格ないし将来価値も意思決定に対して適合的である。事実，人々が他のいかなる種類の情報よりも将来の知識に進んで支払うであろうという意味で，それは最も価値ある情報である。しかし，それが非常に価値があるのは，それが非常に希少であるからである。様々な人々は将来を予測するために様々な方法を使用し，これらの様々な方法のために異なったデータが必要とされる。様々な人々は様々な将来の結果を予測し，これには，上述した企業モデルにおいてすべての売り手に対して買い手があるために，まさに反対の結果が含まれる。

それゆえ，商業の問題におけるほとんどの予測は正確に公式化されない。これらの理由のために，売却時価の報告を予測された将来価値の報告よりも優先すべきであると結論される。さらに，売却時価で評価された商人の現在の状態は，彼の予測の方向についての情報を与える。したがって，売却時価は現在利用できる代替案についての情報と同時に商人の予測についての情報をもたらす。

結論として，完全市場と物価安定の場合，現在出口価格としての売却時価の論拠は次のように要約される。

売却時価評価法は次のような利点をもっている。(1)それは現在利用できる代替案と現在の債務を履行する能力を特定化するので，すべての受け手に対して適合的である。(2)すべての観察者がその価値に同意するだろうという意味で，真実である。(3)経験的に有意味な次元の測定である。(4)諸部分の合計が全体の

独立的な測定値に等しいという意味で，加法的である。(5)測定がある事象や予測において行われるのではなく，ある時点で行われるということで，時間的に一致している。(6)商人が他の利用可能な状態よりも彼の選択した状態を高く評価していることを推論することができるということで，評価である。そして，(7)それは商人の予測の方向を示すので，他のあらゆる個々の数字よりも情報的である（Sterling［1970a］p.360）。

Ⅵ　むすび

　以上，本章では，スターリングの所論を参考として会計の主題が測定論であることを明らかにし，測定の特質に適合する評価基準として現在価格（時価）さらには現在出口価格（売却時価）を論理的に導出した。しかし，脚注4で述べたように，売却時価の測定問題は非常に難しい問題であり，現在においてなお解決されていない多くの問題が存在する。これらの問題のうち，最も大きい問題は，売却時価に関する信頼性および客観性の欠如という問題である。

　このことからすれば，これを解決し，売却時価の測定技法を開発することは会計測定問題の解決につながることになる。この意味で，困難ではあるが，売却時価の測定技法をさらに開発しなければならない。

　これに関連して，最後に，スターリングの所論を紹介しておきたい。科学の歴史を見てみると，それは一面において測定技法の開発の歴史であったといっても過言ではない。その格好の例は，「自由落下の法則」（law of free fall）を発見した歴史である。会計人の「測定」に対するこれまでの態度と科学者の態度とを比較する意味で，この過程のあらましを，彼は以下のように述べている（Sterling［1979］pp.42-43）。

　まず，アリストテレスは空中を落下する物体を観察し，それらについての一般化を行った。しかし，それらの一般化について論争が巻き起こった。測定方法が非常に原始的であったために，批判者には，落下距離の測定がまったく不可能であると思われたのである。

　ガリレオがこの測定問題に挑戦した。彼の直面した問題は手強かった。彼は現在では必須と思われる（微分学のような）論理的手段も（精巧な時計のよう

な）測定手段ももっていなかった。しかし，彼はこれらの固有の限界のために
その問題に対する挑戦を放棄する代わりに，それを継続した。それは遅々とし
た骨の折れる仕事であった。

　彼は落下距離を直接測定する方法を考えず，加速度を測定する方法について
ある考えをもっていたので，その法則を論理的に逆にし，加速度を一定にする
ようにした。次に彼は，物体があまりにも早く落下するので，彼の粗雑な水時
計では時間を測定できないという障害を克服しなければならなかった。彼は物
体を落下させる代わりに，傾斜した平面上でボールをころがすことによって重
力の影響を軽減させ，その障害を取り除いた。

　これらの結果から，彼は再び論理の世界に立ち返り，もし傾斜の角度が垂直
になるまで高くなるならば，何が起こるかを推論した。つまり，もしボールが
落下するならば，何が起こるかを推論したわけである。排気ポンプがまだ発明
されていなかったので，彼は空気抵抗を除外することができなかった。しかし，
彼はその影響を減少させることができた。空気抵抗の影響を減少させて行った
測定から，彼は再び論理の世界に立ち返り，真空の場合に何が起こるかを推論
した。

　排気ポンプの発明の後で，真空中に羽毛と金貨を同時に落下させるという有
名な実験を行ったのは，ニュートンであった。この実験は自由落下の法則の決
定的な検証とみられた。それゆえ，ガリレオは，決定的な検証を行えるような
測定方法を考案できなかったという意味で，「失敗」した。彼の測定方法は
「指4本」のような用語で距離を表すほど粗雑であり，彼の時計は秒さえ識別
できなかった。測微計やナノ秒をもつ現在の時代と比較すると，ガリレオの
「失敗」は明白である。しかし，はるかに重要な意味で，彼の成功は莫大なも
のであった。

　以上のことから，スターリングは次のように結論づけている。ガリレオの直
面した測定問題は会計の直面した測定問題よりもはるかに手強かったことは，
明らかであるように思われる。その相違はそれぞれの測定問題の困難性にはな
く，それぞれの態度にある。測定できないために放棄する代わりに，ガリレオ
は挑戦することを選んだ。われわれ会計人は，測定問題が非常に難しすぎて解
決できないので，われわれは配分を行わなければならないという態度をもって

いるように思われる（Sterling［1979］p.43）。

　「配分」は測定問題の解決に貢献せずに，問題を温存するだけである。この問題を真に解決するためには，上述した科学の歴史が示唆しているように，これを「測定問題」として捉え，より良い測定技法を開発し，より良い観察者を訓練していかなければならない。

　そして，ここに会計測定の真の課題を見出すことができ，今後の会計の探究すべき道を見出すことができると思われる。すなわち，会計は今後測定問題を放棄するのではなく，この問題に挑戦していかなければならない。この挑戦が非常に困難なものとなるであろうことは容易に推測できるが，これは会計の科学的発展にとって不可欠である。

第4章 会計の科学的要件と会計システム

I はじめに

　本章の目的は，会計を科学的に説明するための要件を明らかにし，この要件に適合する会計システムを論理的に探究することである。ここで，科学とは，「事物の構造や法則を探究する人間の理性的な認識活動およびその所産としての理論的，体系的な知識を意味する」（哲学事典［1971］222頁）ものである。別言すれば，科学とは，事物の経験的現象を説明し，予測することであり，そのための一般原理を法則と理論を通じて樹立するところに科学の目的がある。

　これを会計の領域に当てはめると，会計の科学的目的は，会計事象たる経験的現象を説明し，予測するための一般原理を法則と理論を通じて樹立することにあるということができる。そして，このことを目的として会計理論を構築しようとする学者にスターリング（Sterling）がいる。

　スターリングは，「会計の科学化」を熱心に主張する論者の一人であり，学際研究の草分け的な存在の学者である。彼の根本的な問題意識は常に「科学論」にあり，科学哲学を背景としたその理論構成は誠に緻密なものがある。この緻密な会計理論を参考にして，本章は会計の科学的要件を解明し，それに基づいて理念的な会計システムを論理的に導出することを目的とする。

　この目的を達成するために，以下ではまず，会計の科学的要件として経験的検証可能性と目的適合性を説明する。次に，この科学的要件に適合する会計システムとして，いくつかの会計システムの中で，（実質）売却時価会計を論理的に導き出す。ただし，売却時価会計はすべての会計事象を説明し予測するには限界があるので，さらに，これを補足する会計システムを考察する。そして

　最後に，本章で導出した理念的な会計システム，つまり売却時価会計を「財に対する支配権」概念の拡張のもとに再構築する必要性を示唆する。

Ⅱ 会計の科学的要件

　会計は「技術」（art）であり，「科学」（science）ではないと一般にいわれている。そのような見解に対して，スターリングは，科学的な方法を採用しさえすれば，会計はそれ自体立派な科学であるとする。彼はこれを次のように述べている。われわれの主題について，会計を科学の代わりに技術として要求するものは何もない。それが技術であるのは，われわれがそれをそのように定義するからである。それを何か他の方法で定義することは可能である。会計について元々非科学的なものは何もない。非科学的にしてきたのは，会計に対するわれわれの方法である。科学的な方法を採用することは，われわれには可能である（Sterling［1979］p.12）。

　このように，スターリングは，会計が科学的な方法を採用しなければならないし，またすることができると主張するのであるが，会計が科学的な方法を採用するためには，まず第1に，方法論としての「科学論」に頼らなければならない。この考えに基づいて，彼は科学における基本的概念を次のように述べる。科学において，2種類の基本的概念がある。すなわち，それは経験的概念と理論的概念である。経験的概念は経験的検証を受けなければならない。他方，理論的概念は論理的検証を受ける。これは，その概念が法則を通じて他の諸概念とある論理的関係をもつことの証明である（Sterling［1975b］p.33）。

　そしてさらに，この経験的概念から科学的な会計規準としての「経験的検証可能性」（empirical testability）を導き出し，理論的概念から「目的適合性」（relevance）の会計規準を導出する。それらの導出過程は以下のとおりである。

　スターリングによれば，そもそも，会計が非科学的であったのは，問題を解決の不可能な原価配分の過程として定義してきたからにほかならない。棚卸資産，有形・無形の償却性固定資産，および繰延資産に対する会計がそうである。特に，（減耗償却等を含む）減価償却をコンベンショナルな配分として定義する限り，例えば定額法と定率法との間でどちらを選択すべきかを決定しうる可能

性はない。その問題は永久に解決されないであろう。というのは，それは経験的に検証可能ではなく，原則として解決できない問題であるからである。

このような問題を解決するための必要条件は，定義を変更することである。つまり，コンベンショナルな配分を報告することの目的から，ある種の現実的で測定可能な属性を会計することの目的へと変更することである。この再定義を行うならば，会計の命題は経験的に検証でき，すべての人々によって検証できる。この検証は会計の問題を解決させ，議論を終了させることになる。さらに，これによって，会計の論争を法律や裁判所に訴える代わりに，科学的検証に訴えることによって判定を下すことができるのである。

したがって，この「経験的検証可能性」が会計を科学にする第1の必要条件となる。スターリングはこれを次のように表現し，その内容を規定している。科学的仮説と考えられる命題の第1の必要条件は，それが経験的に検証可能であるということである。つまり，それは測定可能な属性（評価基準）を特定化しなければならない (Sterling [1979] p.39) [1]。

この経験的検証可能性の内容は，具体的に次のように説明することができる。検証とは，一般に資格ある観察者による真実性（記号と指示物ないし現象との対応）の決定であり，経験的検証可能性とは，この検証が経験的に行われる可能性のことである。これを会計的に表現すると，検証とは，資格ある観察者（企業における会計人および会計監査人）による会計の真実性の決定であり，これは

---

1)　この場合,「測定」という概念が科学を目指す会計にとって重要な要素となるが，これについてスターリングは次のように命題化している (Sterling [1970a] pp.72-80)。

　　測定命題1：測定の目的は対象ないし事象を他の対象ないし事象に対して順序づけ，比較することである。

　　測定命題2：次元の構成と定義は，測定の操作のための前提条件である。

　　測定命題3：単位は諸対象の一般的比較を可能にする。よく知られた単位は様々な人々による測定の一般的使用を可能にする。

　　測定命題4：数の使用は言葉の分類体系よりも便利であり，高度の正確性を可能にする。

　　測定命題5：測定操作の目的は，ある一定の尺度においてある一定の対象の適切な位置を見出すことである。この位置の一般的言明は単位数で行われる。

　　そして，測定の概念は次の時制的に順序づけられた段階で表すことができる (Sterling [1970a] p.82)。

　　(1)　次元の概念

　　(2)　その次元の単位と尺度の定義

　　(3)　単位を数的に表すことの同意

　　(4)　ある一定の対象において単位数を見出す操作の記述と適用

108

会計数字と会計現象との対応によって行われることになる。そして，この検証が経験的に行われる可能性が経験的検証可能性であり，会計はこの経験的検証可能性を満たさなければならないのである。

このことは，スターリングによって次のように表現されている。検証は，独立的な観察者が表示の信頼性について合意に達する過程である。その目的は，表示とそれが表そうとする現象との間で対応があるという保証を提供することである。「現象」は心の外に存在する事物に関係し，それらの知識は，思考や直感に関係する「本体」（noumena）に対立するものとして，感覚による経験から得ることができる。会計の表示は現象の表示でなければならない。というのは，本体は検証できないからである。財務諸表に表示される現象は，これらの現象を見出すために十分努力するすべての資格ある観察者によって見出されなければならない（Sterling［1985］pp.24-25）。

ここで重要なことは，会計表示と現象との「対応」（correspondence）が会計の真実性を決定することになり，これを行うのは「資格ある観察者」であるということである[2]。そして，この資格ある観察者が会計表示と現象との対応を経験的に確認するためには，測定可能な属性を会計しなければならず，具体的には，測定可能な評価基準を会計しなければならないのである。

このように，会計が科学を目指すためには，経験的検証可能性の要件を満たす測定可能な評価基準をまず第1に会計しなければならないのであるが，この規準を満たす評価基準が複数存在する場合がある。この場合には，会計すべき評価基準を経験的検証可能性の規準だけでは決定できず，これらの評価基準のうちのどれを会計すべきかの決定は，ある追加的な規準を必要とする。したがって，会計の直面する第2の問題は，経験的に検証可能などの評価基準を測定し，報告すべきかの選択であり，そのための追加的な規準の導出である。

この問題に対する解答を約束する方法として，スターリングは意思決定モデ

---

2) スターリングはこの「真実性」（verity）を会計の科学的要件および会計情報の要件として重要視し，これは経験的検証可能性によって保証されることになる。このことを彼は次のように述べている。真実性の概念は「現実との一致」として表すことができる。メッセージは「現実世界」について何かをいうことを意図した言語ないし記号的命題である。メッセージが現実世界を忠実に表現しているならば，それは「真実」であるとわれわれはいう。そして，これが「情報」とよばれるための必要条件である（Sterling［1970a］p.41）。

ルの検討を重要視し，この意思決定モデルとの関係性を問題とする「目的適合性」の規準を科学における理論的概念として提唱する。これは次のように定義される。ある属性がある意思決定モデルによって特定化されるならば，その属性はその意思決定モデルに対して適合的である。ある属性がある意思決定モデルによって特定化されないならば，それはその意思決定モデルに対して適合的ではない（[Sterling [1981] p.103）。

　すなわち，ある評価基準がある意思決定モデルに関係するならば，その評価基準はその意思決定モデルに関して目的適合性の規準を満たすことになる。逆に，ある評価基準がある意思決定モデルに関係しないならば，それはその意思決定モデルに関して目的適合性の規準を満たさないのである。

　この規準は会計において非常に重要な規準である。彼によれば，会計では，科学におけると同様に，少なくともある意思決定モデルに対して目的適合性テストをパスした後で，われわれはそれに第2のテストを受けさせることができる。しかし，ある概念がいかに多くのテストをパスしたとしても，それがある意思決定モデルに適合しなければ，それを会計概念のストックから排除すべきである（Sterling [1979] p.93）。

　このように，スターリングにとって，経験的検証可能性の規準に加えて，目的適合性が会計の重要な規準となる。したがって，結論として，会計が科学を目指すためには，経験的検証可能性と目的適合性の2つの規準を満たさなければならない。そして，これら2つの規準によって，会計がどの評価基準を測定し，報告すべきかを最終的に決定できることになる。換言すれば，われわれが何を会計すべきかという有史以来未解決であった基本的な問題を，これら2つの会計規準によって解決することができるとするのである。

Ⅲ　科学的要件に適合する売却時価

　前節において，会計が科学であるためには経験的検証可能性と目的適合性という2つの基本的な会計規準を満たさなければならないことを明らかにした。そこで，本節の課題は，これらの規準を適用することによって，会計がどの評価基準を測定し，報告すべきかを具体的に解明することである。そのためには，

各評価基準を浮き彫りにするために，まず目的適合性規準のテストから考察を始めるのが適当であり，そのための要件として，市場的意思決定モデルを検討しなければならない。

　スターリングによれば，すべての意思決定モデルは次のことについての情報を必要とする（Sterling［1972］p.200；［1979］p.95）。

⑴　代替案

⑵　結果

⑶　選好：結果を順序づける関数

　ある意思決定状況で意思決定者がしなければならない最初のことは，利用可能な代替案を決定することである。実行可能な市場代替案の集合は，必要な犠牲と利用可能な資金を予測することによって決定される。それをスターリングは代替案原則の一般原則として次のように表す（Sterling［1979］p.100）。

> **代替案原則**：$S_{it} \leq F_t$ならば，i の購入は時点 t において実行可能な代替案である。

　ここで，S_{it}は時点 t において資産 i に要求される犠牲であり，F_tは時点 t において利用可能な資金である。

　この利用可能な資金は，次のような3つの相互に関係する変数の関数である。

$$F_t = f\ (x_{1t}, x_{2t}, \cdots, x_{nt}, \Delta 負債, \Delta 資本)$$

　ここで，x_{1t}は時点 t における資産 i の売却時価である。

　このF_tとの関係で，スターリングは利用可能な市場代替案を以下のように決定する（Sterling［1979］pp.101-102）。まず，ある資産を取得するために要求される犠牲は，その資産の購入時価によって特定化される。すなわち，次のようになる。

$$i\ が未所有ならば，s_{it} = n_{it}$$

　ここで，n_{it}は時点 t における資産 i の購入時価である。

あるプロジェクトを獲得するために要求される犠牲は，そのプロジェクトに関連する様々な資産の購入時価の合計である。それゆえ，未所有資産の購入時価は諸代替案の決定に適合する。特に，$n_{it} \leqq F_t$ならば，資産iの購入は利用可能な代替案であり，購入時価はこの代替案を援助する。

これに対して，ある所有資産を保有するのに要求される犠牲は，その資産の売却時価によって特定化される。すなわち，次のようになる。

　　iが所有されているならば，$s_{it} = x_{it}$

上述したように，ここで，x_{it}は時点tにおける資産iの売却時価である。

ある資産を所有することは，その売却時価の額に等しい犠牲を要求する。もちろん，ある資産の所有を継続することは常に実行可能な市場代替案である。というのは，要求される犠牲はその資産を売却することから利用できる資金に等しいからである。すなわち，x_{it}は要求される犠牲であり，x_{it}はF_tの構成要素である。したがって，すべての場合において，$x_{it} \leqq F_t$であり，売却時価は資産iの所有を継続するという利用可能な市場代替案を常に援助する。

以上が利用可能な代替案の決定についてであるが，これを踏まえて，意思決定者がしなければならない第2のものは，各代替案の市場結果を予測することである。スターリングによれば，ある新しいプロジェクトを行うこと，または現存のプロジェクトを維持することの市場結果は，そのプロジェクトから生じる予測される将来のキャッシュ・フローである（Sterling［1979］p.103）。

これらの市場結果を，彼は利益性原則の一般原則として次のように表す（Sterling［1979］p.104）。

> **利益性原則**：$s_{it} < d_{it}$ならば，iはその割引率で投資したs_{it}よりも利益を生むと予測される。

ここで，d_{it}は時点tにおける資産またはプロジェクトiの割引現在価値である。

この利益性原則との関係で，スターリングは目的適合的な評価基準を以下のように導出する（Sterling［1979］pp.104-106）。まず，現在価値が要求される犠牲と比較され，その比較は次の差額として表される。

$d_{it} - s_{it} = i$ の純現在価値

この差額が正ならば，i はその割引率で投資した s_{it} よりも利益を生むと予測される。

この意思決定モデルを新しいプロジェクトの獲得のために適用する場合，その現在価値は，そのプロジェクトに必要な資産を購入するために犠牲にしなければならない貨幣の額と比較される。すなわち，次のようになる。

$d_{it} - n_{it} =$ 「未所有資産」の純現在価値

この値が正ならば，資産 i の購入は利益を生むことになり，意思決定者にとって有利であるが，負ならば，その購入は意思決定者にとって不利となる。

この意思決定モデルは現存のプロジェクトにも適用できる。ある現存のプロジェクトを変更または断念することは可能であり，それゆえ，それらのプロジェクトも定期的に再評価しなければならない。この再評価において，その意思決定モデルは最新の現在価値と現在要求される犠牲との比較を特定化する。この最新の現在価値はその予測の変更または異なった割引率から生じうる。現在要求される犠牲は所有資産の売却時価によって与えられる。すなわち，次のようになる。

$d_{it} - x_{it} =$ 「所有資産」の純現在価値

この値が正ならば，意思決定者はそのプロジェクトを継続すべきであるが，負ならば，そのプロジェクトを中断し，諸資産を売却すべきである。

これら 2 つの意思決定の関係を示すと，**図表 4 - 1** のようになり（Sterling ［1979］p.105），以下のように説明できる。

図表 4 - 1　2 つの意思決定の関係

代替案　　　所有権	使　用	その割引率での投資
未所有	購　入	非購入
所　有	非売却	売　却

　意思決定者が未所有資産を使用したくないならば，投資に利用できる貨幣の額は，購入しないことによって支払われなかった額である（非購入欄）。同様に，ある所有資産を使用する場合，投資に利用できない額は，売却しないことから収入しなかった額である（非売却欄）。これらを別に言い換えると，意思決定者が未所有資産を使用したいならば，投資に利用できない額は，購入によって支払われる額である（購入欄）。意思決定者がある所有資産を使用したくないならば，投資に利用できる額は，売却から収入される額である（売却欄）。

　したがって，n_{it}は購入から要求される犠牲，または購入しないことから投資に利用できる貨幣の額と見ることができる。また，x_{it}は売却しないことから要求される犠牲，または売却から投資に利用できる貨幣の額と見ることができる。それをいずれの方法で見ようとも，図表4-2で示すように（Sterling [1979] p.106），目的適合的な変数はd_{it}，n_{it}およびx_{it}である。すなわち，現在価値，購入時価および売却時価である。

図表4-2 　目的適合的な変数

代替案 所有権	使 用	その割引率 での投資
未所有	d_{it}	n_{it}
所 有	d_{it}	x_{it}

　したがって，スターリングによれば，意思決定モデルは次の評価基準を特定化する（Sterling [1972] p.205；[1979] p.115）。

(1)　所有資産の売却時価。理由，

　(a)　未所有資産の購入時価と比較する場合，それは定義において利用可能な代替案を援助する。

　(b)　それは資産の所有権を維持するのに必要な犠牲を完全に定義する。

(2)　未所有資産の購入時価。理由，

　(a)　所有資産の売却時価と比較する場合，それは定義において利用可能な市場代替案を援助する。

　(b)　それは未所有資産を取得するのに必要な犠牲を完全に定義する。

(3)　ある一定資産の使用または営業と関連する現在価値。理由,

　(a)　要求される犠牲〔(1b) または (2b)〕と比較する場合, それは予測される利益性に関してある意思決定を可能にする。

　以上によって, 意思決定モデルの検討から, 売却時価, 購入時価および現在価値の各評価基準が目的適合性の規準を満たしていることが判明した。しかし, これらの評価基準のうち, 会計がいずれの評価基準を測定し, 報告すべきかの問題はまだ解決されていない。これを解決するための糸口は, やはり経験的検証可能性と目的適合性の基本的な会計規準である。これら2つの規準を上記の各評価基準に適用すると, 以下のようになる。

　まず, 購入時価であるが, これは経験的現象を言及するので, 経験的検証可能性の規準を満たしている。この意味では, 現在報告されているコンベンショナルな配分よりもはるかに優れている。さらに, 既述のように, すべての未所有資産の購入時価は, それらの資産のすべての意図した購入に適合し, そのような意思決定モデルに適合する。

　しかし, スターリングによれば, 所有資産の購入時価はそれらの売却に適合せず（というのは, 売却時価でそれらを売却しなければならないから）, それらの購入に適合しない（というのは, それらはすでに所有されているから）(Sterling [1979] p.124)。したがって, 所有資産の購入時価の目的適合性は観察できない。

　次に, 現在価値であるが, これの目的適合性については問題はない。上述したように, 現在価値は非常に多くの意思決定モデルによって特定化される。すべての意思決定は予測を必要とするし, 上記の利益性原則はプロジェクト i に対して要求される犠牲とプロジェクト i の現在価値との比較を必要とした。しかし, それにもかかわらず, この現在価値について検討しなければならないいくつかの問題点がある。スターリングはこれを(1)将来の知識（確実性）対将来の予測（不確実性）, および(2)私的な知識または予測対公的な知識または予測の問題として以下のように検討している (Sterling [1979] pp.128-140)。

　まず, われわれが将来についての確実な知識を有するならば, つまり将来の財務諸表を示すことができるならば, そのような情報の公的報告は最も価値ある種類の情報を提供するという目的を達成しない。というのは, このような状

況の場合には，誰も競争の優位性をもたないからである。

　この場合，明日の価格は公的に確実に知られるので，われわれが得ることのできる唯一のものは，リスクのない利子率である。したがって，将来の知識は市場で取引するリスクを除去し，そのリスクを負担する報酬も除去されることになる。これによって，市場の機能が果たされなくなり，市場が台無しになる。この意味では，不確実性が市場運営のためにはむしろ必要である。

　しかし，そのような心配は無用であり，現実は不確実である。これは将来のキャッシュ・フローと割引率の予測が人および企業によって異なり，したがって，現在価値も必然的に異なることを意味する。この場合，単一で真実の現在価値が存在しないことは事実である。むしろ，多くの真実の現在価値があり，おそらく市場の参加者に等しい現在価値がある。それゆえ，単一で真実の現在価値を決定する問題は，概念的問題であり，経験的問題ではない（Sterling［1979］p.132）。したがって，この場合の現在価値は経験的検証可能性の規準を満たさない。

　さらに，これらの現在価値の相違は，「報告される」現在価値の目的適合性についての疑問を生ぜしめる。スターリングによれば，Aの現在価値はAの意思決定に適合することは明らかであるが，Bの現在価値がAの意思決定に適合しないことも明らかである。したがって，なぜわれわれがAのためにBの現在価値の報告を欲するのかと問わなければならない。割引率は個々の意思決定者にとって個人的である。割引率は個人的であるので，現在価値も個人的である（Sterling［1979］pp.138-139）。この意味では，現在価値は他の人の意思決定にとって目的適合的ではなく，したがって報告すべきではない。

　これらの購入時価と現在価値に対して，売却時価は会計の2つの基本的な規準を満たしている。まず，売却時価は経験的現象を測定し，言及するので，経験的検証可能性の規準を満たしている。さらに，上述したように，所有資産の売却時価はその資産の実際のまたは潜在的交換に関するすべての意思決定にとって目的適合的である。すなわち，その売却時価はその所有資産を保有して使用するか，それともそれを売却して，その売上収入をある他の資産に投資するかという意思決定に適合する。これは保有対売却の意思決定であり，次のように行われる（Sterling［1979］p.120）。

$d_{it} > x_{it}$ならば，i を保有する。

$d_{it} < x_{it}$ならば，i を売却する。

　以上によって明らかなように，売却時価のみが経験的検証可能性と目的適合性の会計における科学的規準を満たすので，会計は売却時価を測定し，報告すべきであるということになる[3], [4]。

Ⅳ　売却時価会計における実現可能利益の適合性

　それでは次に，このような売却時価会計の評価基準に基づいて測定される実現可能利益それ自体の適合性を，スターリングの所論に沿って紹介することにしよう。その場合，一般物価水準が変動しない場合の実現可能利益の適合性をまず考察し，次に，一般物価水準が変動するという現実的な場合に，実現可能利益を改善したものが実質実現可能利益であるという形式で，実質実現可能利益の適合性を考察することにする。なお，実質実現可能利益を測定する会計システムは，実質売却時価会計となる。

1　一般物価水準が変動しない場合

　一般物価水準が変動しない場合における実現可能利益の適合性を考察するためには，まず，利益の定義から始めなければならない。スターリングによれば，利益の議論の余地のない定義は，それが個人の消費または企業の投資を修正した後で，2時点間における富の差額であるということである（Sterling [1979]

---

3)　これまで提唱されてきた評価基準として，上述した売却時価，購入時価および現在価値のほかに，伝統的会計における取得原価があるが，これは会計における2つの基本的な規準を満たさないことは明らかである。まず，コンベンショナルに配分された取得原価は経験的現象の測定ではなく，したがって，経験的検証可能性の規準を満たさない。さらに，取得原価を特定化する意思決定モデルを発見することができず，したがって，目的適合性の規準も満たしていない。これは，意思決定モデルが未来指向的であるにもかかわらず，取得原価は過去指向的であり，そのために，いかなる意思決定モデルにも適合しないからである。

4)　ただ，ここで注意しなければならないのは，売却時価による意思決定はあくまでも個人的で主観的なものであるということである。というのは，この意思決定モデルは売却からの売却時価と使用からの現在価値との比較を特定化しており，ここにおける現在価値は個人的で主観的なものであり，経験的に検証可能ではなく，報告できないからである。しかし，意思決定とは元来公表する性格のものではなく，個人的なものであるので，これに関する不都合はない。

p.191)。そして，利益を次のように表す（Sterling,1979,p.192)。

$$A_{ft+1} - A_{ft} - I_{ft} = Y_{ft}$$

ここで，A_{ft} は時点 t における企業 f の諸資産の合計であり，I_{ft} は期間 t に対する企業 f の資本取引の合計である。そして，Y_{ft} は期間 t に対する企業 f の純利益である。

この利益の定義と式からすると，富の適切な測度が明確になるならば，利益の適切な測度も自動的に明らかになることになる。そこで，この富の適切な測度が重要な問題点となるが，スターリングはこれを表すものとして，「財に対する支配権」(command over goods；COG) という概念を提唱する。彼によれば，財に対する支配権（COG）の属性は，その名称が明らかにしているように，市場で支配できる財数量の測度である。支配できる財は物的対象であるので，COGは物的測度である（Sterling［1975a］p.46)。

そして，この物的測度を貨幣単位で表したものが，売却時価にほかならない。なぜならば，市場おける物的財を支配しようとする場合，その必要な資金は所有資産の売却によって得られるからである。したがって，COGの測定は売却時価によって達成されることになり，COGの測度は売却時価であるということになる。

そのような測度を有するCOGは，市場における物的財を支配するという経験的現象を言及するので，経験的検証可能性の規準を満たしている。さらに，スターリングによれば，COGは実際のまたは潜在的な市場交換に関するすべての意思決定に適合する。市場において提示される財の購入時価と比較する場合，COGは取得できるであろう財を特定化する。すなわち，それは利用可能な市場の代替案を決定する。それは相対的リスクの決定のみならず，所有資産の利益性の決定にも適合する（Sterling［1979］p.162)。したがって，COGは目的適合性の規準も満たすことになり，それゆえ，富の適切な測度であるということになる。

このように，COGが富の適切な測度であるならば，それは2時点間の富の差額である利益の適切な測度でもある。すなわち，利益（Y）はCOGの増分である。そして，上述したように，COGの測度が売却時価であり，これから導

出される利益概念が実現可能利益であることからすれば，この利益概念はある
一定期間に対するCOGの真の増加を測定し，説明する利益概念であるという
ことができる。ここに，実現可能利益の適合性が存することになる。

　以上のことの理解を促進するために，スターリングのあげた有価証券を売買
する単純な企業をここで具体例として説明しよう。彼はこれを次のように仮定
する（Sterling〔1975a〕pp.45,47）。この企業の唯一の活動は完全市場における有
価証券の購入と売却である。さらに単純化するために，取引費用（例えば，手
数料）はゼロであり，すべての交換は現金でなされると仮定する。負債はない。
これは，資産合計数字が所有者持分合計に等しいことを意味する。

　さらに単純化するために，その所有者が消費する唯一の財はパンであると仮
定する。したがって，この経済には2つの物的財（非貨幣財）しか存在しない。
すなわち，（株式で測定される）有価証券は唯一の生産者の財であり，（ローフで
測定される）パンは唯一の消費者の財である。

　この企業は1月1日に1,000ドルを現金で所有していた。同じ日にその企業
は70株を1株当たり10ドルで購入し，300ドルの現金を残した。その他の取引
は発生しなかった。2月1日に，有価証券の価格は1株当たり15ドルに上昇し
たが，パンの価格はそのままであった。これらのことを前提として，売却時価
会計に基づく貸借対照表と損益計算書を作成するならば，次のようになる
（Sterling〔1975a〕p.49）。

比較貸借対照表

	1月1日	2月1日
現　　金	$　300	$　300
有価証券	700	1,050
資産合計	$ 1,000	$ 1,350
投下資本	$ 1,000	$ 1,000
留保利益	0	350
所有者持分合計	$ 1,000	$ 1,350

1月の損益計算書

収　　益	$　0
有価証券の売上原価	0
	$　0
有価証券の保有利得	350
純利益	$　350

　さて，問題はこの 350ドルの実現可能利益がCOGの増加を反映するかどうか
である。COGは 1 月 1 日に2,000ローフ（=1,000ドル／0.50ドル）であり， 2 月
1 日には，それは2,700ローフ（=1,350ドル／0.50ドル）となり，700ローフの増
加であった。他方，350ドルの実現可能利益を 1 ローフ当たり0.50ドルの価格
で除すと，やはり700ローフが生じ，COGの増加と一致する。これは，実現可
能利益がCOGの真の増加を表しているからにほかならず，ここに実現可能利
益の適合性に関する上記の説明が妥当することになる。すなわち，一般物価水
準が変動しない場合，売却時価会計における実現可能利益は一定期間に対する
COGの真の増加を測定し，説明する利益概念であるということができるので
ある。

2　一般物価水準が変動する場合

　それでは，一般物価水準が変動する場合はどうであろうか。この場合，まず
COGの概念を改めて明確にしなければならない。前述したように，COGの属
性は市場で支配できる財の数の測度である。支配できる財は物的対象であるの
で，COGは物的測度である。一般物価水準が変動する場合，スターリングに
よれば，その測定は貨幣単位にある物価指数[5] を乗じることによって達成され
る。そのような物価水準修正の目的は，物的単位として解釈される修正貨幣単
位を認めることである（Sterling［1975a］p.46）。一般物価水準が変動する場合，
実現可能利益がこのようなCOGの真の増加を表すか否かがここでの問題であ
る。

　この問題に答えるために，前項であげた有価証券を売買する単純な企業の例
を再び利用する。この企業における諸仮定は前の場合とほとんど同じであるが，

---

　5)　この物価指数として，スターリングは企業の動機に照らして，消費者物価指数が最も適切で
　あると考える。彼によれば，自動力がなく，抽象的である「企業」は原動力をもつことができ
　ないことは明らかである。したがって，企業に帰せられるすべての動機は究極的には人間から
　生じなければならない（Sterling［1970a］p.29）。そして，人間または人間グループの行動原理
　は「効用」（utility）であると仮定する。これを本章の言い方でより具体的に述べるならば，
　人間の経済活動の目的はCOGを最大にするということになる。そして，この観点から，スター
　リングは消費者物価指数を選択する理由を次のように述べている。これは，現在利用できる効用
　測定に最も近い代用物である。さらに，それは競合する指数のどれよりも購買力の一般的概念
　である。われわれがより「一般的」というのは，消費者物価指数が最終財のみを含むからであ
　る（Sterling［1970a］p.340）。

1月1日から2月1日までの間に，パンの価格が1ローフ当たり0.50ドルから0.60ドルに上昇したことだけが異なっている。その結果，消費者物価指数は1.2（＝0.60ドル／0.50ドル）となった。この場合でも，売却時価会計に基づく貸借対照表と損益計算書は前項で示したものと同じであり，実現可能利益はやはり350ドルである。

さて，問題はこの350ドルの実現可能利益がCOGの増加を反映するかどうかである。COGは1月1日に2,000ローフ（＝1,000ドル／0.50ドル）であり，2月1日には，それは2,250ローフ（＝1,350ドル／0.60ドル）となり，250ローフの増加であった。350ドルの実現可能利益を1ローフ当たり0.50ドルの1月1日の価格で除すと，700ローフが生じる。同様に，1ローフ当たり0.60ドルの2月1日の価格で除すと，583と1／3ローフが生じる。両者の割算は実際の250ローフを生ぜしめないので，実現可能利益はCOGの増加を測定しない。

COGは富の適切な測度であり，さらに経験的に検証可能で目的適合的な属性であるので，実現可能利益はこれらの重要な会計規準を満たさないことになる。そして，ここに一般物価水準が変動する場合における実現可能利益の限界が存するのである。

この限界を克服するためには，スターリングによれば，一般物価指数で修正した売却時価による財務諸表を作成しなければならない。これによって導出される利益概念は「実質実現可能利益」であり，この利益概念のみがCOGの真の増加を表すことになる。そして，これを例示するものが，次の一般物価指数で修正した実質売却時価会計に基づく財務諸表およびCOGで表した財務諸表である。

比較貸借対照表

	1月1日	2月1日
現　金（1月1日＝$300×1.2）	$　360	$　300
有価証券（1月1日＝$700×1.2）	840	1,050
資産合計	$1,200	$1,350
投下資本（$1,000×1.2）	$1,200	$1,200
留保利益	0	150
所有者持分合計	$1,200	$1,350

1月の損益計算書

収　　益	$ 0
有価証券の売上原価	0
	$ 0
有価証券の保有利得($1,050 − $840)	210
現金の保有損失($360 − $300)	(60)
純利益	$150

比較貸借対照表

	1月1日	2月1日
現　　金	600ローフ	500ローフ
有価証券	1,400	1,750
資産合計	2,000ローフ	2,250ローフ
投下資本	2,000ローフ	2,000ローフ
留保利益	0	250
所有者持分合計	2,000ローフ	2,250ローフ

1月の損益計算書

収　　益	0ローフ
有価証券の売上原価	0
	0ローフ
有価証券の保有利得	350
現金の保有損失	(100)
純利益	250ローフ

　これによって明らかなように，実質実現可能利益の150ドルはCOGの増加の250ローフ（=150ドル／0.60ドル）と一致し，COGの増加を測定している。これは実現可能利益では不可能であり，一般物価水準が変動する場合，実質実現可能利益のみがこれを可能にする。スターリングによれば，したがって，適切な手続は，(1)現在の財務諸表を売却時価に修正し，(2)以前の財務諸表を物価指数で修正するということになる。両者の修正が必要であり，いずれもが他の代用物でないことを認識することは重要である（Sterling［1975a］p.51）。

　すなわち，一般物価水準が変動する場合，COGの増加を測定するためには実質売却時価会計における実質実現可能利益を導出する必要があり，この実質実現可能利益のみがCOGの真の増加を表すのである。したがって，一般物価水準が変動する場合，実質実現可能利益は一定期間に対するCOGの真の増加を測定し，説明する利益概念であるということができ，ここに，実質売却時価

会計における実質実現可能利益の真の適合性が存することになる。

Ⅴ 売却時価会計に対する補足

　以上によって，売却時価会計の評価基準である売却時価が経験的検証可能性および目的適合性の会計規準を満たし，所有資産の保有対売却の意思決定を可能にすることを明らかにした。さらに，売却時価会計における実現可能利益それ自体，とりわけ，実質売却時価会計における実質実現可能利益が富の適切な測度である「財に対する支配権」（COG）の真の増加を測定し，説明することを明らかにした。したがって，これらがスターリングの提唱する（実質）売却時価会計の適合性であった。

　そこで，本節では，これらの適合性それ自体を考察の対象とし，それらが売却時価会計の真の適合性となるかどうかを考察してみたい。その場合，ここで問題となるのは，売却時価会計における売却時価がすべての意思決定に適合するかどうかということである。

　上述したように，売却時価会計の評価基準である売却時価は，所有資産の保有対売却の意思決定を可能にした。しかし，ここですぐに問題となるのは，売却時価会計が売却意思決定を行えても，購入意思決定の行えない一面的な会計システムではないかということである。

　すなわち，売却時価会計における売却時価は所有資産の保有か売却かの意思決定に適合するとしても，売却時価自体は貨幣に等しい貨幣等価額であり，企業の継続を前提としていることからすると，当然購入の意思決定を含まなければならない。しかしながら，売却時価会計はこの意思決定を最初から断念しており，企業においてこの意思決定の重要性からすると，売却時価会計は完全ではないというほかはなく，ここに，この会計システムの短期的性格が露呈するのではないかという問題が生じる。

　このことを，エドワーズ＝ベル（Edwards and Bell）は次のように表現している。売却時価会計は，企業が特定の資産ないし一組の資産を，換金せずに利用すべきかどうかを教えてくれるものではあるが，その生産過程を特定の資産の寿命以上に拡張するかどうかについては，ほんの少ししか教えてくれないの

である（Edwards and Bell [1961] pp.100-101）。すなわち，売却時価会計は売却
の意思決定を可能とするが，それと連続的に対をなす購入の意思決定について
は沈黙する。これは，この会計システムがすべての面をカバーできない一面的
会計システムであるからにほかならず，この一面性が取りも直さずこの売却時
価会計の限界であるとするのである。

　そして，この問題を解決するために，エドワーズ＝ベルに続くエドワーズ＝
ベル＝ジョンソン（Edwards, Bell and Johnson）は1つの解答を用意する。彼
らは，彼ら本来の主張である購入時価会計のほかに売却時価会計も重要視し，
これらを加味したある利益率規準を導入することによって，資産の再投資，使
用，および売却のすべてに関係する意思決定モデルの規準を提供しようとする
のである。その利益率とは次の2つのものである（Edwards, Bell and Johnson
[1979] p.643）。

$$p = \frac{\substack{\text{当期営業利益} \\ \text{（購入時価規準）}}}{\text{購入時価}} \qquad p' = \frac{\substack{\text{純利益} \\ \text{（売却時価規準）}}}{\text{売却時価}}$$

　いま，リスクのない証券に投資すれば，10%の代替的投資利益率が与えられ
るとするならば，pとp'を用いる分析は，当該資産の再投資，使用および売
却に関する意思決定モデルを提供する。エドワーズ＝ベル＝ジョンソンはこれ
らの規則を次のように交通信号で表している（Edwards, Bell and Johnson[1979]
p.644）。

(1)　$p > 0.10$ ＝青信号（その資産への再投資はなお利益を得る。）

(2)　$p \leq 0.10$，しかし$p' > 0.10$ ＝黄信号（その資産への再投資はもはや利益を得
ないが，当該資産の使用はその売却よりも好ましい。しかしながら，資産をよ
り能率的に使用する代替的手段を考えるべきである。）

(3)　$p' \leq 0.10$ ＝赤信号（その資産への再投資も，継続的な使用も，売却より好ま
しくない。）

　これを一般的に定式化すると次のようになり，その場合の各記号は下記のこ
とを表す。

124

(1)' $pa>pb$ ：当該資産の再投資
(2)' $pa \leqq pb$ および $p'a>pb$：当該資産を使用するが再投資しない
(3)' $pa \leqq pb$ および $p'a \leqq pb$：当該資産の売却

   pa：現存の投資の購入時価（利益率）
   $p'a$：現存の投資の売却時価（利益率）
   pb：次善の投資代替案（利子率）

そして，これによって購入時価および売却時価の選択規準も次のように一意的に決定する。

(1) $pa>pb$ ：購入時価規準
(2) $pa \leqq pb$ および $p'a>pb$：購入時価と売却時価の両者を使用する二元規準
(3) $pa \leqq pb$ および $p'a \leqq pb$：売却時価規準

　したがって，エドワーズ＝ベル＝ジョンソンは次のように結論づける。意思決定を評価し，新しい意思決定を定式化するに際して，購入時価と売却時価の利益率は常に重要である。購入時価は，企業がなすべきことおよび当該期間に実際にしたことを評価するのに必要である。売却時価は，企業が現在行っているよりも望ましいものを選択する代替案を評価するのに必要である（Edwards, Bell and Johnson ［1979］ p.645）。このように，彼らは購入時価と売却時価の両者を評価基準として認容し，それぞれの評価基準とそれらに基づく会計システムの役割を識別する。そして，この両者によって，資産投資等に関する経営者の意思決定を促進するのである。
　以上がエドワーズ＝ベルおよびエドワーズ＝ベル＝ジョンソンの売却時価会計に対する批判およびその解決策であるが，これらのうち，売却時価会計が購入意思決定を含まない一面的会計システムであるという批判は妥当するであろう。すなわち，この会計システムの主眼は所有資産の保有対売却の意思決定にあり，未所有資産の購入対非購入の意思決定にはないのである。したがって，企業の継続を前提とするならば，当然購入の意思決定が必要となり，エドワーズ＝ベル＝ジョンソンのいうように，これに関しては購入時価会計にその助けを求めなければならないのである。
　そして，そのためにエドワーズ＝ベル＝ジョンソンは上記の意思決定モデル

を提示するのであるが，しかしながら，この意思決定モデルには問題があると思われる。このモデルをよく見てみると，それは将来を考慮に入れたものではなくて，過去の利益率を適用したものである。これは，過去の事象が将来にも妥当すると考えるものであり，彼らは暗に「外挿法」(extraporation) を利用していることに注意しなければならない。しかし，将来に関しては不確実であり，過去の利益率がそのまま将来に妥当するという保証はどこにもない。元来，意思決定は未来指向的でなければならず，この意味では，彼らの意思決定モデルが真の意思決定モデルといえるかどうかは疑問である。

　そこで，エドワーズ＝ベル＝ジョンソンの意思決定モデルから離れて，次の意思決定モデルを提案しよう。いま，スターリングに従って，各記号を次のように定義する。

$$\frac{d_{it} - n_{it}}{n_{it}} = rr = 再投資資産の利益率$$

$$\frac{d_{it} - x_{it}}{x_{it}} = or = 所有資産の利益率$$

　　　x_{it}：時点 t における資産 i の売却時価
　　　n_{it}：時点 t における資産 i の購入時価
　　　d_{it}：時点 t における資産 i の現在価値
　　　nr：リスクのない証券に投資した場合の利子率

　これらの記号を用いることによって，各状況の意思決定規則を次のように定めることができる。
　(1)　rr が最大の場合，所有資産を売却して，同じ種類の資産を再購入する。
　(2)　or が最大の場合，所有資産の保有を継続する。
　(3)　nr が最大の場合，所有資産を即座に売却して，リスクのない証券に投資する。

　これによって明らかなように，この意思決定モデルは未来指向的なモデルであるので，真の意思決定モデルであるということができる。ただ，そこに含まれている d_{it} は個人的で主観的な現在価値であり，経験的に検証できる性格のものではないので，その意味では，この意思決定モデルは個人的で主観的なも

126

のであることに注意しなければならない。しかし，意思決定の性格上，これは当然のことである。

　それにも増して，ここで重要なことは，この意思決定モデルではいずれの場合にも売却時価（x_{it}）と購入時価（n_{it}）の両者が重要な役割を果たしているということである。一方が欠けても，購入，保有，および売却の意思決定はできない。この意味では，売却時価会計の評価基準も購入時価会計の評価基準も物事の一面しか表していないということになる。必要なのは両者の評価基準であり，したがって売却時価と購入時価とを二元的に測定することが最も良い意思決定規準である。そして，これらの評価基準から導出される売却時価会計と購入時価会計を同時に採用することによって，そのような意思決定の評価を行うことができるのである[6]。

　ただし，上述したように，購入時価を資産の評価基準として通常の財務諸表に計上してはならない。購入時価は元来未所有資産に対する評価基準であり，所有資産に対する評価基準ではないからである。この意味で，購入時価は通常の会計システムに載ることができず，臨時的な評価基準であるといわざるをえない。したがって，これに基づく購入時価会計も通常の会計システムには載らない臨時的な会計システムにすぎないといわざるをえない。

　このことから，通常の財務諸表に計上すべき評価基準は所有資産を表す売却時価のみであり，通常の会計システムに載るのは売却時価会計のみであるということになる。そして，未所有資産を表す購入時価および購入時価会計はいわゆる「簿外」で適用されることになり，これによって，売却時価会計を援助することになるのである。

　6）　しかし，厳密にいうと，両会計システムにおける売却時価および購入時価の評価基準と実現可能利益および経営利益の利益概念は，その機能を異にしているように思われる。前者の評価基準は以上述べたように意思決定に役立つのであるが，後者の利益概念は意思決定とは直接的に関係しない。意思決定は未来指向的であるけれども，その結果生じる利益は過去指向的であるからである。このような利益概念の機能はむしろ別のところにあり，過去に行われた意思決定の結果を評価すること，つまり経営者の業績評価にある。この意味では，意思決定は評価基準指向的であり，業績評価は利益概念指向的であるということができる。

$$\boxed{Ⅵ} \quad む す び$$

　以上，本章ではスターリングの所論を参考として会計の科学的要件とそれに
適合する会計システムを検討してきた。そこにおいて明らかになったことを要
約すれば，次のようになる。

(1)　会計の科学的要件は経験的検証可能性と目的適合性である。前者は，資
　　　格ある観察者によって会計数字と会計現象との対応が確認された場合に満
　　　たされる。後者は，ある評価基準がある意思決定モデルによって特定化さ
　　　れる場合に満たされる。

(2)　売却時価会計の評価基準である売却時価は，経験的現象を測定するので
　　　経験的検証可能性の規準を満たしており，資産の保有対売却の意思決定に
　　　適合するので目的適合性の規準も満たしている。

(3)　売却時価会計それ自体，とりわけ実質売却時価会計は，経験的検証可能
　　　性と目的適合性の規準を満たし，さらに富の適切な測度である「財に対す
　　　る支配権」（COG）の真の増加を測定し，説明する。

(4)　しかしながら，売却時価は所有資産の保有対売却の意思決定に適合する
　　　としても，未所有資産の購入対非購入の意思決定に適合しないので，総合
　　　的な意思決定を行うためには，購入時価の助けを借りなければならず，こ
　　　の意味で，売却時価会計は購入時価会計によって援助されなければならな
　　　い。

　以上によって明らかなように，売却時価会計，とりわけ実質売却時価会計は，
購入時価会計によって援助されることによって，会計の科学的要件を満たすと
いう本来的な会計目的を達成する最適な理念的会計システムになると思われる。
　ただ，本章を閉じるに際して，売却時価会計の適合性の論拠となった「財に
対する支配権」（COG）に関して，誰のためにCOGおよびCOGの増加を測定す
べきか，ということを改めて考察してみたい。
　売却時価会計，とりわけ実質売却時価会計の適合性は，そこにおける実質実
現可能利益が「財に対する支配権」（COG）の真の増加を測定し，説明すると

いうことであった。そして，このCOGの意味は，スターリング自身の定義はあまり明確ではないが，Ⅳ節の数値例から明らかなように，「企業の所有者の消費財に対する支配権」である。すなわち，COGとは，「企業の所有者が消費財の購入のために企業資産を現在売却して，その収入金を使用したならば，購入できたであろう消費財の量」である。実質売却時価会計および実質実現可能利益はそのようなCOGおよびCOGの増加を測定するので，それは会計主体論における所有主理論に立脚した会計システムおよび利益概念であるということができる。

　とすると，当然，企業主体論者から次のような批判が生じることになる。すなわち，会計は企業それ自体のために行うべきものであり，所有者のために行うべきではないという批判である。そしてそれは，所有と経営が分離した結果，株主による利益または資本の引出しの法的制限，株主が彼らの株式を企業の事務所ではなく証券取引所で売買しなければならないという事実，および平均的株主が企業の経営者に発言権を有していないという事実に起因している。

　すなわち，株主が株式を売却する場合，彼が売却収入を受け取るのは証券市場からである。彼は企業からそれを受け取るのではない。株主と企業とは別の主体であるからである。したがって，企業の財務諸表において売却時価および実現可能利益がたとえ表示されたとしても，それは必ずしも株主のCOGおよびCOGの増加を表示したことにはならない。企業の会計帳簿において株主のCOGを測定する代わりに，株主は彼ら自身の会計帳簿で彼ら自身のCOGを測定しなければならない。つまり，彼ら自身の会計システムにおいて，証券取引所で成立している株式価格に基づいてCOGを測定すべきである，と企業主体論者はいうであろう。

　しかしながら，そのような考えは正当ではない。それは，企業主体論に問題があると思われるからである。企業主体論は，企業に対する見方に関して，企業を内部からながめ，会計の目的が企業自体を援助することにあるとするものである。換言すれば，企業を，企業に資本を投下した人々とは別のものと見，資産および負債を企業自体のものとみなして，株主もしくは所有者のものとは見ない。すなわち，企業主体論は人間を度外視した理論であるということができる。

　このような企業主体論は，本来的な意味における企業の本質観とは相入れないものである。脚注 5 で述べたように，企業はそれ自体において自然人ではなく，あくまでも法人であり，擬人である。この擬人であり，抽象的である企業は，それ自体で原動力をもつことができないことは明らかである。企業が存在するのは，もっぱら人々がそれを生み出したからであり，人間の動機が企業の原動力であることは自明である。したがって，企業に帰せられるすべての動機は，究極的には人間から生じなければならない。

　この意味からするならば，企業主体論は人間を度外視しているがゆえに，企業の本質からして妥当な理論であるということはできない。会計目的観の出発点は人間でなければならず，さらにいうならば，企業を取り巻く様々な人間の効用最大化に資することが会計の本来的な目的でなければならない。

　このような見地からすると，COGはまさに所有者の効用最大化に資するものであり，実質売却時価会計および実質実現可能利益はこのCOGおよびCOGの増加を表示するので，この会計システムおよび利益概念は本来的な企業本質観および会計目的観に適合したものであるということができる。たとえ，株主が株式を売却する場合，彼が売却収入を受け取るのは企業からではなく証券市場からであるとしても，それは，彼がいままで株式投資によって彼のための消費財を企業資産のために漠然と犠牲にしていたものが解消されたと見るべきである。ここに，所有者と企業との密接な関係を見出すことができるのであり，また見出さなければならないのである。

　このような考えを前提として，ここでむしろ問題としたいのは，いままで述べてきた会計主体論との関係で，COGをスターリングの示唆しているように所有者のためだけに測定して，果たしていいのかどうかということである。上述したように，会計目的観の出発点は人間でなければならず，さらにいうならば，企業を取り巻く様々な人間の効用最大化に資することが会計の本来的な目的でなければならない。

　企業を取り巻く様々な人間は所有者ないし株主だけではなく，債権者，経営者，従業員等，様々な人々がいる。会計はこれらの人々の効用最大化に資することができなければならず，これらの人々のCOGおよびCOGの増加を測定しなければならない。

　このような考え方からすれば，所有者のみを対象とするスターリングの COG概念は，その対象者に関して狭すぎることになり，次のように拡張すべきことになる。すなわち，COGとは，「企業の利害関係者が消費財の購入のために企業資産を現在売却して，その収入金を使用したならば，購入できたであろう消費財の量」である。そして，この拡張されたCOG概念を用いて実質売却時価会計を再構築するならば，会計本来の目的を達成するとともに，スターリングの主張する本来的な企業観にも適合することになるのである。

　これは，具体的には，企業資産の測定値を依然として売却時価で変更しないけれども，企業持分全体を一般物価水準の変動に応じて変更することによって行われる。これにより，株主，債権者，従業員等の利害関係者の持分が一般物価指数で修正され，それぞれの持分が均等に維持されることになる。

　このように見ると，実質売却時価会計と再構築された拡張実質売却時価会計とは多くの共通点を有しており，唯一の相違は，企業持分に対する見方の相違であるということができる。すなわち，COG概念との関係で，一方では株主持分だけの一般購買力維持を図ろうとし，他方では企業利害関係者の持分全体の一般購買力維持を図ろうとするのである。そして，利害関係者全体の購買力維持を目指すところに拡張実質売却時価会計の特質があるのである。

　以上のことから，ここで改めて拡張実質売却時価会計の概要を説明すると，次のようになる。すなわち，この会計システムは，資産の評価基準として売却時価を適用し，測定単位として一般購買力単位を採用し，さらに，企業持分全体に対して一般購買力単位を適用して決定され，それゆえ，企業利害関係者の持分をそれぞれ一般物価指数で修正する会計システムである。

　結論として，スターリングの提唱するCOG概念は所有者のみを対象とする概念であるが，企業を取り巻く様々な人間の効用最大化に資することが会計の本来的な目的でなければならないので，その概念を，所有者を含む「企業の利害関係者」に拡張する必要があり，この拡張された概念によって実質売却時価会計を再構築すべきである。そして，これによって，再構築された実質売却時価会計，すなわち拡張実質売却時価会計は，会計の科学的要件を満たし，本来的な会計目的を達成する真の最適な理念的会計システムになると思われるのである。

第5章 会計の本質としての会計責任説

Ⅰ はじめに

　会計は何をするものであり，どういう機能と目的を有し，その本質は何かという問題は，古くて新しい問題であり，会計学にとって重要な問題である。これに関して，これまで大きく分けて，会計の目的ないし本質は会計情報の利用者の意思決定に役立つ情報を提供することであるとする意思決定説と，会計情報の利用者に会計情報の提供者がその行動や行動から生じる結果について報告・説明する義務であるとする会計責任説があった。

　1966年に米国会計学会（AAA）より公表された『基礎的会計理論』（*A Statement of Basic Accounting Theory*, ASOBAT）以来，意思決定説が有力であるが，そこにおいても会計責任説の重要性が認識されている[1]。

　近年では，国際会計基準審議会（IASB）が2010年に公表した概念フレームワークにおいて，財務報告の目的は次のように規定されている。

　「一般目的財務報告の目的は，現在のおよび潜在的な投資者，融資者および他の債権者が企業への資源の提供に関する意思決定を行う際に有用な，報告

---

1)　ASOBATは，会計の目的は次の諸目的のために情報を提供することであるとしている（AAA [1966] p.4)。
　（1）最も重要な意思決定の領域を確定し，目的や目標を決定することを含めて，限りある資源を利用することについて意思決定を行うこと
　（2）組織内にある人的資源および物的資源を効率的に指揮，統制すること
　（3）資源を保全し，その管理について報告すること
　（4）社会的な機能および統制を容易にすること
　これらのうち，（1）が意思決定説に該当し，（3）が会計責任説に該当する。

企業についての財務情報を提供することである。それらの意思決定は，資本性および負債性金融商品の売買または保有，ならびに貸付金および他の形態の信用の供与または決済を伴う。」(IASB [2010] OB2)

そして，現在のおよび潜在的な投資者，融資者および他の債権者は，企業への将来の正味キャッシュ・インフローの見通しを評価するのに役立つ情報を必要としているとする (IASB [2010] OB3)。

これは意思決定説に基づいたものであり，現在，この説が有力であるが，IASBは会計責任説（受託責任説）2) も重視しており，それは次の規定に現れている。

「将来の正味キャッシュ・インフローに関する企業の見通しを評価するために，現在のおよび潜在的な投資者，融資者および他の債権者が必要としているのが，企業の資源，企業に対する請求権，および企業の経営者や統括機関が企業の資源を利用する責任をどれだけ効率的かつ効果的に果たしたかに関する情報である。このような責任の例としては，企業の資源を価格や技術の変化などの経済的要因の不利な影響から保護することや，企業が法令および契約条項を遵守することを確保することなどがある。経営者の責任の履行に関する情報は，経営者の選択に投票その他のかたちで影響を与える権利を有する現在の投資者，融資者および他の債権者の意思決定に関しても有用である。」(IASB [2010] OB4)

このように，会計の目的ないし本質に関して，意思決定説が有力であるとい

---

2) 本章は，会計責任と受託責任をほぼ同じ概念として取り扱っている。元来，受託責任（stewardship）は，企業の株主や債権者から受託した資源を効果的に管理・運用すること，および資源の保全と費消の計画を実施する責任をいう。これに対して，現代の会計責任は後述するように，責任の受益者ないし対象者を株主や債権者に限定せず，その対象者を企業の内部者を含めたすべての利害関係者とする社会的責任を意味する。したがって，会計責任は従来の受託責任よりも広い概念であるということができる。
   しかし，近年におけるIASBの受託責任に関する説明でもわかるように，その対象者は広範となってきており，会計責任の対象者とほぼ同じになってきている。このことから，本章は，会計責任と受託責任をほぼ同じ概念として取り扱うこととする。なお，以下では，従来の受託責任を「狭い意味における受託責任」とよぶことにする。

えども，会計責任説の重要性が依然として主張されており，これは，IASBの概念フレームワークのみならず，ほとんどの会計原則ないし会計基準において規定されている。

　このような状況を踏まえて，会計は何をするものであり，真の意味で，どういう目的ないし本質を有しているのかを解明することが本章の目的である。さらにいうならば，意思決定説および会計責任説のうち，現在の通説とは逆に，会計責任説が会計の本質であるべきことを，本章は明らかにしようとするものである。

　この目的を達成するために，以下ではまず，井尻の所論に沿って会計責任説と意思決定説を改めて説明し，彼は会計責任説を主張していることを述べる。次に，これを哲学的および言語学的に証明するために，オースティン（Austin）の言語行為論を解説し，そこにおける「発語内行為」が重要であるとした上で，それと会計理論における会計責任との関係を明らかにする。さらに，これを踏まえて，会計責任と意思決定の関係を解明し，最後に，通常いわれている会計責任の概念を拡張することによって，会計の本質として，真の意味における会計責任を明らかにするとともに，それに相応する会計測定を論じる。

Ⅱ　意思決定説と会計責任説

　井尻によれば，会計の本質を見る見方として2つの説がある。その1つは「意思決定説」であり，他の1つは「会計責任説」である[3]。このうち，意思決定説は，会計を経済的意思決定に有用な情報を提供するシステムと定義し，会計を意思決定者（decision maker）と会計人（accountant）との二元関係において捉えようとするものである。これに対して，会計責任説は，会計の本質が会計責任（accountability）に由来するものであるという考え方に基づき，会計を(1)会計責任の履行者（accountor），(2)会計責任の受益者（accountee）および(3)

---

3)　井尻は他のところで会計を「意思決定会計」（operational accounting）と「利害調整会計」（equity accounting）に分けているが（井尻［1968］90頁），前者の意思決定会計はここでいう意思決定説に基づいて行われる会計であり，後者の利害調整会計はここでいう会計責任説に基づいて行われる会計にほかならない。

会計責任の報告者としての会計人（accountant）という三者の間の三元関係として考察しようとするものである（井尻［1976］i頁）。

　ここで，会計責任とは，履行者がその行動や行動から生じる結果について受益者に対して釈明する（account for）義務を意味している。その場合，履行者，受益者および会計人とは具体的に誰であるかという問題が生じるが，これに関して井尻は階層的に考えているようである。彼によれば，会計責任の履行者は会社であるかもしれないし，会計責任の受益者は株主，債権者，消費者，労働組合もしくは政府であるかもしれない。会計責任の履行者は本社にその行動を釈明する部門管理者であるかもしれない（Ijiri［1981］p.27）。

　また，会計人の範囲も広く捉えられている。すなわち，会計人とは，実際の会計担当者のみならず，監査人や，さらに会計原則を設定する権限をもつ機関なども含めて総称したものである。このような会計人は，会計責任関係の機能をスムーズにすることにその基本的な機能があることになる。換言すれば，会計人のもつ基本的な機能は，会計責任の履行者がその行為・結果の釈明に役立つ資料を準備するのを助け，同時に履行者の行為・結果についての会計責任の受益者が受け取る権利のある情報を提供することにある（井尻［1976］ii頁）。

　それでは，意思決定説と会計責任説には，どこに違いがあるのだろうか。これに関して，井尻はこれらの間には次のような基本的な差異があるとする（井尻［1976］iii-iv頁；Ijiri［1981］pp.27-28）。

(1)　意思決定説は財務諸表の内容やその意思決定に対する有用性を強調する。財務諸表の情報に信頼性がある限り，それを作り出す基になる会計システムは二次的な意義しかもたない。これに対して，会計責任説では，財務諸表にある項目はすべて詳細な取引の記録と証票によって釈明されるという暗黙の保証を重要視する。したがって，会計責任説においては財務諸表は単に氷山の一角にすぎず，重要なのはその背後にあるシステムであると考える。

(2)　会計責任説では，会計責任の履行者が受益者に報告される情報の内容に非常な関心をもち，かつその内容に影響を及ぼそうとするけれども，意思決定説では，その理論構成において意思決定者と会計人という二元関係が基になる関係上，情報の対象となる主体そのものを情報システムにおける

利害関係者の当事者としては取り扱わないので，そのようなことはない。それゆえ，意思決定説では，意思決定者と会計人の協力関係が中心になるので，主観的な情報でもそれは偏向していないという前提から出発することが許され，そのような情報を積極的に取り入れようとする。これに対して，会計責任説では，情報を歪めようとする圧力のあることを予知して，その圧力に耐えうるだけの強度のあるシステムを設定しようと努力する。そこでは，単に偏向していない情報ではなく，偏向させようとしてもできない情報が求められる。

(3)　当事者の利害関係の把握の仕方に関して，意思決定説では，会計人は意思決定者の補助者として捉えられる。会計人は意思決定者のもつ目標をそのまま自分の目標として受け入れ，その目標を達成するのに最も有用な情報システムを設計することが期待されているとする。これに対して，会計責任説では，会計責任の履行者と受益者との間に流れる情報に関して，両者の利害関係に相反するものがあることを認識することから出発する。したがって，受益者の意思決定にとって有用な情報は何でも流すというのではなく，受益者の「知る権利」（right to know）と履行者の「プライバシーの権利」（right to privacy）との均衡を考えて，報告の範囲や業績測定の方法などを決めていかなければならない[4]。

以上によって明らかなように，意思決定説と会計責任説には大きな相違があるのであるが，これらのうち，井尻は会計責任説を採用する。というのは，意思決定説にはいくつかの問題点があるからである。すなわち，意思決定説は，会計情報の利用者を強調した結果，(1)経営主体の利害が，利用者に公表される情報の内容と密接に結びついているという事実と，(2)公表される情報は，経営主体の経営成績を実際よりもよくみせる方向に修正される傾向があるという事実を見落としているのである（井尻［1976］72頁）。

---

4)　会計責任説において，「業績測定」が非常に重要な概念であることに注意する必要がある。井尻によれば，会計責任の関係において，受益者は履行者がある目標を指向することを要求する場合が多い。そこで，履行者がその目標に向かってどの程度進んだかという情報は，受益者にとって不可欠な情報となる。したがって，業績測定（performance measurement）が会計システムの基本的要素であるということができる（井尻［1976］ii頁）。

　これに対して，会計責任説はこれらの点を考慮に入れているということができる。その理由は次のとおりである（井尻［1976］72-73頁）。

(1)　会計責任説は，主体に関する情報が無料の財ではなく，単に意思決定を助けるという理由だけでは利用者が情報を要求できないという事実を認識する。さらにこの見方は，経営主体から利用者へ情報が流れるには一定の根拠がなければならないことを認め，その根拠を経営主体と利用者の間の会計責任に求める。

(2)　利用者指向の社会観は偏らない情報の必要性を強調するが，会計責任の見方は，すべての情報は何らかの方向に偏っているという前提から出発し，偏りの生じる余地を狭めようと努める。利用者指向の会計観は，経営主体の行動に関する情報と，例えば台風の行動に関する情報との間の，このような基本的相違を考慮に入れていない。

　井尻によれば，そもそも現代の経済社会は会計責任のネットワークの上に築かれている。このネットワークがうまく機能するか否かは，会計責任の情報が円滑に流れるかどうかにかかっている。会計はこのような情報を提供することによって，経済社会に対して基本的な貢献をすることができるのである。

　すなわち，近代社会および近代組織は，その活動を記録し報告することを基礎とする会計責任の複雑なネットワークに依存している。会計のこの機能は，社会や組織が適切に機能するために不可欠のものである。したがって，会計は，企業活動とその成果の記録と報告から出発し，会計責任の解除によって終わることになる。少なくとも現行会計実務を合理的に解釈しようとする限り，これが会計の基本的な性格であるといえる。すなわち，会計責任こそ，会計を社会や組織における他の情報システムから区別するものだということができる（井尻［1976］49頁）。

　このような会計責任において，取得原価が非常に重要となる。取得原価会計とその他の評価方法の基本的な相違の1つは，取得原価会計が過去のすべての取引の記録をその評価方法の必然的な基礎として要求するという点にある。完製品の市場価格は，その製品が実際にどのように製造されたかがわからなくとも知ることができるが，その取得原価となると，その製品が実際にどのように

製造され，その生産のために費消された材料と用役がどのように獲得されたかという点に関する記録がないと，決定することができない（井尻［1976］128-129頁）。

　このように，取得原価は過去において行われた企業活動をその実際の取引価額で漏れなく記録したものである。そして，この記録が会計責任の履行において非常に重要な役割を果たすことになる。すなわち，主体の過去の活動を記録することは，現代の経済社会の基礎たる会計責任が適切に機能するために不可欠である。取得原価のデータがないと，経営者は，株主から委託されている財を適切に運用したということを証明するのが非常に難しくなる（井尻［1976］129頁）。

　これによって明らかなように，会計責任説と取得原価は非常に密接な関係を有している。すなわち，会計責任説は現代の経済社会および会計実践を説明する上で非常に重要な概念であり，そこにおける会計責任は取得原価によって保証されるという関係にあるのである。これを逆にいえば，取得原価は会計責任を保証し，会計責任は現代社会において非常に重要であるので，取得原価評価および取得原価会計を論理づけるものは，会計責任説であるということになる。

Ⅲ　言語行為論と会計責任説

　このように，井尻は会計の本質として意思決定説ではなく，会計責任説を主張し，これを履行する手段として取得原価会計を推奨するが，これを裏づけるためには，さらに哲学的ないし言語学的な証明が必要であるように思われる。会計は言語であるという認識から，これに関連して参考となるのが，オースティン（Austin）の「言語行為論」である。そこで，会計の本質としての会計責任説を証明するために，この言語行為論の解説から始めることにしよう。

1　言語行為論における発語行為・発語内行為・発語媒介行為

　オースティンの言語行為論は，文ないし言語の実際の発話が果たす役割は必ずしも，物事の状態や事実の記述のみにあるのではなく，さらに，その発話自体がある種の行為の遂行を果たしているという一面もあることを明らかにしよ

138

うとするものである。このような視点から，彼は言語行為を発語行為（locutionary act），発語内行為（illocutionary act）および発語媒介行為（perlocutionary act）の3つに分類する。

発語行為は，何事かを言う際にわれわれが行っているとみられる行為であり，これは一定の意味（sence）と言及対象を伴って一定の文を発することであり，伝統的な意味における意味（meaning）に等しいものである。

発語内行為は，発語行為を遂行するのと同時にもう1つの他の行為を遂行する行為であり，情報伝達，命令，警告，受領等の一定の（慣習的な（conventional））発言の力をもつ発語を遂行する行為である。発語媒介行為は，発語行為を遂行することによって説得，勧誘，阻害，さらには，驚かせたり誤らせたりすることなどを引き起こし，成し遂げる行為である。

すなわち，何事かを言うことが何事かを行うことであるというのが発語行為であり，何事かを言いつつ何事かを行うということが発語内行為であり，何事かを言うことによって何事かを行うということが発語媒介行為である（Austin［1975］pp.109-110）。

発語行為，発語内行為および発語媒介行為の例は，**図表5-1**のようである（Austin［1975］p.102）。

図表5-1 発語行為・発語内行為・発語媒介行為の例

発語行為	彼は私に「君はそれをすることができない」（You can't do that）と言った。
発語内行為	彼は，私がそれを行うことに抗議した。
発語媒介行為	彼は私を制止した。 彼は私を阻止した。 彼は私を正気に戻した。 彼は私を悩ませた。

つまり，「彼は……と言った」は発語行為であり，「彼は……と論じた」は発語内行為であり，「彼は，私に……と納得させた」は発語媒介行為である。さらにいうならば，何事かを言って意味をもつのが発語行為であり，何事かを言いつつある一定の力を示すのが発語内行為であり，何事かを言うことによって

ある一定の効果を達成するのが発語媒介行為である。

　これらの例をもう1つあげるとすれば，次のものがわかりやすいと思われる。すなわち，「私は明日来ることを約束します」という発言によって，私はまず第1に，このような文法的文章構成を行うという意味で発語行為を遂行し，第2に，この文を発話することによって「約束する」という発語内行為を遂行し，さらに第3に，この文を実際に発言することによって，例えば，ある状況では聞き手を喜ばせたり，あるいは場合によっては逆に，驚かせたりするという発語媒介行為を遂行することになる。

　そして，これらのうち，オースティンは特に発語内行為に注目して分析を集中し，この言語行為を適切ならしめるための条件が一般に，慣習的な制約であるという点を明らかにする。すなわち，発語内行為は慣習的行為（conventional act）であり，慣習に適合するように行われた行為である（Austin［1975］p.105）。

　オースティンはこの発語内行為を次の5つの型に分類する（Austin［1975］p.151）。

　(1)　判定宣告型（Verdictives）
　(2)　権限行使型（Exercitives）
　(3)　行為拘束型（Commissives）
　(4)　態度表明型（Behabitives）
　(5)　言明解説型（Expositives）

　それらの説明は，次のようである（Austin［1975］pp.151-163）。

　第1の判定宣告型は，まさにその名が示すように，陪審員，調停員，あるいは審判員による判定の宣告にその典型例をみることができる。しかし，この種の発言に限られるものである必要はない。例えば，推定，算定，評価であってもよい。判定宣告型の本質は，公式であると非公式であるとを問わず，価値あるいは事実に関する証拠や理由に基づき，明瞭にそれと識別される限りにおいて，何らかの判定を伝えることである。判定宣告型の例として，**図表5-2**のような動詞があげられる。

図表 5 - 2 判定宣告型の例

規定する（rule）	計算する（calculate）	算定する（reckon）
推定する（estimate）	測定する（measure）	推断する（make it）
等級づける（grade）	見積もる（rate）	査定する（assess）
評価する（value）	特徴づける（characterize）	診断する（diagnose）

　第2の権限行使型は，権力，権利，影響力の行使である。その例は，指名する，投票する，命令する，催促する，助言する，警告する等である。権限行使型発言は，ある一定の行為の経過に対する賛成，反対の決定，ないしその行為の経過に対する弁護を与えることである。

　第3の行為拘束型は，約束する，あるいは引き受けるなどに典型例を見ることができる。この種の発言は，本来，人に何事かを余儀なくさせるものであるが，それだけでなく，意図の宣言あるいは通告というように約束でないものも含み，さらには，例えば加担する（siding with）のような，支持表明（espousal）ともよぶべきかなり曖昧なものまで含んでいる。行為拘束型発言の要点は，それによって話し手がある一定の経過を伴う行為を行うように拘束されるということである。

　第4の態度表明型は，非常に雑多な一群のものであり，態度および社会的行動（social behavior）に関係している。その例は，陳謝する，お祝いする，推奨する（commending），慰める（condoling），呪う（cursing），挑戦する（challenging）などである。態度表明型発言には，他の人々の行動と運勢（fortunes）に対する反応という概念と，他の人物の過去の行動ないし現在行っている行動に対する態度およびその態度の表現という概念とが含まれている。

　第5の言明解説型は，いかなる仕方で発言が議論ないし会話の進行に適合しているかということや，どのようにわれわれが言葉を使っているかということを明確にするものである。すなわち，一般的にいえば，解説的（expository）なものである。その例は，「私は返答する」，「私は議論する」，「私は譲歩する」，「私は例示する」，「私は要請する」である。言明解説型は，意見の開陳，議論の進行，言語の用法，言及対象の明確化などを伴う様々な解説の行為において

使用される。言明解説型の例として，**図表 5 - 3** のような例があげられる。

図表 5 - 3 ┃ 言明解説型の例

陳述する（state）	記述する（describe）	分類する（class）
識別する（identify）	解釈する（interpret）	指摘する（remark）
区別する（distinguish）	言及する（mention）	定義する（define）
伝達する（inform）	例証する（illustrate）	通知する（apprise）
説明する（explain）	告げる（tell）	定式化する（formulate）
意味する（mean）	参照する（refer）	呼称する（call）
証言する（testify）	報告する（report）	議論する（argue）

　これらは次のように要約することができる。すなわち，判定宣告型は判断の行使である。権限行使型は影響力の主張ないし権力の行使である。行為拘束型は義務の引受けないし意図の宣告である。態度表明型は一定の態度をとることである。言明解説型は，理由，議論，伝達作用の明確化である（Austin［1975］p.163）。

2　会計理論における発語行為・発語内行為・発語媒介行為

　以上が言語行為論における発語行為，発語内行為および発語媒介行為の解説であるが，これを会計理論に当てはめるとどうなるのであろうか。これに関して，青柳は次のように説明している（青柳［1998］77-78, 81頁；［2008］30-31頁）。

　発語行為とは，発言が対象に言及し，対象を表示する行為である。それは言語機能のうち対象の表示機能に相当する。会計を一種の言語行為とみれば，財務諸表の作成は会計言語の対象である企業の財政状態および経営成績を表示する発語行為である。

　発語媒介行為とは，発言が聴者，話者，その他の人の感情，思考，行動に結果としての効果を生じる行為である。発語行為が対象に言及する行為であるならば，発語媒介行為は人に影響する行為であり，言語が人に呼びかける機能に相当する。企業言語でいえば，財務諸表の公表は作者の経営者を含めて企業の各種利害関係者の意思決定や行動に影響もしくは効果を及ぼす発語媒介行為で

ある。

　発語内行為とは，発語内の「内」が「言いながら（in saying）」の「ながら（in）」であるように，何事かを言いながら何事かを行う行為である。一般的にいえば，「私は何事かを行うと言いながら，私がその行為を実際に遂行している」。それは，何事かを言うという行為の遂行でなく，何事かを行っている別の行為の遂行である。

　財務諸表の陳述は，それが陳述する会社の財政状態や経営成績が存在することに会計主体である経営者が責任を負わされる発語内行為である。つまり，経営責任の履行を説明する会計責任の陳述である。そのような義務や責任を負わせる制度が会計規約の背後にある社会規約として成り立っている。

　すなわち，言語行為論における発語行為，発語内行為および発語媒介行為を会計理論に当てはめてみると，発語行為は純粋な意味における財務諸表の作成に該当し，発語内行為は財務諸表の陳述による会計責任の履行に該当し，発語媒介行為は財務諸表の公表による各種利害関係者の意思決定機能に該当するのである。さらに，説明責任としての会計責任の履行は，上述した言明解説型の発語内行為であるということができる。

3　発語内行為としての会計責任の重要性

　この言明解説型の陳述責任が社会的にみて重要なのは，青柳のいうように，その陳述内容である評価と測定の発語内行為が富と所得の分配に関わるからである。それは発語行為のように対象を表示するだけではない。会計の発語内行為は富と所得の分配をめぐる権利と義務を創成して，新たな社会状況をつくる創造的な機能を営むのである（青柳［1998］81頁）。

　一般に，会計は富と所得の分配を規定する。貸借対照表は所得源泉である富の株主や債権者などの利害関係者に分配される状態を表示する。損益計算書は収益が費用と利益に配分されるかたちで各種利害関係者への収益の分配を表示する。配当・利子・賃金などの機能的分配のほかにも，売上原価や減価償却費は企業内にいったん留保されて，やがて，取引先や生産財業者への分配となり，最終的には収益のすべてが人への分配になる。それが適正な分配であれば，各種利害関係者の持分は保護される。つまり，会計の発語内行為は持分保護の機

能を果たすのである（青柳［2008］40頁）。

　そして，この持分保護は業績評価とつながる関係にある。業績評価が企業内部，持分保護が企業外部の用語として使われるが，両者は同一の機能であって，企業内部の持分保護ないし利害調整，企業外部の投資者や債権者が過去に行った投資や融資の業績評価が問われる。それゆえ，業績評価と表裏の関係にある会計責任も企業内外の責任になる。

　前述したように，説明責任としての会計責任の履行は言明解説型の発語内行為である。これと表裏の関係にある業績評価は判定宣告型の発語内行為である。前者では，財務諸表の陳述（statement）の真実性が求められる。後者では，評価（evaluation）の公正性が求められる。

　さらに，会計の説明責任も評価の公正性も約束という発語内行為によって縛られた経営者の個人的責任に発して，経営者と利害関係者との対話的次元を経て社会的責任へと拡大される。それは会計の対象である取引を介した権利と義務の関係に根ざしている。その背後には，政治的規則，市民的規則，社会的協約があって，この2つの中心概念は，まさしく，公共の空間において重大な関心ごととなるのである（青柳［1998］238頁）。

　会計の発語内行為は富と所得の分配や会計責任の履行であり，発語内行為が言語行為の中心機能であるとの見地に立てば，会計機能は意思決定よりも業績評価が中心であるということになる。したがって，会計責任が会計の中心機能であり，会計の本質であるということができるのである。

4　会計責任（発語内行為）と意思決定（発語媒介行為）の関係

　それでは，発語内行為としての会計責任と発語媒介行為としての意思決定との間には，どのような関係があるのだろうか。まず，言語機能の機能的な関連からいえば，発語内行為は発語行為を前提として発語媒介行為の手段になる関係である。発語内行為は発語行為による対象の表示を基礎資料として実施され，それが発語媒介行為を喚起する手段になって人々の思考や行動に影響を及ぼす。その効果が遡及して，関係者に都合のよい資料の変更を発語行為に求めれば，その資料に基づく発語内行為にも影響が及んで，言語行為の3つの機能は往路と復路で循環する。

　会計の発語内行為も発語行為による取引の記録を基礎として企業の財政状態および経営成績を表示しながら，各種利害関係者の意思決定や行動に影響を及ぼす発語媒介行為の手段になる。発語行為は過去でも未来でも現在でもよい。また，その指向対象は現実の対象でも想像上の対象でもかまわない。

　それに対して，発語媒介行為は未来を指向している。そして，発語内行為は現在時制であり，そうでなければ発語内の力は発揮されない。会計の情報提供機能は人々の未来の意思決定や行動に影響を及ぼすが，会計の利害調整機能は人々の現在の利害を調整するので，この調整内容が各種利害関係者の未来の意思決定や行動に影響を及ぼす。こうして，発語内行為は発語媒介行為の手段となるのである。

　その場合，発語内行為が発語行為を基礎にするのは，発語内行為が情報源を発語行為に求めるためである。したがって，情報源のデータをいかに処理するかは，利害の調整を考えて発語内行為が決める。それゆえ，会計主体が利害調整にとって都合が悪いと判断する情報源は除かれる。この情報源の選択とその情報処理の方法を決めるのが，発語内行為である。それが彼らの意思決定と行動に影響するが，やがて，それは意思決定に必要な新しい情報を発語行為に求めたり，利害調整の仕方について発語内行為に修正を迫る。このように，情報提供と利害調整の両機能を考慮して，発語内行為は会計方針を決定する（青柳［1998］82-83頁）。ここに，発語内行為の会計における重要性がある。

　さらに，発語媒介行為のあるところに発語内行為があると見るのは正しい。しかし，逆は真ならずで，発語内行為のあるところに発語媒介行為があるとは限らない。青柳はこれを次のような例で適切に説明している。

　遺言は発語内行為であるが，それが相続人に伝達されて発語媒介行為となるのは遺言者の死後である。それまでは，財産分与の発語内行為が遺言書に記載されていても，直ちに発語媒介行為にならない。会計の初期には，利益や資本を計算しても，それを財務諸表によって関係者に伝達する会社は少なかった。現在でも，発語内行為の配当可能利益の計算は，利害関係者に影響して発語媒介行為になっても，配当宣言までは本格的な効果は現れない。それゆえ，発語媒介行為が先行して発語内行為が随伴するのではなく，発語内行為が先行して発語媒介行為が随伴したりしなかったりする。それが両行為の主従の関係であ

る（青柳［2008］37頁）。

　会計の言語行為論は，このようにして会計機能と時間との関係を捉える。それは実践の状況を直視した理論であり，理論と実践とのギャップを埋める理論にもなる。これまでの会計理論は，発語行為の命題的真理を理念化して意思決定のための情報提供に主眼を置く理想論であった。それが実践を理論化することで現実とのギャップを生んだ。

　現実の情報提供は，発語行為ではなく発語媒介行為によって意思決定と行動に影響を及ぼす指令機能の言語行為である。それは，組織の情報場が指令する役割期待に基づいて会計情報がその利用者に呼びかける指令情報である。その指令の源泉は，発語内行為によって人々の権利と義務を調整して人間関係の秩序を形成する組織であり，そこに指令情報が湧出する。

　掘り下げれば，富と所得の特定の型の分配を正当化して，組織の体制を維持するために組織成員を納得させる指令情報が発せられる。つまり，発語内行為から発語媒介行為へとつながる言語行為の総体が，組織の指令体系ないし統制システムと見られる（青柳［1998］248-249頁）。しかしその場合，あくまでも発語内行為が富と所得の分配に関する会計方針を決定し，会計責任機能を遂行することによって，会計言語行為が成立することに留意する必要がある。

Ⅳ　会計責任の拡張と会計測定

　これまで述べてきたように，会計の目的ないし本質は言語行為論における発語内行為としての会計責任であるということができる。そこで改めて，この会計責任は具体的に何を遂行すべきであり，発語内行為として何を行うべきかを考察してみよう。これは，真の意味における会計責任を明らかにするためである。

　Ⅱ節で述べたように，井尻によれば，会計責任とは，会計責任の履行者が彼の行動や行動から生じる結果について会計責任の受益者に対して釈明する義務のことであり，これは取得原価によって保証された。そして，その理由は，取得原価が過去において行われた企業活動をその実際の取引価額で漏れなく記録したものであり，この記録が会計責任の履行において非常に重要な役割を果た

すということであった。

　このような会計責任観は，過去を指向した会計責任観であり，過去の業績評価を会計目的の中心とする会計責任観であるということができる。そして，その背後には，会計責任を狭い意味における受託責任と同一視する考えがあるように思われる。ここで，「狭い意味における受託責任」とは，前述したように，企業を株主や債権者などの資金提供者から資金の管理・運用を委託された受託者とみなし，委託者に対して委託された資金もしくは財産を適切に保全し，その管理・運用の状況ならびに結果を正確に測定し伝達する義務のことである。

　しかしながら，このような会計責任観は前近代的な企業を説明しえても，現代の企業を説明できるものではない。現代企業は様々な利害関係の複合体であり，それに伴って多様な社会的責任を負っているので，その会計責任は単に狭い意味における受託責任に留まらず，それをはるかに超えた社会的責任にまで至っているからである。

　すなわち，現代の企業は，それを取り巻く種々の利害関係者，例えば株主・従業員・債権者・顧客・政府などの，いわゆる社会関係において存在する。いわば，利害関係者集団の意思決定の中心として，公共によって組織された1つの社会的制度であると考えられる。こうした企業は，単に株主や債権者に対する受託責任だけではなく，すべての利害関係者に対して，信頼できる適正な会計情報の提供が要請されることになる。企業は利害者集団の委託を受けて，公共社会の福祉や利益に貢献しなければならないという社会的責任を負っている。こうした企業それ自体の社会性から，会計もまた社会的責任を負う。

　つまり，現代の企業は社会的責任を負うものであり，それに伴って会計も社会的責任を負うことになる。したがって，現代企業における会計責任とは社会的責任のことであり，具体的には，これは従来の狭い意味における受託責任に加えて，様々な利害関係者集団の意思決定に資する責任も負わなければならないことを意味しているのである。これが現代の一般的な会計責任観といってよく，例えば，米国公認会計士協会（AICPA）から公表された『財務諸表の目的』（*Objectives of Financial Statements*）（以下『目的』とする）においても，同じ趣旨で，次のように述べられている。

「会計責任は，保管を任された資産の保全を内容とする受託責任の次元を超えるものである。それは，これらの資産の運用と他の資産への転換を含み，また，それらを使用しないという意思決定をも含む。経営者は，資産については，その原価ばかりでなく，その価値についての会計責任も負っている。企業の経営者はまた，インフレーションとデフレーションの経済的影響力や技術的革新と社会的変動に備えるためにとった諸行為に対しても，会計責任を負っている。」(AICPA [1973] p.25)[5]

このように，現代の会計責任は広範であるが，ここで注目しなければならないのは，この会計責任観は井尻の主張するような過去的業績評価指向ではなく[6]，未来に向かう業績評価指向および意思決定指向を重視しているということである。過去的指向に対して，この考えは，将来の利益の予測という点ばかりでなく，会計責任の評価の点からも財務諸表の価値を著しく低下させるであろうとして，『目的』は次のように指摘している。

「もし財務諸表が，この狭小な過去的アプローチの枠に閉じ込められるならば，財務諸表の利用者は，経営者の業績という絶対的指標しか与えられず，

---

5)　この会計責任観はさらに，米国財務会計基準審議会（FASB）にまで受け継がれている。その財務会計概念ステートメント（SFAC）第1号において，そのことは次のように表現されている。「財務報告は，企業の経営者が出資者（株主）に対して，当該企業に委託された資源の利用について，その受託責任をどのように履行したかについての情報を提供しなければならない。企業の経営者は，企業資源の管理および保全のためのみならず，その効率的かつ有効的利用のため，さらにインフレーションまたはデフレーションならびに技術的および社会的変動のような経済社会における諸要因の好ましくない経済的影響からできるだけそのような資源を保全するために，定期的に出資者に対して説明する義務を負っている。経営者は，企業の有価証券を一般大衆から募集する限り，将来の投資者および一般大衆に対して広範な会計責任を自主的に受け入れている。また，社会も，企業およびその経営者に対して広範なまたは特定の責任を課している。」(FASB [1978] para.50)

6)　もっとも，井尻は，会計責任が未来にも関係するとして，次のように述べている。この会計責任に基づいた考え方，すなわち会計責任説は，規則遵法を基にできた伝統的な保管会計（stewardship accounting）のみならず，効率と効果を重視する近代的な業績という要素も含むものである。さらに会計責任説は，すでに行われた行為のみならず，履行者が将来行おうとしている行為についても前もって釈明する責任があると考えられる場合には，その予定行為とそれから生じるであろう結果の予測（例えば予算，投資計画，予測財務諸表など）について報告することも，自然に会計の機能に含めて考えることができるのである（井尻 [1976] ii頁）。しかし，これは井尻の主張する取得原価の思考に矛盾するように思われる。

比較可能な複数の指標は与えられないことになろう。例えば，厳格に過去的な基準に基づいて算定された新記録の利益の1年後において，経営者が過年度よりも好成績をあげたという理由によって報奨が決定されることがある。このような形の業績評価は，評価基準としては過年度の業績という限られた意味しかもたない指標がとられていることを意味している。そこでは，現在の経済状態を勘案して形成された企業の目標に立脚した，より現実的な指標は何ら考慮されていない。」（AICPA［1973］p.26）

さらに，『目的』によれば，「財務諸表の目的の1つは，企業の最高目標を達成するに際して，企業資源を有効に利用する経営者の能力を判断するのに役立ちうる情報を提供することである」（AICPA［1973］p.26）。そして，この情報によって，財務諸表の利用者は各自の経済的意思決定を行うことになるが，この目的のために，会計責任の概念と過去のみならず未来の情報が必要となるといわれる。このことは次のように表現されている。

「会計責任の概念をとっても，財務諸表の再構成が妨げられることはない。それどころかむしろ，会計責任のアプローチをとることによって，過去に関する報告のために必要である情報ばかりでなく，期待される業績を査定するために必要な情報も開示すべしとする根拠が与えられることになる。財務諸表の利用者の経済的意思決定があるからこそ，過去および将来の，企業の目標達成に関する情報の必要性が明確になる。会計責任は，そのような情報の提供という財務諸表の作成者側の責任を説くものである。」（AICPA［1973］p.26）

このように見てくると，井尻の会計責任説における過去的指向および業績評価指向は，現代的な会計責任観の一部しか表していないことに気づく。上述したように，現代の会計責任観は社会的責任であり，具体的には，従来の狭い意味における受託責任に様々な利害関係者集団の意思決定に資する責任が加わったものであり，換言すれば，過去的な業績評価指向に将来的な業績評価指向および意思決定指向が加わったものである。そして，そのための会計情報として，

過去的な情報のみならず，現在的および将来的な情報が必要になるといわれるのである。

　しかしながら，ここで，現代の会計責任は将来の予測情報を提供する義務まで負っているわけではないといわなければならない。確かに，会計責任は財務諸表の作成・公表によって各種利害関係者の意思決定に資する機能を有している。言語行為論でいえば，発語内行為としての会計責任は，発語行為としての財務諸表を基礎資料として，発語媒体行為としての意思決定に影響を及ぼす。そして，この発語媒介行為は未来を指向している。

　しかし，前述したように，発語内行為は現在時制であり，そうでなければ発語内の力は発揮されない。会計の情報提供機能は人々の未来の意思決定や行動に影響を及ぼすが，会計の利害調整機能は人々の現在の利害を調整するので，この調整内容が各種利害関係者の未来の意思決定や行動に影響を及ぼす。こうして，発語内行為は発語媒介行為の手段となるのである。ただし，ここで重要なのは，発語内行為は現在時制であるということである。

　青柳の表現によれば，発語内行為は発語行為を基礎にして発語媒介行為の手段となる関係において，発語内行為は業績評価，発語媒介行為は情報提供，発語行為はこれら2つの会計機能のデータベースになる。財務会計でいえば，発語行為は過去の資料を準備し，現在の発語内行為は未来の意志決定に影響する発語媒介行為につながるので，それは過去から見た未来としての現在の会計である。一方，発語内行為は発語媒介行為が生む人々の反応を先取りしてデータを処理するので，それは未来から見た過去としての現在の会計行為でもある（青柳［1998］248頁）。

　そして，発語内行為は，一方では，発語行為が表示する対象の物的空間を画定し，他方では，発語媒介行為が影響を及ぼす人間空間を予定する。それは過去と未来を結ぶ現在という緊張の時点で行われる。過去から見た未来としての現在，未来から見た過去としての現在，この複眼的現在観に立って，物語的自己同一性としての主体が未来を予測しながら過去を回想する。これが過去と未来によって想定される決算日現在において綴られる会計（財務諸表）である（青柳［1998］221頁）。

　ここでは，発語内行為としての会計責任は，過去から見た未来としての現在

の会計責任であると同時に，未来から見た過去としての現在の会計責任でもある。しかし，発語内行為は発語行為を基礎としており，その発語行為は過去の資料をデータベースとしているので，発語内行為としての会計責任は，どちらかというと，過去から見た未来としての現在の会計責任である色彩が強い。

　これに関連して，ローゼンフィールド（Rosenfield）は次のように述べている。会計責任行動に関する報告書として，財務諸表は過去の事象に関する情報を報告すべきである。人々は未来に対して会計責任を負っておらず，少なくともそれが達成されるまで負っていない。会計責任の報告書を作成するために使用される会計基準は，それが過去に関してのみ報告するように作成すべきである。

　それでは，これにより，会計測定を取得原価で行うべきかといえば，そうではない。受託責任の報告書としての財務諸表の機能が取得原価に基づく会計を要求するという考えは，再検討する必要がある。それはおそらく管理保全主義（custodianship）としての受託責任の解釈に基づいている。取得原価はおそらく現金またはその代替物（「コストのフロー」）の管理をチェックするのに役立つが，経営者の期待される目標の達成に関して報告することには必ずしも役立たない。その目的に役立つ基準を発見し，適用すべきである。

　そして，経営者は，例えば，価格変動や一般物価変動におけるような彼らの直接的支配下にない事象に対する資源を開示する責任がある。したがって，経営者の行動の結果を公正に評価するために，資源に影響を及ぼすが，直接彼らの支配下にない事象を報告書から除去すべきではない（Rosenfield [1974] p.129）。

　すなわち，過去から見た未来としての現在の会計責任は，各種利害関係者の現在の業績評価および利害調整のために，単なる過去指向の取得原価によって遂行されるのではなく，価格変動や一般物価変動を考慮した現在の価格によって達成されるということができる。

　発語内行為としての会計責任はあくまでも現在的な概念であり，発語内の力を発揮するためには，企業の現在の財政状態や経営成績を表す会計情報が必要となる。そして，これによって，会計責任は真の意味で各種利害関係者の利害調整を果たし，富と所得の分配を規定するのである。近年，公正価値会計が会計において重要となってきているが，その論拠はまさに，発語内行為としての会計責任にあるということができる。

$\boxed{V}$ 　む す び

　以上，本章では，会計は何をするものであり，真の意味で，どういう目的ないし本質を有しているのかを解明することを目的として，さらには，意思決定説および会計責任説のうち，会計責任説が会計の本質であるべきことを証明しようとした。

　そこではまず，井尻の所論に沿って会計責任説と意思決定説を改めて説明し，会計責任こそ，会計を社会や組織における他の情報システムから区別するものだという理念のもとに，彼は会計責任説を主張していることを述べた。さらに，この会計責任説の論拠に基づいて，彼が会計測定として取得原価を提唱していることも述べた。

　次に，会計責任説の論拠を哲学的および言語学的に証明するために，オースティンの言語行為論における発語行為・発語内行為・発語媒介行為を解説し，そこにおける発語内行為が重要であるとした上で，それらと会計理論との関係を解明した。そこでは，発語行為は純粋な意味における財務諸表の作成に該当し，発語内行為は財務諸表の陳述による会計責任の履行に該当し，発語媒介行為は財務諸表の公表による各種利害関係者の意思決定機能に該当することを明らかにした。

　そして，会計の発語内行為は富と所得の分配や会計責任の履行であり，発語内行為が言語行為の中心機能であるとの見地に立てば，会計機能は意思決定よりも業績評価が中心であるということになる。したがって，会計責任が会計の中心機能であり，会計の本質であるということを結論づけた。

　さらに，これを踏まえて，発語内行為としての会計責任と発語媒介行為としての意思決定の関係を解明した。そこでは，会計の発語内行為は発語行為による取引の記録を基礎として企業の財政状態および経営成績を表示しながら，各種利害関係者の意思決定や行動に影響を及ぼす発語媒介行為の手段になることを明らかにした。

　また，発語内行為は現在時制であり，そうでなければ発語内の力は発揮されないことを指摘するとともに，発語媒介行為のあるところに発語内行為がある

152

と見るのは正しいが，逆は真ならずで，発語内行為のあるところに発語媒介行為があるとは限らないことを述べた。これにより，会計責任が会計の固有の機能であり，会計の本質であることを再確認した。

最後に，通常いわれている会計責任の概念を拡張することによって，会計の本質として，真の意味における会計責任を明らかにした。そこにおいてまず，現代の企業は社会的責任を負うものであり，それに伴って会計も社会的責任を負うことになる。したがって，現代企業における会計責任とは社会的責任のことであり，具体的には，これは従来の狭い意味における受託責任に加えて，様々な利害関係者集団の意思決定に資する責任も負わなければならないことを意味していることを指摘した。

そして，社会的責任としての会計責任を履行するためには，従来の狭い意味における受託責任と結びつく取得原価会計ではなく，例えば公正価値会計のような，価格変動や一般物価変動を考慮した現在の価格による会計を行わなければならないことを述べた。その理由は，発語内行為としての会計責任はあくまでも現在的な概念であり，発語内の力を発揮するためには，企業の現在の財政状態や経営成績を表す会計情報が必要となるということである。そして，これによって，会計責任は真の意味で各種利害関係者の利害調整を果たし，富と所得の分配を規定すると結論づけた。

以上が本章の概要であるが，これにより，会計の目的ないし本質が明らかになったことと思われる。すなわち，会計の本質は，各種利害関係者の意思決定に資するというよりも，企業の社会的責任を履行するための会計責任を果たすことである。そしてそのためには，会計システムの測定基準ないし評価基準として，公正価値のような現在の価格を使用する必要があるということになる。本章はこの証明を哲学および言語学にける会計行為論の援用によって行ったわけである。

ASOBAT以来，会計の目的として意思決定説が有力であるが，意思決定説にはいくつかの問題点がある。これに関する井尻の指摘は前述したところであるが，そのほかにも，例えば『目的』は次のように述べている。

「利用者が情報に対して何を求めているかは，はっきりとは何もわかってい

ない。これまで行われたいかなる研究をもってしても，経済的意思決定のプロセスにおいて，財務諸表が個々の利用者に果たす機能を的確に識別することはできなかった。」（AICPA［1973］p.13）

　すなわち，意思決定説における各種利害関係者の意思決定モデルが明らかではないのである。

　これに対して，会計責任は重要であるのみならず，投資者というよりもほとんどの企業にとって重要であることを，AAAは次のように述べている（AAA［2007］pp.231-232）。

⑴　すべての企業にとって，会計による重要な効用は統制であり，経営者に委託された資源の使用および処分に関して所有者に報告することである。期間的報告は，事前に規定された規則に従って，市場取引およびアウトプットと期間への配分によって明示されたものとして，貨幣で表示された資源のインフローおよびアウトフローに関する情報を提供する。その報告書は，企業の経営者が彼らの受託責任をいかに履行したかに関する有用な（しかし完全ではない）情報を提供する。報告書は同時に，所有者の利害において企業を運営することに対して経営者を動機づけるのに役立つ。というのは，経営者が行ったことは評価され，報告されるからである。

⑵　企業の会計システムは，従業員が彼らに割り当てられた責任をいかに遂行したかに関する情報も経営者に提供する。経営者にとって，会計システムおよび報告システムは，従業員の彼らの仕事を指図され期待されたように行うことを動機づけるのに役立つ。

⑶　会計システムによって生み出されまた会計システムに影響を与える財務報告書は，外部的には所有者に対してまた内部的には経営者および所有者に対して，報告書が提供される利用者およびその他の人々に，その報告書が信頼しうるものであり，その数値が彼らの意図したものであることを保証するために，監査される。

⑷　報告された数値が信頼しうるものである限り，財務報告書は，内部的には経営者により，外部的には所有者，債権者および潜在的投資者による投資意思決定に対して有用な情報を提供する。

(5) 概念フレームワークは投資意思決定に偏りすぎており，受託責任に関する意思決定を無視している。経営者が他の企業の資産およびキャッシュをいかに利用したか，そして場合によっては利用に失敗したかに関する情報はほとんど無視されており，経営者の利害と企業の所有者の利害との利害衝突の影響に関する検証および報告がほとんど無視されている。

　このように，会計の本質として会計責任は非常に重要であり，意思決定機能よりも会計責任機能の方が会計にとって不可欠の条件である。これは，本章が援用した言語行為論においても証明されたところであり，上述したように，発語媒介行為のあるところに発語内行為があると見るのは正しいが，逆は真ならずで，発語内行為のあるところに発語媒介行為があるとは限らないのである。すなわち，会計において会計責任の履行は不可欠の条件であるが，意思決定の遂行は必ずしもそうではない。

　意思決定の機能は他の手段によっても代替することができ，また，現実の経済社会においてそのように行われているが，会計責任の機能は他の情報システムによっては代替できない会計固有の機能なのである。そして，この機能を果たすためには，会計測定として例えば公正価値のような現在の価格を使用する必要がある。すなわち，公正価値会計の論拠は，現在時制である発語内行為としての会計責任にあるのである。

第6章　会計における相対的真実性の成立論理

Ⅰ　はじめに

　周知のように，わが国「企業会計原則」の一般原則の第1原則に，「真実性の原則」がある。そこでは，次のように規定されている。「企業会計は，企業の財政状態及び経営成績に関して，真実な報告を提供するものでなければならない」。

　この真実性の原則の一般的説明によれば，そこで要求される真実性は絶対的真実性ではなく，相対的真実性であるといわれている。しかし，これは論理的に矛盾しているように思われる。なぜならば，普通に考えて，真実は1つであって絶対的なものであり，真実が複数あって相対的なものであるというのは，論理的にありえないからである。

　それではなぜ，これまでの真実性の原則に関する説明ないし解説において，論理的に矛盾していると思われる相対的真実性が一般的な解釈なのであろうか。その成立論理を解明しようとするのが，本章の目的である。

　ある会計基準ないし会計原則を研究対象とする場合，その本質の解明にせよ理論構築にせよ，それを論理的に考察し，説明する必要がある。そして，これを行うためには，厳密な思考方法が必要であり，論理学的方法の助けを借りなければならない。厳密な思考を行い，論理的に解明するためには，思考原理としての論理学的方法が不可欠であるからである。そこで，本章の目的は，会計における相対的真実性の成立論理を論理学的方法により解明することにある。

　本章は次のことを論述する。まず，真実性の原則の一般的な説明を改めて行う。次に，相対的真実性の成立論理を解明するための鍵として，論理学，とり

わけ記号論理学を解説する。その場合，記号論理学は構文論，意味論および語用論の分野に分かれているので，それらの意味と規則を説明する。そして，これらの構文論，意味論および語用論が会計理論においてどのように適用されるのかを明らかにする。そして最後に，経験科学において語用論が最も重要であることを述べるとともに，この語用論の領域において会計における相対的真実性が論理的に成立することを解明する。

Ⅱ　真実性の原則の一般的説明

　上述したように，企業会計原則の一般原則の第 1 原則たる真実性の原則において，その真実性は相対的真実性であると一般に説明されている。著者自身，これを以下のように説明している（上野［2018］31-33頁）。

　真実性の原則は，企業会計原則における最高原則であり，他の諸原則の上に位置する総括的な基本原則である。この意味で，真実性の原則は共通一般原則とよばれ，他の 6 つの原則は個別一般原則とよばれる。

　企業の財政状態および経営成績は，財務諸表によって報告されるものであるから，真実性の原則は，真実な財務諸表を作成しなければならないという原則である。そして，これは各個別一般原則の遂行によって保証されることになる。個別一般原則と共通一般原則たる真実性との関係を説明すると，次のようになる。

　まず，会計行為は会計事実の認識から始まるが，資本・損益区分の原則と保守主義の原則がこれに関連する。資本をいかに規定するかによって，利益概念が異なってくるのであるから，事実に即して資本概念を具体的に規定することが必要である。同時に，会計計算は回顧的な数値のみを事実として扱うだけではなく，会計事実の内部で見られる何らかの因果関係に即して将来事象の予測をも扱わなければならない。予測計算において，予測値と実際値の誤差が最小になるように行わなければならず，それに加えて，企業に最も不利な事態が生じた場合の数値をも，会計事実の見積値として用いなければならない。これが保守主義の原則である。

　次に，会計処理に関する個別一般原則として，正規の簿記の原則と継続性の

原則をあげることができる。会計処理の枠組みを支える正規の簿記の原則と，会計処理に用いられる手続（会計処理の原則または手続）の継続的適用によって，会計数値の確実性と妥当性が保証されることになる。

　さらに，会計報告に関する個別一般原則として，明瞭性の原則と単一性の原則があげられる。明瞭性は財務諸表の利用者の解読可能性と理解可能性を高めることにより，事実の誤りなき報告を可能にする。これに関連して，異なる用途（利用者）に対し，異なる様式の報告書が用いられる場合であっても，会計全体の共通目的が単一であるかぎり，会計数値は単一でなければならないはずである。これが単一性の原則である。

　そして，これらの個別一般原則が，会計事実認識，会計処理および会計報告のそれぞれの段階で維持されるとき，共通一般原則たる真実性の原則は保証されることになる。これらの関係を示すと，**図表6-1**のようになる。

図表6-1　**一般原則の体系と真実性の保証**

共通一般原則	真実性		
個別一般原則	資本・損益区分 保守主義	正規の簿記 継続性	明瞭性 単一性
	事実認識	処　理	報　告

　このようにして保証される真実性は，絶対的真実性ではなく，相対的真実性を意味するということができる。実践上の企業会計に対して，絶対的真実性を要求することは元来不可能であるからである。その理由は次のとおりである。

　まず，会計処理および評価方法は，会計上の計算目的に応じて様々に変化する。一方では1つの会計事実について選択可能な多くの会計処理方法があり，他方では，その時々の異なった計算目的に応じて選択する会計処理方法も異なってくる。

　例えば，棚卸資産や固定資産の評価方法には選択可能な複数の方法が存在し，そのうちどれか1つの方法が絶対的に正しいと判定することは困難である。また，静態論の会計システムのもとでは，債権者保護を中核とする財産計算を会計目的としていたところから，時点的に正しい債権担保力表示を行うための会

計処理方法が選択される。これに対して，動態論の会計システムのもとでは，株主保護を中核とする損益計算を会計の目的としているところから，期間的に適正な利益の算定を行うための会計処理方法が選択されることになる。

このように，ある選択された会計処理方法が適当か否かは，それが計算目的に適合しているかどうかという観点から判定するほかはない。この意味で，真実性の概念内容は目的依存的性格をもち，各時代における社会的・経済的環境条件との関連で相対的に変化するものである。

さらに，期間損益計算は，継続企業の取引活動を人為的に区切って行う計算である。それぞれの損益がまだ完了していない段階で損益計算を行うのであるから，そこには当然，見積りの要素が介入する余地が多く，それを回避することはできない。例えば，固定資産の減価償却を行う場合には，耐用年数はすべて見積りによらざるをえない。このように，期間計算では主観的な見積りを回避できないという意味で，期間損益計算の真実性は相対的なものといわざるをえない。

これらのことから，真実性の原則における真実性は，相対的真実性であるということになる。

以上が真実性の原則に関する従来の一般的な説明であるが，前述したように，これは論理的に矛盾しているように思われる。というのは，真実は1つであって絶対的なものであり，真実が複数あって相対的なものであるというのは，論理的にありえないからである。にもかかわらず，従来，真実性の原則における真実性は相対的真実性として解釈されている。

その解釈の一般的な説明は上述したところであるが，その論理的矛盾を指摘したものは著者の知る限りではこれまでになく，またその無矛盾性を明らかにしたものもこれまでにはない。そこで，これを解明しようとするのが本章の目的であるが，この問題を解く鍵は，前述したように，論理学，とりわけ記号論理学にあるように思われる。

Ⅲ　構文論・意味論・語用論

会計における相対的真実性の成立論理を解明し，さらに，会計理論の研究に

論理学の手法を統一的に適用しようとする場合，論理学の概要をまず説明しなければならない。ここで論理学というとき，主として記号論理学を指すが，この記号論理学は構文論，意味論および語用論の分野に分かれることになる。そこで，本節は，これらの領域がそれぞれどのような内容と規則を有しているのかを明らかにすることとする。

1　構文論・意味論・語用論の意味

　記号論理学では，3つの主要な因子が問題となる。それは，記号（言語）[1]，（記号の）指示対象および（記号の）解釈者であり，これらの関係を図示すると，**図表6-2**のようになる（永井［1971］144頁；［1979］89頁）。

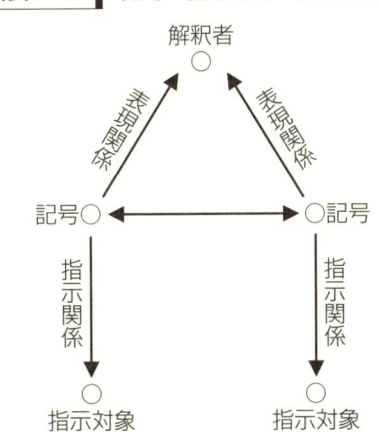

図表6-2　記号・指示対象・解釈者の関係

　これらのうち，特に形式的関係を抽象して扱う部門を構文論（syntactics；syntax）とよび，特に指示関係を抽象して扱う部門を意味論（semantics）とよ

---

1)　記号とは，大雑把にいえば，ある生物にある条件のもとで反応行動を起こさせる刺激のことであり，これにはシンボルとシグナルが含まれる。シンボルとは，解釈者が提出し，それと同義な他の記号の代用として働く記号をいい，シグナルとは，そうでないすべての記号をいう。例えば，パブロフの条件反射の実験において，解釈者犬にとっての記号ブザーの音はシグナルであるが，解釈者人間にとっての記号「食物」はそれと同義なシンボルである。このように，シンボルとは言語のことであり，人間だけに認められるものであるので，記号の特別なものが言語であるということになる。記号論理学では，この言語記号のみが記号として取り扱われる。

160

び，特に表現関係を抽象して扱う部門を語用論（pragmatics）とよぶ[2]。

　すなわち，解釈者への関係や指示対象への関係を捨象し，ただ記号と記号との間の関係だけを抽象して考察する記号論の分野は構文論とよばれる。このように他の関係をまったく捨象し，記号や表現間の関係だけを抽象するとき，その関係は形式的関係といわれ，形式的関係に基づく表現の構造は形式的構造といわれる。構文論は表現の形式的構造の理論である。

　また，解釈者への関係は捨象するが記号間の関係も指示対象への関係も捨象せず，指示対象への関係を中心とした抽象的考察は意味論とよばれる。記号と指示対象との関係を指示関係（指示するという関係）という。指示関係は意味関係であり，記号・表現の指示対象に対する指示関係が認識されるとき，記号・表現の指示的意味が理解されるといわれる。指示関係が捨象されないとき，記号間の関係はもはや形式的関係ではない。

　さらに，記号過程について一切の捨象をせず，しかし記号と解釈者との関係を中心とした理論を語用論という。記号と解釈者との関係を表現関係（表現するという関係）というが，表現関係もまた意味関係である。記号・表現と解釈者との表現関係が認識されるとき，記号・表現の表現的意味が理解されるといわれる。一切の捨象が行われない語用論的視点においては，記号間の関係は単なる形式的関係ではなく，記号と対象との関係は単なる指示関係ではなくなっている。

　以上のように，構文論は他の因子への関係を捨象して，もっぱら記号間の形式的関係のみを抽象した領域であり，意味論は指示関係の考察を主とし，表現関係を捨象する領域であり，語用論は表現関係の考察を主とする領域である。すると，構文論，意味論，語用論の間の関係は包含関係となり，**図表6-3**の

　2）　論理文法学でも，言語学でも，記号論以前において，「意味論」と「構文論」という用語を類似の意味で使用してきたが，必ずしも用法が一致していないので注意を要する。例えば，言語学上の意味論では，指示関係だけでなく表現関係をも扱っている。つまり，指示的意味だけでなく表現的意味をも扱っている。しかも，両者の記号論的な重大な相違に気づかず，「意味」という言葉を多義・曖昧なままにして，漠然と意味の理論を意味論とみなしている。特に，指示関係の理論としての意味論は，記号論理学における論理文法学としての意味論によって開拓されたものであり，言語学上の意味論では未踏の領域であった。構文論についても類似の事情がある。言語学上の構文論には，語用論的・意味論的な要素が混在し，形式的関係（言語の形式的構造）の理論としての構文論を十分に発展させることができなかった。構文論もまた記号論理学の論理文法学によって開拓された新しい分野である（永井［1971］145頁）。

ように図示できるようになる。

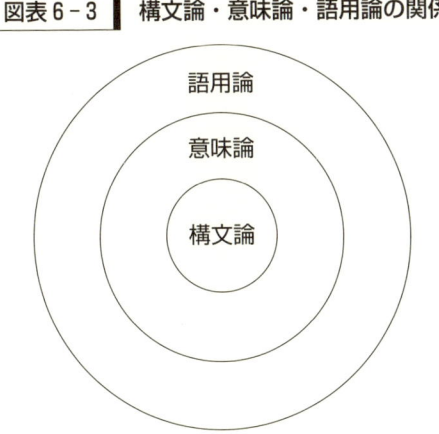

図表6-3　構文論・意味論・語用論の関係

語用論

意味論

構文論

　これは次のことを意味している。すなわち，論理学としての構文論と意味論はそれぞれ相対的に独立した分野として成立しているが，認識の全体の視点に立つ認識論の見地から考察するとき，構文論は意味論によって補完されることを前提条件として，初めて有意義な理論となる。意味論と語用論の間にもまったく同様の関係が成り立つ。語用論によって補完されるべく構成される適切な理論でないならば，その意味論は科学的認識として不毛な理論であるといわなければならない。

　これはさらに次のことをも意味している。すなわち，指示関係を考慮に入れた記号と記号との関係は，もはや形式的関係（構文論的関係）ではなく意味論的関係であるから，当然意味論に属することになる。また，表現関係を考慮に入れた記号と指示対象との間の指示関係は，もはや意味論的関係ではなく語用論的関係とみなすべきであるから，当然語用論に属すると解さなければならない。

2　構文論・意味論・語用論の規則

　これらのことを念頭におきながら，以下では，構文論，意味論および語用論をそれぞれ相対的に独立した分野として取り扱い，各分野における諸規則を概

説してみよう[3]。

(1) 構文論

まず，構文論は形成規則と変形規則からなる。形成規則は文を形成する規則であり，変形規則は形成規則によって形成された文を変形する規則である。形成規則ではさらに記号と式が規定され，変形規則はさらに基本記号，定義，公理および推論規則からなる。

形成規則の内容は次のようである。

I　記号

（1）　文記号

　a.　文定項：A, B, C, D, A_1, A_2 など

　b.　文変項：p, q, r, s, t, p_1, p_2 など

（2）　結合記号

否定記号（$\sim$），選言記号（$\lor$），連言記号（$\cdot$），

---

3)　記号論は別の視点から「純粋記号論」（pure semiotic）と「記述的記号論」（descriptive semiotic）とに分けられる。「記号」，「記号過程」，「解釈者」などの記号論的用語のいくつかを基本用語（primitive term）とし，他の用語をそれらにより定義することによって導入し，また，それらの用語の意味分析に基づく分析的言明を定義として導出していく演繹体系が構成できる。このような記号論の分野を純粋記号論という。そして，この純粋記号論の枠組を記号の経験的研究に応用したものが記述的記号論である。記述的記号論は記号を与えられた経験的事実として研究する記号の経験科学のすべてを包括する。記号を対象とした生物学，行動科学などの自然科学，心理学，社会学，歴史学などの人文・社会科学がその内容となる。いわゆる言語学もこの範囲に入る。記号論理学・数学基礎論の発展史において，メタ論理学，メタ数学，論理的な構文論・意味論，論理文法学などという名称のもとに開拓されてきた領域は，特殊な記号としての言語を対象とした純粋記号論である。

純粋記号論と記述的記号論の分類は，構文論，意味論，語用論の各分野について適用できる。そこで，純粋構文論と記述的構文論，純粋意味論と記述的意味論，純粋語用論と記述的語用論という各分野が成立する（永井 ［1979］ 96頁）。すなわち，次のように整理することができる。

記　号　論	構　文　論	純粋構文論
		記述的構文論
	意　味　論	純粋意味論
		記述的意味論
	語　用　論	純粋語用論
		記述的語用論

会計理論は経験科学に属するので，会計理論の記号論的研究は記述的記号論の領域に属することになる。ただし，上述したように，記述的記号論は純粋記号論の枠組を記号の経験的研究に応用したものであるので，以下では，純粋記号論の概要からまず説明する必要がある。

含意記号（⊃），等値記号（≡）

(3) 括弧：（　　）

Ⅱ　式

(1) すべての文記号は式である。

(2) S が式ならば，$\sim(S)$ の形式の表現もまた式（否定式）である。

(3) S_i と S_j が式ならば，次の形式の表現もまた式である。

選言式：$(S_i) \vee (S_j)$，連言式：$(S_i) \cdot (S_j)$，

含意式：$(S_i) \supset (S_j)$，等値式：$(S_i) \equiv (S_j)$

(4) 上記の(1)，(2)，(3)を組み合わせたり，繰り返したりすることによって得られる表現はすべて式である。

変形規則は次のような内容を有している。

Ⅰ　基本記号

(1) 文記号（文定項と文変項）の全部

(2) 結合記号のうち，否定記号（$\sim$）と選言記号（$\vee$）

(3) 括弧（　　）

Ⅱ　定義[4]

(1) $(S_i) \cdot (S_j) = \mathrm{df} \sim ((\sim S_i) \vee (\sim S_j))$

(2) $(S_i) \supset (S_j) = \mathrm{df} (\sim S_i) \vee (\sim S_j)$

(3) $(S_i) \equiv (S_j) = \mathrm{df} ((S_i) \supset (S_j)) \cdot ((S_j) \supset (S_i))$

Ⅲ　公理[5]

(1) $(p \vee p) \supset p$

(2) $q \supset (p \vee q)$

(3) $(p \vee q) \supset (q \vee p)$

(4) $(q \vee r) \supset ((p \vee q) \supset (p \vee r))$

---

4) 構文論的方法においては，定義というのは，ただ定義項の代わりに被定義項を用いてもよいという規約に基づく規則にすぎない。被定義項と定義項とが同義であるというような主張でないのはもちろんのこと，被定義項を定義項と同義の関係にあるように用いるという意味上の規約でさえありえない。同義関係は意味論に属し，構文論には属さないからである。

5) S が公理であるならば，S は式の空集合 Λ から直接導出可能なものとして，変形過程の任意の場所に導入することが許される。これが「公理の導入規則」であり，次のように表される。すなわち，S が公理であるならば，$\Lambda \vdash S$ であり，これは「Λ から S が直接導出可能である」と読む。

Ⅳ　推論規則[6]

(1)　代入則：S_i が公理または定理であるならば，式 i の中の文変項に任意の式を一様に代入して得た式 S_j を S_i から推論してもよい。すなわち，$(S_i) \vdash_d S_j$

(2)　正格法：式 $(S_i) \supset (S_j)$ と S_i から式 S_j を推論してもよい。すなわち，$\{(S_i) \supset (S_j), \ S_i\} \vdash_d S_j$

(2)　意味論

　次に，意味論であるが，これは形成規則と解釈規則からなる[7]。形成規則は構文論のそれとまったく同じであり，解釈規則だけが異なる。これは，構文論における変形規則に代わって導入されたものであり，形成規則によって形成された記号と式に意味を与え，解釈するための規則である。解釈規則は，記述的

---

6)　公理は，形成規則によって許された式の中から任意に選ばれた式で，変形過程において，公理の導入規則によって，どの場所にも導入できたり，代入則が適用できたりする性質などをもっているにすぎない。形成規則に違反する式は文計算の式とはみなされないし，変形規則に違反した推論は正しい推論とはみなされない。「正しい推論」といっても，ただ「変形規則に従う推論」という意味で，意味論における「論理的に正しい推論」とはまったく異なる。論理的に正しい推論では，真なる式から論理必然的に真なる式が推論され，科学的認識にとって重大な役割を果たしうるのであるが，構文論的意味において「正しい推論」はただ「変形規則に従った推論」というだけで，科学的認識にとって何らかの役割を果たすことはできない。そこで，意味論における論理的に正しい推論と区別して，これは「形式的に正しい推論」とよばれる（永井［1971］171-172頁）。

7)　永井は，意味論における形成規則と解釈規則を説明する際に，意味論の一連の定理を導出している。これは意味論の理解において重要であると思われるので，ここで掲げておくことにしよう（永井［1971］184-227頁）。

定理1：論理的記号からなる文（分母式を除く）は論理確定的（すなわち恒真か恒偽）である。

定理2：文 S は真であるか偽であるかのどちらかである（排中律）。

定理3：文 S は真であると共に偽であることはない（矛盾律）。

定理4：任意の表現 E_i と E_j について，E_i と E_j の内包が同一であるならば，E_i と E_j の外延もまた同一である。しかし，その逆は必ずしも成立しない。すなわち，外延が同一であっても内包が同一であるとは限らない。

定理5：文の内包＝命題とは文の指示する真理条件であり，文の外延とは文の指示する真理値（真と偽）である。空でない外延が真であり，空な外延が偽である。

定理6：任意の文 S（分母式を除く）について，S が事実文であるならば，S は事実的に真か偽かどちらかである。

定理7：任意の文 S（分母式を除く）について，S が恒真ならば S は真である。

定理8：任意の文 S（分母式を除く）について，S が恒偽ならば S は偽である。

定理9：$\Lambda \to S$ ならば，S はトートロジーである（ここで，「$\Lambda \to S$」は「前提 Λ は結論 S を論理的に含意する」と読む）。

記号である文定項に対する指示規則と，論理的記号である他の記号に対する文脈的定義に相当し，文の真理条件を規約する真理規則から構成されている。

Ⅰ　指示規則[8]

例えば，次のように文定項と指示対象との指示関係について規約される。

(1)　「A」は「この机は重い」という命題を指示する。

(2)　「B」は「この椅子は重い」という命題を指示する。

Ⅱ　真理規則

(1)　$\sim(S)$が真であるのは，Sが偽であるとき，そしてそのときに限る。

(2)　$(S_i) \cdot (S_j)$が真であるのは，S_iとS_jが共に真であるとき，そしてそのときに限る。

(3)　$(S_i) \vee (S_j)$が真であるのは，S_iかS_jか少なくともその1つが真であるとき，そしてそのときに限る。

(4)　$(S_i) \supset (S_j)$が真であるのは，S_iが偽かS_jが真か少なくともその1つであるとき，そしてそのときに限る。

(5)　$(S_i) \equiv (S_j)$が真であるのは，S_iとS_jの真理値が等しいとき，そしてそのときに限る。

いま，真を1で示し，偽を0で示すと，この真理規則は**図表6-4**のような真理表によって表すことができる。

図表6-4　真理表による真理規則

S	$\sim(S)$	S_i	S_j	$(S_i) \cdot (S_j)$	$(S_i) \vee (S_j)$	$(S_i) \supset (S_j)$	$(S_i) \equiv (S_j)$
1	0	1	1	1	1	1	1
0	1	1	0	0	1	0	0
		0	1	0	1	1	0
		0	0	0	0	1	1

---

[8]　指示規則は，文論理学を経験的認識（経験科学）に応用する場合に必要となるが，文論理学の理論を展開するだけの純粋論理学においては必要がない。したがって，本文での説明は，文論理学を経験科学に応用する場合の説明である。

⑶　語　用　論

　最後に，語用論における諸規則を説明しよう。上記の意味論では「真理」という概念が問題となったが，語用論では「検証」ないし「確証」という概念が問題となる。

　検証（確証）は真理の認識の意味であり，検証方法（確証方法）は真理条件そのものではなく，真理条件の認識である。それは真理条件と区別して検証条件あるいは確証条件といわれるべきものである。したがって，意味の検証理論でいうところの「意味」は，意味の意味論的理論における「意味」すなわち「内包」ではなく，内包の認識である。検証（確証）が真理そのものではなく，それの認識であるのとまったく類比的に，検証理論における「意味」は真理条件（内包）そのものではなく，真理条件（内包）の認識であり，検証条件（確証条件）である。

　語用論においても，形成規則と解釈規則からなると考えられ，形成規則は構文論のそれとまったく同じであるが，解釈規則は意味論のそれとは異なる。意味論では，解釈規則は指示規則と真理規則から構成されていたが，語用論における解釈規則は，意味論における指示規則および真理規則に対応して，記号と解釈者との間の表現関係を規約する表現規則と，文の検証条件を規約する検証規則からなる。検証条件とは文が検証または反証されたということのできる条件であり，真理表に類似した検証表によって，検証条件を明示することができる。それらの内容は次のとおりである。

　Ⅰ　表現規則

　　表現規則の例をあげると，次のようになる。

　　⑴　「A」は「この机は重い」という判断を表現する。

　　⑵　「B」は「この椅子は重い」という判断を表現する。

　Ⅱ　検証規則

　　ここでは，次のような真理表の検証表への読み替えが必要となる。すなわち，1は「真」ではなく「検証」の代わりに用いられ，0は「偽」ではなく「反証」の代わりに用いられる。例えば，否定文～(S)は，Sが検証される場合には反証され，Sが反証される場合には検証されると読み替える。したがって，上記の意味論における真理規則は次のように読み替えられることに

なる。

(1) ～(S)が検証されるのは，Sが反証されるとき，そしてそのときに限る。

(2) $(S_i)\cdot(S_j)$が検証されるのは，S_iとS_jが共に検証されるとき，そしてそのときに限る。

(3) $(S_i)\vee(S_j)$が検証されるのは，S_iかS_jか少なくともその1つが検証されるとき，そしてそのときに限る。

(4) $(S_i)\supset(S_j)$が検証されるのは，S_iが反証されるかS_jが検証されるか少なくともその1つであるとき，そしてそのときに限る。

(5) $(S_i)\equiv(S_j)$が検証されるのは，S_iとS_jの検証値（反証値）が等しいとき，そしてそのときに限る。

Ⅳ 会計理論における構文論・意味論・語用論

以上の記号論理学における構文論，意味論および語用論の諸規則を念頭において，それでは，会計理論における構文論，意味論および語用論の分野を明確にし，各領域における諸規則を解明してみよう。

1 構文論

前節で明らかにしたように，構文論は記号と記号との間の関係を抽象して考察する記号論の分野であり，会計理論において記号とは主として勘定と考えられるので，会計理論における構文論は勘定と勘定との間の関係を抽象して考察する分野であるということになる。これは一般に会計構造論としてこれまで研究されてきた分野である。

記号論理学における構文論は形成規則と変形規則とに区分されたが，この区分を会計理論における構文論に適用してみると，形成規則における記号は，文記号として日付，借方，貸方，勘定科目および金額があげられるであろう。これらは記号論理学における文定項に相当するものである。また，結合記号として，勘定形式としてのT字型フォーム，等式記号（＝），構造記号としての（＋，－）および増減記号としての（＋，－）が考えられる。

ここで，等式記号は貸借対照表等式や損益計算書等式などの会計等式の左辺

と右辺とを結合する記号であり，さらに，定義式において左辺の被定義項と右辺の定義項とを結合する記号である。例えば，利益計算等式［利益＝期末資本－期首資本］において，利益は被定義項であり，期末資本－期首資本は定義項であり，両者を等式記号で結合しているのである。

　構造記号とは会計等式および定義式において各会計構成要素が構造的に有している「＋」または「－」の記号である。例えば，上記の利益計算等式［利益＝期末資本－期首資本］において，利益および期末資本は構造的にプラスの性質を有しているので＋の構造記号を付与され，期首資本は構造的にマイナスの性質を有しているので－の構造記号を付与されることになる。これに対して，増減記号とは各要素が増減するときに用いられる記号であり，当該要素が増加する場合には「＋」の記号が付与され，減少する場合には「－」の記号が付与されることになる。

　さらに，記号論理学の形成規則における式は，会計理論では会計等式および定義式に相当するであろう。記号論理学では，式は文記号と結合記号を組み合わせて形成するものであり，これを会計理論に適用してみると，会計等式および定義式はまさに主たる文記号である勘定と結合記号である等式記号等を組み合わせて形成したものにほかならないからである。例えば，利益，期末資本および期首資本という文記号と，等式記号および構造記号を組み合わせて形成したのが［利益＝期末資本－期首資本］であり，利益計算等式である。そして，これが会計理論において形成規則における式となるのである。

　それでは，会計理論の構文論において，変形規則とはどのようなものであろうか。記号論理学では，変形規則に用いられる基本記号に文記号，結合記号などがあったが，会計理論においても上記の文記号，結合記号，会計等式および定義式のすべてが用いられる。そして，その主要な規則が代入則に代表される推論規則であり，その結果として，財務諸表が作成されることになる。ここではいわば，利益計算等式が記号論理学における公理となり，様々な定義式を経て，代入則が推論規則となるのである。

　これらのことを理解するために，いま，第1章で示した一般的な会計システムの基礎構造を，構文論的に説明してみよう。

　その場合，上で示唆したように，利益計算等式［利益＝期末資本－期首資

本］を公理として出発することができる。これは，利益が1期間における企業の純資産（資本）の増加であることを意味しており，いわゆる資産負債観および財産法における利益計算等式を公理として仮定している。これを数式的に表すと，ある企業における第 t 期の利益（Y_t）は，次のように示すことができる。

$$Y_t = K_t - K_{t-1} \tag{1}$$

ここで，K_t は t 期末における企業資本であり，K_{t-1} は t 期首における企業資本である。これらは文記号であり，「＝」および「－」は結合記号であり，全体は式である。

これらの企業資本はさらに以下のように分解することができる。まず，期首における企業資本は次のとおりである。

$$K_{t-1} = A_{t-1} - L_{t-1} \tag{2}$$

ここで，A_{t-1} は t 期首における企業資産であり，L_{t-1} は t 期首における企業負債である。これは企業資本を定義する定義式であるということができる。次式以下も同じである。

前者の企業資産は貨幣資産，金融資産および非貨幣資産に分解することができ，非貨幣資産はさらに，棚卸資産，償却資産および非償却資産に分解することができるので，(2)式は次のように展開することができる。

$$
\begin{aligned}
K_{t-1} &= M_{t-1} + V_{t-1} + N_{t-1} - L_{t-1} \\
&= M_{t-1} + V_{t-1} + I_{t-1} + G_{t-1} + O_{t-1} - L_{t-1}
\end{aligned}
\tag{3}
$$

ここで，M_{t-1} は t 期首における貨幣資産であり，V_{t-1} は金融資産であり，N_{t-1} は非貨幣資産である。さらに，I_{t-1} は t 期首における棚卸資産であり，G_{t-1} は償却資産であり，O_{t-1} は非償却資産である。

したがって，期末における企業資本は次のようになる。

$$K_t = M_t + V_t + I_t + G_t + O_t - L_t \tag{4}$$

これらの諸資産および負債はさらに分解することができ，それぞれ以下のように展開することができる。まず，期末の貨幣資産は，期首の貨幣資産に当期

170

の収入を加算し，当期の支出を控除したものである[9]。そして，当期の収入は
さらに当期の売上高とその他の収益に分解することができ，当期の支出も棚卸
資産購入高，営業費およびその他の費用に分解することができる。したがって，
t 期末の貨幣資産は次のようになる。

$$M_t = M_{t-1} + R_t - E_t$$
$$\qquad = M_{t-1} + (S_t + X_t) - (B_t + H_t + Z_t) \tag{5}$$

ここで，R_t は t 期の収入であり，E_t は支出である。さらに，S_t は t 期の売上
高であり，X_t はその他の収益である。そして，B_t は t 期の棚卸資産購入高であ
り，H_t は営業費であり，Z_t はその他の費用である。

　期末の棚卸資産は，期首の棚卸資産に当期の棚卸資産購入高を加算し，そこ
から当期の売上原価を控除したものである。したがって，t 期末の棚卸資産は
次式のようになる。

$$I_t = I_{t-1} + B_t - C_t \tag{6}$$

ここで，C_t は t 期の売上原価である。

　期末の償却資産は，期首の償却資産から当期の減価償却費を控除したもので
ある。それゆえ，t 期末の償却資産は次のように表すことができる。

$$G_t = G_{t-1} - D_t \tag{7}$$

ここで，D_t は t 期の減価償却費である。

　期末の金融資産，非償却資産および負債は，期首のそれと基本的に同じであ
ると仮定する。したがって，t 期末の金融資産，非償却資産および負債はそれ
ぞれ次式のようになる。

$$V_t = V_{t-1} \tag{8}$$
$$O_t = O_{t-1} \tag{9}$$
$$L_t = L_{t-1} \tag{10}$$

---

9)　本章では，現金取引を仮定している。したがって，収入は原則として収益を意味し，支出は
　　費用を意味している。これは，議論を簡単にするためである。

そして，これらの式を(4)式に代入すると，t 期末における企業資本は次のように表現しなおすことができる。これは代入則による推論規則の適用であるということができる。次式以下も同じである。

$$K_t = M_{t-1} + (S_t + X_t) - (B_t + H_t + Z_t)$$
$$+ V_{t-1} + I_{t-1} + B_t - C_t + G_{t-1} - D_t + O_{t-1} - L_{t-1} \tag{11}$$

したがって，第 t 期の利益は，(11)式から(3)式を控除することによって導き出され，次のようになる。

$$Y_t = M_{t-1} + (S_t + X_t) - (B_t + H_t + Z_t)$$
$$+ V_{t-1} + I_{t-1} + B_t - C_t + G_{t-1} - D_t + O_{t-1} - L_{t-1}$$
$$- (M_{t-1} + V_{t-1} + I_{t-1} + G_{t-1} + O_{t-1} - L_{t-1})$$
$$= S_t + X_t - C_t - D_t - H_t - Z_t \tag{12}$$

それでは次に，上記の諸式に基づいて，財務諸表（期首貸借対照表，損益計算書および期末貸借対照表）の雛形を作成してみよう。これらも変形規則における推論規則の適用に該当する。

まず，期首貸借対照表は，(3)式より次のように数式的に表すことができる。

$$M_{t-1} + V_{t-1} + I_{t-1} + G_{t-1} + O_{t-1} = L_{t-1} + K_{t-1} \tag{13}$$

ここで，この式の左辺は借方を表しており，右辺は貸方を表している。したがって，これを勘定形式で示すと，期首貸借対照表は次のようになる。

期首貸借対照表

貨 幣 資 産	M_{t-1}	負　　　債	L_{t-1}
金 融 資 産	V_{t-1}	資　　　本	K_{t-1}
棚 卸 資 産	I_{t-1}		
償 却 資 産	G_{t-1}		
非 償 却 資 産	O_{t-1}		

損益計算書は，(12)式より次のように数式的に表すことができる。

$$C_t + D_t + H_t + Z_t + Y_t = S_t + X_t \tag{14}$$

したがって，これも勘定形式で示すと，損益計算書は次のようになる。

損益計算書

売 上 原 価	C_t	売 上 高	S_t
減 価 償 却 費	D_t	その他の収益	X_t
営 業 費	H_t		
その他の費用	Z_t		
利 益	Y_t		

ここで，売上原価と減価償却費は，(6)式と(7)式よりそれぞれ次のように算出されることになる。

$$C_t = I_{t-1} + B_t - I_t \tag{15}$$

$$D_t = G_{t-1} - G_t \tag{16}$$

そして，期末貸借対照表は，(4)式と(1)式より次のように数式的に表すことができる。

$$M_t + V_t + I_t + G_t + O_t = L_t + K_{t-1} + Y_t \tag{17}$$

したがって，これも勘定形式で示すと，期末貸借対照表は次のようになる。

期末貸借対照表

貨 幣 資 産	M_t	負 債	L_t
金 融 資 産	V_t	資 本	K_{t-1}
棚 卸 資 産	I_t	利 益	Y_t
償 却 資 産	G_t		
非 償 却 資 産	O_t		

2 意 味 論

それでは次に，会計理論における意味論に目を向けてみよう。記号論理学で

は，意味論は記号と指示対象との間の指示関係を抽象して考察する領域である。指示関係は意味関係であり，記号の指示対象に対する指示関係が認識されるとき，記号の指示的意味が理解されることになる。さらに，記号の指示的意味とは，記号が現実に存在する指示対象をもつための条件であり，記号の内包である。記号が指示する条件が満たされれば，記号は（空でない）外延をもつとか，現示するとか，真であるなどといわれる。したがって，記号の内包とは記号の指示する真理条件であり，記号の外延とは記号の指示する真理値（真と偽）である。空でない外延が真であり，空な外延が偽である。

　これらのことを会計理論に適用すると，会計理論における主たる記号は勘定であるので，勘定の指示的意味，つまり勘定とそれが表示する対象との数値的関係を考察することが会計理論の意味論において重要な課題となる。勘定と対象との数値的関係は一般に測定ないし評価とよばれているので，会計理論における意味論の中心は会計測定論ないし会計評価論ということになる[10]。

　記号論理学における意味論は形成規則と解釈規則とに区分され，形成規則はさらに構文論のそれと同じであったが，会計理論の意味論においてもこのことは妥当する。そこで，問題は解釈規則であり，この解釈規則は指示規則と真理規則から構成されているが，このうち，会計理論における指示規則は，例えば各会計システムとの関係で述べると，次のようになる。

(1) 「A_{ht-1}」は「取得原価会計において，取得原価で評価した期首資産の測定値である」という命題を指示する。

(2) 「A_{bt-1}」は「購入時価会計において，購入時価で評価した期首資産の測定値である」という命題を指示する。

(3) 「A_{at-1}」は「売却時価会計において，売却時価で評価した期首資産の測定値である」という命題を指示する。

(4) 「A_{et-1}」は「現在価値会計において，現在価値で評価した期首資産の測定値である」という命題を指示する。

---

10)　会計理論における意味論は会計測定論ないし会計評価論であることを，青柳は「会計言語の意味論は，勘定とそれが表示する対象との関係を研究する測定論ないし評価論である」（青柳［1991］40頁）と述べ，さらに，「測定は規則にしたがって対象に数値を割り当てる過程である。……この過程を律するルールが意味論的規約としての測定ルールである」（青柳［1979］125頁）と明確に述べている。

174

　そして，このような指示規則に対する真理規則は，前節で示した「～(S)が真であるのは，Sが偽であるとき，そしてそのときに限る」ということになる。しかしながら，この場合の指示規則に対する真偽の確定は文の内包だけで真偽を確定する論理的手続で行うことができず，真偽を確定するための経験的手続としての検証の方法が必要となることに注意しなければならない。論理的手続だけで真偽が確定しない文を「事実的な文」もしくは「論理不確定な文」というが，経験科学たる会計理論における文はほとんど経験的な文であり，事実的な文となるのである[11]。

　事実的文の真偽を「事実的真」および「事実的偽」とよぶことにすると，事実的真か事実的偽かを確定するための方法が検証の方法である。しかし，ここで留意しなければならないことは，意味論の観点からは，事実的文は真偽を論理的に確定することができないということがいえるにとどまり，検証という経験的手続によって，事実的文の事実的真偽は確定すべきであるということはいっていないということである。意味論の範囲内では，事実的文は経験的文であるともないともいうことができず，事実的真偽は経験的真偽であるともないともいうことができないのである。文と経験との間の関係は記号と解釈者との間の表現関係であるから，検証の方法論は語用論に属し，意味論を超えているのである（永井［1971］201-202頁）。

3　語用論

　そこで，語用論の説明に移らなければならない。記号論理学では，語用論は記号と解釈者との間の表現関係を抽象して考察する領域である。表現関係もまた意味関係であり，記号と解釈者との表現関係が認識されるとき，記号の表現的意味が理解されることになる。前述したように，語用論では「検証」ないし「確証」という概念が重要となり，検証理論における「意味」は真理条件（内

---

11)　これに対して，形式科学すなわち数学や論理学の領域に属する文には，論理的手続だけで真偽が確定するものがある。それは「論理確定的な文」といわれ，特に，真であると論理的に確定する文が恒真文，トートロジー，論理的に真な文，分析的な文などとよばれ，偽であると論理的に確定する文は恒偽文，矛盾文，論理的に偽な文などとよばれる。例えば，$A \vee \sim A$（AまたはAでない）は恒真文であり，$A \cdot \sim A$（AであるとともにAでない）は恒偽文である。また，恒真文の否定$\sim(A \vee \sim A)$は恒偽文となり，恒偽文の否定$\sim(A \cdot \sim A)$は恒真文となる。

包）そのものではなく，真理条件（内包）の認識であり，検証条件（確証条件）
である。

　これらを会計理論に適用すると，会計理論における主たる記号は勘定であるの
で，勘定の表現的意味，つまり内包の認識を考察することが会計理論の語用論に
おいて最も重要な課題となる。勘定の内包の認識は主観と関係し，主観は有用性
の見地から会計情報の利用目的を指向する会計機能と密接な関係を有するので，
会計理論における語用論の中心は会計機能論ということになる。したがって，語
用論においては，会計構成要素の測定値は会計機能の観点から導き出され，さら
に適用すべき会計システムないし会計処理方法も会計機能に対する適合性の有無
という観点から選択されるのである。

　記号論理学における語用論も形成規則と解釈規則からなり，形成規則は構文論
のそれとまったく同じであるが，解釈規則は表現規則と検証規則から構成されて
いた。会計理論においても，形成規則はやはり会計理論における構文論のそれと
同じであり，したがって表現規則と検証規則が問題となる。このうち，表現規則
は会計機能と密接に関係しており，意味論を説明する際に示した各会計システム
との関係を例にとると，次のようになる。

(1)　「A_{ht-1}」は「取得原価会計において，取得原価で評価した期首資産の測
定値である」という判断を表現する。

(2)　「A_{bt-1}」は「購入時価会計において，購入時価で評価した期首資産の測
定値である」という判断を表現する。

(3)　「A_{at-1}」は「売却時価会計において，売却時価で評価した期首資産の測
定値である」という判断を表現する。

(4)　「A_{et-1}」は「現在価値会計において，現在価値で評価した期首資産の測
定値である」という判断を表現する。

　この表現規則は具体的には資産の測定概念を表しているが，これが本来の意味
での概念であることに注意しなければならない。もともと記号と概念との間の関
係は表現関係であり，概念は必ずだれかの概念であって，主観的である。概念は
記号によって表現される思想・心像であり，それは表現的意味であって指示的意
味ではないのである。その証拠は，会計構成要素の測定概念が各会計

システムないし会計処理方法において異なっているということである。例えば，「資産」という測定概念は取得原価会計と売却時価会計とでは異なっている。これは，両会計システムにおいて，「資産」という記号とその測定概念との関係が指示関係ではなく，主観的な表現関係にあるからにほかならないのである。

そして，このような測定概念を規定した表現規則に対する検証規則は，「〜(S)が検証されるのは，Sが反証されるとき，そしてそのときに限る」ということになる。会計理論における文はほとんど経験的な文であり，事実的な文であるので，その真偽を確定するために経験的手続としての検証の方法が必要となり，これらの表現規則は経験的に検証ないし反証されなければならない。

しかしながら，これらの表現規則が経験的に検証されたからといって，その会計理論が必ずしも正当化されるわけではない。会計理論を正当化するためには，表現規則の経験的検証に加えて，論理的検証が必要となるのである。というのは，会計理論それ自体は会計を対象としたメタ理論の体系であり，対象理論の体系ではないので[12]，語用論の領域においても論理的説明が是非とも必要となるからである。

その場合の具体的な方法は，各会計システムないし会計処理方法の会計機能を特定し，競合する会計機能を論理的・言語的に分析し，最終的に，ありうべき会計機能に適合する会計システムないし会計処理方法を探求していくことであろう[13]。

---

12) 一般に，言語には階層性があり，すべての言語は対象言語とメタ言語に区別される。対象言語とは，言語外の対象について考察する言語であり，メタ言語とは，対象言語について語る言語であり，反省的思考に対応し，反省的思考の媒体となる言語である。そして，対象言語で構成される理論を対象理論といい，メタ言語で構成される理論をメタ理論という。会計理論は，対象言語である資産，負債，資本，収益，費用，利益等の用語や勘定名，測定値等の会計言語について語るメタ言語の体系であり，メタ理論に属するということができる。

13) 注(3)で述べたように，会計理論は経験科学に属するので，会計理論の記号論的研究は全体として記述的記号論の領域に属することになる。ただし，ここにおける論理的検証は記述的語用論ではなく，純粋語用論の領域に属することに注意しなければならない。
　検証方法は発見の方法ではなく，正当化の方法であるから，検証方法を論ずる方法論は発見の方法論ではなく，理論的正当化の方法論である。したがって，検証の方法論は論理学である。「検証」という語用論的用語は行動学の用語に依存するので記述的記号であり，その定義に依存しているので，記述的記号の意味（＝内包）に依存する分析的言明である。したがって，応用論理学に特有な分析的言明である。しかし，経験的総合的言明ではないから，「検証」という語用論的概念の分析に関わる語用論は経験科学（＝記述的語用論）ではなく，メタ論理学（＝純粋語用論）であるといわなければならない（永井[1976]，180頁）。それゆえ，ここでいう論理的検証は純粋語用論の領域に属するのである。

Ⅴ 語用論の体系としての会計理論と相対的真実性

　これまで，会計における相対的真実性の成立論理を明らかにすることを目的として，論理学および会計理論における構文論，意味論および語用論の領域をかなり詳しく説明した。これらは相対的真実性の成立論理を解明するための鍵となるのであるが，本章の目的を達成するためには，さらに，論理学および会計理論における構文論，意味論および語用論のうち，これらの分野を全体的に統合しようとする場合，どの領域が基本的な役割を果たすのかを述べる必要がある。それゆえ，本節ではこれについて述べ，それとの関係で会計における相対的真実性の成立論理を明らかにすることとする。

1　語用論の体系としての会計理論

　論理学としての構文論と意味論は，それぞれ相対的に独立した部門として成立している。しかし，認識の全体の視点に立つ認識論の見地から考察するとき，構文論は意味論によって補完されることを前提条件として，初めて有意義な理論となる。例えば，構文論のみの視点に立ち，意味論による補完をまったく考慮しないならば，証明可能な式は，まったくでたらめな変形規則のもとに，勝手に選ばれた公理と公理から導出された式にすぎないから，当然分析的な式である保証はない。意味論と語用論の間にもまったく同様の関係が成り立つ。語用論によって補完されるべく構成される適切な意味論でないならば，科学的認識として不毛な理論であるといわなければならない（永井 ［1988］ 164-165頁）。

　すなわち，構文論的方法は意味論的方法から分離しては論理学としての性格は失われる。そこで，構文論的方法は意味論的方法と統合される場合にだけ論理学の方法としての具体性が認められることになる。そして，両方法が統合されたものは，再び意味論的方法なのである。しかし，論理学の具体的全体を考えるとき，このような意味論はなお抽象的であり，語用論との統合を図らなければならない。そして，これらの方法が統合されたものが再び語用論的方法なのであり，これによって，論理学は具体化を完了するのである。

　語用論は解釈者との間の表現関係つまり主観との依属・相関関係の考察が中

心に据えられるが，記号過程内のいかなる関係も捨象されないので，記号過程を考察する最も高次の具体的・全体的な視点である。したがって，論理学において，構文論，意味論および語用論の領域が相対的に独立しているとはいえ，これらを全体的に統合しようとするならば，語用論が最も重要であり，基本的な役割を果たすことになるのである。

　これとまったく同じことが，会計理論などの経験科学にも妥当する[14]。経験科学は技術を通じて人間の生活にとって拒否することのできない価値をもっている。そこで，経験科学を成立させるという目的が生じるが，これは価値判断であるから，価値論の領域に属する。この目的を実現する手段として，科学言語は経験主義的でなければならないという具体的価値判断が導かれ，この価値判断が経験主義的言語の要請であり，経験主義の原則である。したがって，経験主義の原則は，理論的立場から真理であると主張されるのではなく，実践的立場から実用的に価値が受け入れられるのである。経験主義的言語という枠組自体の妥当性は，真理値ではなく，有用性である（永井［1962］124頁）。

　そこで，経験主義的言語という枠組の構成は，意味論の枠内では不可能であり，語用論の領域に踏み込まなければならない。なぜならば，「経験」という概念は主観への関係を含む語用論の概念であるからである。そこでは，構文論は意味論を前提とし，意味論は語用論を前提として構成されることになる。そして，このような構文論および意味論は語用論に属すると考えることができ，これらの全体が語用論の理論となるのである。

　これは，具体的には次のように行われる。すなわち，意味論的方法で解釈された理論を構成する場合に，明示的にか黙示的にか，経験主義の立場に立つ語用論的方法によって構成される理論と合致するように，形成規則と解釈規則が

14）とはいうものの，論理学と経験科学との相違もまた明確である。論理学の正しい知識は定理として定式化されるが，それは経験科学の正しい知識とは次のように異なっている。すなわち，論理学の定理は分析的な知識であるが，経験科学の正しい知識は総合的な知識である。さらに，語用論的視点から特徴づけると，前者はアプリオリな知識であるが，後者は経験的な知識である。つまり，論理学の定理は，真であるとして正当化するのに経験的な検証を必要としないという意味でアプリオリであるのに対し，経験科学の知識は，それが真であることを正当化するには経験的検証を必要とするのである。したがって，論理学の対象理論面は分析的理論であり，アプリオリな理論である。これに対して，経験科学の対象理論面は総合的理論であり，経験理論である。

選択される。解釈規則は経験主義の立場に立つ検証規則と合致するように構成されるのである。経験主義の立場に立つというのは，言語を経験主義的言語に限るということである。経験主義的言語というのは，その言語に現れるすべての記述的記号が直接的にか間接的にか知覚的経験を表現している言語であり，したがって，知覚的経験に対して表現関係にあるような言語である。

　そこで，経験主義的言語の構成は意味論の範囲を超え，語用論の観点に立たなければならないことになる。構文論はもちろんのこと，意味論自体は経験主義に対して中立的である。しかし，実際には，構文論は意味論を予想し，意味論は経験主義的な語用論を予想し，それと合致するように意図されるので，中立的ではない。つまり，科学は経験主義の枠組を仮定しており，科学言語は経験主義的言語なのであり，全体として語用論の領域に属するのである（永井[1971] 245-246頁）。

　したがって，経験科学としての会計理論では，個々の領域において構文論，意味論および語用論が相対的に独立しているが，全体的な観点からすると，経験主義的言語を使用する語用論が基本的な役割を果たし，語用論によって統合されるのである。具体的には，会計機能論が会計理論構成の前提であり，この会計機能論を基礎として，会計構造論および会計測定論が構築されるのである。そして，経験科学である以上，会計理論は経験主義的言語を使用し，全体として語用論の領域に属しているのである。会計理論は語用論の体系であるということを認識しておかなければならない。

2　相対的真実性の成立論理

　上述したように，論理学において，構文論，意味論および語用論の領域が相対的に独立しているとはいえ，これらを全体的に統合しようとするならば，語用論が最も重要であり，基本的な役割を果たすことになる。そして，これとまったく同じことが会計理論にも妥当し，会計理論を全体的に統合しようとする場合，語用論としての会計機能論が最も重要となり，会計理論は語用論の体系であるということができる。

　これを踏まえて，論理学における意味論と語用論の諸規則に立ち返ってみると，意味論では「真理」という概念が問題となったが，語用論では「検証」な

いし「確証」という概念が問題となった。

　前述したように，検証（確証）は真理の認識の意味であるから，検証方法（確証方法）は真理条件そのものではなく，真理条件の認識である。それは真理条件と区別して検証条件あるいは確証条件といわれるべきものである。したがって，意味の検証理論でいうところの「意味」は，意味の意味論的理論における「意味」すなわち「内包」ではなく，内包の認識である。検証（確証）が真理そのものではなく，それの認識であるのとまったく類比的に，検証理論における「意味」は真理条件（内包）そのものではなく，真理条件（内包）の認識であり，検証条件（確証条件）である。

　それゆえ，「真理」と「検証（確証）」を厳密に区別する必要がある。真理そのものは絶対的であり，人間によって認識されるかどうかには関わりがないが，真理の認識としての検証は相対的であり，特定の人間 x と時間 t とに依存するのである。

　真理そのものには絶対的と相対的の区別はなく，単に絶対的であるが，真理の認識としての検証は絶対的と相対的の区別が可能である。相対的な検証の程度が次第に高まり，その方向に想定される極限概念が絶対的な検証である。したがって，絶対的検証は現実に示されるものではなく，やはり理念的な存在性格のものである。しかし，知識が絶対的に検証されている（絶対に確実である）ということと，真であることを混同してはならない。真理は主観から独立であるという性質をもつ意味論の概念であるのに対し，相対的にしろ絶対的にしろ検証は経験に依存するという性質をもつ語用論の概念であるからである（永井[1976] 98-99頁）。

　そして，論理学において，語用論が最も重要であり，基本的な役割を果たすのであるから，真理の認識としての検証が重要となる。さらに，この検証は相対的であるので，ここに，論理学における相対性が成立することになる。

　これとまったく同じことを会計理論についてもいうことができる。会計理論において，語用論としての会計機能論が最も重要となり，会計理論は語用論の体系である。この会計機能論は有用性に基づいており，これは価値判断であるから，価値論に属している。さらに，この価値判断は相対的であり，特定の人間 x と時間 t とに依存し，それぞれの真実性が認識されるのである。ここに，

語用論の体系としての会計理論において，相対的真実性が論理的に成立することになる。

　したがって，結論として，会計理論は語用論の体系であり，相対的真実性を必要条件とした体系であるということができる。さらにいうならば，会計理論は語用論に基づく相対的真実性を積極的要件とした体系であり，そこにおける相対的真実性は論理的に無矛盾の性質を有しているのである。

Ⅵ　む す び

　以上，本章では，会計における相対的真実性の成立論理を明らかにすることを目的として，まず，「企業会計原則」における「真実性の原則」の一般的な説明を行った。次に，相対的真実性の成立論理を解明するための鍵として，論理学，とりわけ記号論理学を構文論，意味論および語用論の分野別にそれらの意味と規則をかなり詳細に解説し，これに基づいて，会計理論における構文論，意味論および語用論がどのような会計領域に属するのかを明らかにした。

　そこでは，会計理論において構文論は会計構造論の領域に属し，意味論は会計測定論の領域に属し，語用論は会計機能論の領域に属することを指摘した。そして，会計理論を全体的に統合しようとする場合，これらのうち，会計機能論が最も重要であり，会計理論は語用論の体系であることを解明した。

　そして最後に，記号論理学の語用論において，真理の認識としての検証は相対的であり，特定の人間 x と時間 t とに依存するので，相対的真理性が論理的に成立するのと同様に，会計理論の語用論においても，会計機能は相対的であり，やはり，特定の人間 x と時間 t とに依存するので，相対的真実性が論理的に成立することを明らかにした。

　以上が本章の概要であるが，これにより，改めて真実性の原則に関する相対的真実性としての従来の一般的説明が妥当することが判明する。

　前述したように，会計処理および評価方法は，会計上の計算目的に応じて様々に変化する。一方では１つの会計事実について選択可能な多くの会計処理方法があり，他方では，その時々の異なった計算目的に応じて選択する会計処理方法も異なってくる。ある選択された会計処理方法が適切か否かは，それが

計算目的に適合しているかどうかという観点から判定される。この意味で，真実性の概念内容は目的依存的性格をもち，各時代における社会的・経済的環境条件との関連で相対的に変化するものである。

そして，会計目的は会計機能に関わっており，会計機能は相対的であり，有用な会計機能を具備した会計システムないし会計処理方法がそれぞれ真実性を有しているということになる。したがって，会計理論は語用論の体系であるとともに，積極的な意味において，相対的真実性を必要条件とした体系であるということができるのである。

第7章

会計理論における条件付
規範理論の論理と適用

I はじめに

　すべての学問領域において，理論には大きく分けて記述理論（descriptive theory）と規範理論（normative theory）がある。記述理論は，経験的な事実の背後になんらの超経験的実在を認めず，すべての知識の対象は経験的所与たる事実に限るとする立場による理論である。これは実証理論（positive theory）に通ずるものである。これに対して，規範理論は，価値論の重要な理論であり，われわれの評価作用が必ず従わなければならない規準を示す理論であり，さらに，「合理的な行動はいかにあるべきか」という行動の規範を求める理論である。これは，規範に基づいて，初めて普遍妥当な価値が成立するという立場による理論である。

　本章の目的は，このような記述理論および規範理論のうち，会計理論はどちらを探究すべきかを解明することである。さらにいうならば，会計理論は規範理論のうちの条件付規範理論を探究すべきであることを解明し，その規範理論をどのように具体的に適用できるかを明らかにすることを，本章は目的とするものである。

　この目的を達成するために，本章は以下のことを論述する。まず，実証理論と規範理論の概要を説明する。その場合，規範理論を絶対的規範理論と条件付規範理論に分けて解説する。次に，実証理論，絶対的規範理論および条件付規範理論の比較を行い，相互関係を明らかにし，それらの共通因子を通じて論理的に統合することによって，条件付規範理論の優先性を明らかにする。そしてさらに，この条件付規範理論をいくつかの基本的事例に限定して会計理論に適

用する。最後に，以上の解明に基づいて，今後の応用科学・社会科学としての会計理論の方向性を示唆する。

Ⅱ 　実証理論

　現代における会計の重要な理論領域は，記述理論に基づく実証理論および規範理論である。そこでまず，これらの領域別に会計理論の概要を説明し，分析する。これらのうち，実証理論の説明および分析を本節で行い，規範理論の説明および分析を次節で行う。

　実証理論の代表的提唱者は，ワッツ＝ジンマーマン（Watts and Zimmerman）である。彼らによれば，「実証理論」とは，現実に観察される会計実務が企業において採用される理由を述べ，それらを体系化することで理論とし，その理論に基づいて，未だ観察・分析されていない会計現象を予測することである。その上で，研究者には，データベースから入手した膨大な観測値を用いて経験的検証を行い，直感に対しても違和感のない，優れた予測能力を備えた説明理論を開発・構築することが求められる。

　より具体的には，ある会計現象について1つの説明を考え出し，そのような会計手続を採用する経営者の目的を仮定する。その仮定を含め，いくつかの仮定を設けたうえで，経験的に検証可能なインプリケーションを導き出す。そして，こうして考え出された説明理論がその利用者の支持を得るか否かは，現象の説明と予測における理論の価値に依存することになる。

　ワッツ＝ジンマーマンによれば，会計理論の目的は会計実務を説明し予測することである。ここで，説明とは観察される実務について理由を述べることを意味しており，予測とはその理論に基づいて未だ観察されていない会計現象を予測することを意味している（Watts and Zimmerman ［1986］ p.2）。

　例えば，ある会社が棚卸資産評価について，先入先出法ではなく後入先出法を採用しているのはなぜかということを明らかにすることが説明であり，後入先出法を採用する会社の属性と先入先出法を採用する会社の属性とを対比する仮説を会計理論に基づいて提示することが予測である。

　そして，研究者に期待されていることは，膨大な数の観測値を用いて，入念

な経験的検証を行うことにより，直感に訴える力が強く，優れた予測能力を備えた説明理論を開発することである。すなわち，研究者は意志決定者の厚生（welfare）ないし期待効用を最大にするために，より有用な理論を提示することができなければならないのである（Watts and Zimmerman [1986] p.4）。

　彼らの考える「理論」は，それ自体で会計実務の規範を生み出したりはせず，あくまで理論は会計実務の説明と予測に関与するのである。すなわち，特定の資産評価方法をどのような会社が適用し，どのような会社が適用しないのかを説明し予測することを目的とはしていても，会社が適用すべきなのはどの評価方法なのかということについては，理論は何も語らないのである（Watts and Zimmerman [1986] p.7）。

　ワッツ＝ジンマーマンによれば，理論家は実証的命題と規範的命題を注意深く識別しなければならない。実証的命題は，その世界がどのように動くかということに関連するものであり，「AならばBである」という形をとり，反証可能である。例えば，「会社が先入先出法から後入先出法に変更し，株式市場はその変更を予測していなかったならば，株価は上昇するだろう」という命題は，証拠によって否認することのできる1つの予測であり，実証的命題である（Watts and Zimmerman [1986] p.8）。

　一方，規範的命題は，規定（prescriptions）と関連するものであり，「条件Cを所与とすれば，複数の中からDが選択されるべきである」という形をとり，目的が与えられない限り，反証不能である。例えば，「価格が上昇しているので後入先出法が採択されるべきである」というのは反証不能な規範的命題であるが，「もし価格が上昇していれば，後入先出法の選択は会社の価値を最大にするだろう」ということは反証可能である。つまり，目的が与えられれば，研究者は規定を条件付予測に転化でき，その経験的妥当性を評価することができる。ただし，目的の選択は理論家が行うことではなく，理論の利用者が行うことになる（Watts and Zimmerman [1986] p.9）。

　ワッツ＝ジンマーマンは最後に，これら2つの命題の関係について，実証理論は規範的命題の重要性を損なうことはないと強調する。理論に対する需要は，その利用者が規定すなわち規範的命題を要求することから生じるが，理論は規定に必要な2つの要素のうち1つしか提供できないとする。つまりそれは，あ

る行動が各種の変数に与える影響という要素である。目的および目的関数（各種の変数がその目的に及ぼす影響を示す関数）というもう１つの要素は，利用者が付与するのである。

　このような「実証理論」の考えに基づいて，ワッツ＝ジンマーマンはその研究方法を以下のように説明する。彼らによれば，理論は２つの部分からなる。１つは仮定であり，それには様々な変数の定義とそれらを関連づける論理とが含まれる。もう１つは現実的な仮説である。仮定や定義および論理は，調査対象となる経験的現象を系統立てて分析し，それを理解するために用いられ，仮説はその分析からもたらされた予測事項である（Watts and Zimmerman［1986］p.9）。

　理論の展開は，まず研究者がある現象について，１つの説明を考え出すことから始まる。例えば，後入先出法または先入先出法の採用に関する説明として，「経営者が納税額を最小にする方法を選択する」ということを考え，経営者の目的を「税金の現在価値を最小化し，会社の価値を最大にすることである」と仮定する。研究者は，いくつかの仮定を設け，その仮定から，研究者は経験的に検証可能なインプリケーションを引き出す。

　例えば研究者は，経営者が後入先出法または先入先出法を選択する条件を引き出した上で，条件を追加し，後入先出法または先入先出法の選択がその会社の製品価格と原材料価格の動きに依存していることを示す。これから，製品などの価格変動と棚卸資産に関する会計手続の選択とが関係しているという，１つの仮説が提示される。その後，製品などの価格と会社の棚卸資産の評価方法についてのデータを収集すれば，研究者はその仮説を検証することができる。仮説がなければ，研究者は調査すべき事項やデータを判別することができないのである（Watts and Zimmerman［1986］pp.9-10）。

　ただし，ワッツ＝ジンマーマンによれば，すべての会計現象を説明し予測する理論を構築することはできない。なぜならば，理論は現実を単純化したものであり，世界は複雑で変化しているからである。理論家はある現象を説明し予測しようとして，彼らの設定した諸仮定の中でその現象に共通する変数を捕捉しようとする。その結果，ある１つの観測値または観測値の部分集合に固有の事項で，その現象全体に共通していない事項は無視されて，理論の仮定に組み

込まれない。

　このような事項を無視すること，すなわち省略された変数があるということは，必然的に，すべての観測値の説明と予測が不可能な理論を導くことになる。したがって，ある理論が完全な予測をしないということだけで，研究者や利用者はその理論を捨て去るべきではない（Watts and Zimmerman［1986］p.10）。

　それでは，完全な理論がないのであれば，不完全な理論から何をどのようにして選べばよいのだろうか。ある理論が優れている，もしくは存続するということは何によって決定されるのであろうか。ワッツ＝ジンマーマンによれば，1つの重要な決定要素は，その理論が利用者にとってどれだけ価値があるのかということである。利用者は意思決定の結果を予測することを求めている。この目的に関連した理論の価値は，利用者における予測誤差の費用と，モデルを使用する際の費用，そしてその理論に基づいて予測を実施する費用などに依存することになる（Watts and Zimmerman［1986］p.11）。

　たとえ多くの予測誤差を生むとしても，その理論を放棄しないのは，理論に基づいて行う予測に価値があるからである。もし利用可能な理論が1つしかないならば，その予測誤差の費用と予測実施費用の合計額が，単純な憶測の費用よりも小さいかぎり，その理論が利用されることになる。

　利用者に対する理論の予測価値が，理論の利用に影響を及ぼすことは確かであるが，それだけで理論の優劣が決まるわけではない。予測誤差の費用と予測実施費用は理論によって異なるため，同一現象を説明し予測する複数の理論が同時に存在することがある。しかし，理論家に一般に認められるのは1つだけである。

　複数の理論の中から1つの理論を受容するときには，その理論による予測が利用者にとってどれだけの有用性があるかということだけではなく，理論の現象説明の直観的魅力および説明・予測可能な現象の範囲ということによっても左右されることがある。一般的に認められるためには，このような次元での競争が複数の理論の間で行われるのである。

　そもそも，理論は不完全であり，ある理論が正しいと証明することはできず，競合する論理が現れることになる。その状況に対して，ワッツ＝ジンマーマンは，理論の仮説を検証することだけができるとする。もしその仮説が観察され

た現象と整合していれば，仮説は肯定される。しかし，仮説に一致する証拠が得られたとしても，その証拠と矛盾しない仮説は無数にあるのが常であるから，同一の現象について複数の理論が競合することになる（Watts and Zimmerman [1986] p.12）。

　このように，実証的会計理論は，会計政策について意思決定をしなければならない人々に，彼らの意思決定の結果に関する予測と説明を提示できるから重要であると考えられている。そのため，会計理論がいかに有用であるかがその理論の検証にとって重要となり，利用者は自己の厚生ないし期待効用を最大にする理論を選択し，より有用な理論が開発されるまでは，その理論を利用することになる。

　実証理論のもとでは，真実な理論または完全な理論は存在しないとされるが，これは，理論が1つの現象全体を説明しようとするため，すべての観測値を説明し予測することができないためである。さらに，特定の観測値を説明できる理論は数多くあり，一般的に受容されるために，理論相互間で競合が生じることになる。そのような競合状態である理論が優れていると判断されるには，理論の利用者に対する効用と，理論による説明の直感的魅力，および理論が説明可能な現象範囲が問題となるのである。

Ⅲ　規範理論

　前節の実証理論の目的は会計実務を説明し予測することであり，そこでは，目的および目的関数は理論家ではなく利用者が付与するということであった。これに対して，本節の規範理論は目的および目的関数ならびに目的—手段関係を最も重要視し，それを利用者ではなく理論家が付与するということになる。

　この規範理論は2つに区別される。1つは絶対的規範理論であり，他は条件付規範理論である。ここでいう絶対的規範理論は1950年代から1970年代に展開され，ある絶対的な実用的価値判断（特定の評価方法，実現基準等の認容）を黙示的に組み入れた規範理論である。これに対して，条件付規範理論は，価値判断を理論に組み入れ，会計情報の利用者に広範囲の代替的な目的指向的モデルを示す規範理論である。本節では，これらを分けて説明することとする。

1　絶対的規範理論

　絶対的規範理論は，上述したように，目的および目的関数ならびに目的—手段関係を最も重要視し，ある絶対的な実用的価値判断を黙示的に組み入れた規範理論である。これまで，この絶対的規範理論を提唱した会計学者および会計基準設定主体は数多くあるが，その中で，目的—手段関係に関連して，代表的な絶対的規範理論をあげるとすると，例えばエドワーズ=ベル（Edwards and Bell），チェンバース（Chambers）および井尻をあげることができる。

　エドワーズ=ベルは，経営者の業績評価および意思決定の促進を会計目的として，購入時価会計を提唱する。彼らによれば，企業の目的は経済活動を通じて利益を最大にすることであり，企業の経営者はこの企業目的を達成するためにその資源をいかに配分すべきかを意思決定しなければならない[1)]。そして，経営者の行ったこのような意思決定の結果を評価することに会計の任務があるとする。

　すなわち，会計資料が必要とされるのは，経営の意思決定を評価するためである。というのは，経営能力およびこれに関連する意思決定過程を改善するためには，過去の意思決定について評価することが必要であり，その過去の意思決定の結果は会計資料の中に示されるからである（Edwards and Bell ［1961］p.3）。

　このように，経営者の職能に役立つという意味で，会計資料は経営意思決定を評価する手段として役立てられ，それによって，(1)当期の生産過程を統制し，(2)将来の意思決定をより良いものにし，また(3)意思決定の過程それ自体を改善する，ということに貢献する（Edwards and Bell ［1961］p.4）。

　そして，そのために会計記録の中に組み入れられるべきもので，会計が対象とすべきものは，個別的な価格の変動額，つまり，ある種の市場価値の変動額でなければならない。というのは，意思決定の正しさもしくは誤りは，結局は

---

1)　彼らは経営者の行うべき意思決定の種類を次の3つの項目にまとめ，それぞれの問題に対して次のような名称を付している（Edwards and Bell ［1961］p.2）。
　(1)　ある時点においてどれだけの価値の資産を保有するか（拡張問題）
　(2)　それらの資産をどのような形態で保有するか（構成問題）
　(3)　資産を保有するための資金調達をいかにするか（財務問題）

市場において検証されるからである。

　エドワーズ＝ベルによれば，利益獲得を目指す企業活動は，便宜上次の2つに分けることができる（Edwards and Bell［1961］p.36）。

(1) 販売価値が生産要素価値を超える製品となるように生産諸要素を結合または変形させることによって，利益を生むという活動

(2) 企業が資産や負債を保有している間に，その資産の価格が上昇し，または負債の価格が下落することによって，利益を生むという活動

　前者の場合，利益は生産要素を使用することによって発現し，後者の場合，利益は生産要素あるいは生産物を保有する保有活動によって生じる。確かに，多くの企業にとって，営業活動を通じて生じる利益の方が重要であろうし，また明らかに社会的により望ましい目標である。

　しかし，それにもかかわらず，保有活動ないし投機活動も重要である。なぜならば，この種の利益もまた，企業が最大化しようとする努力の目標たりうるからである。ただ，これら両者の活動の性質とそれぞれに対する意思決定は，関連はあるものの非常に違うものであるから，意思決定の評価のためには両者を分離することがきわめて重要である（Edwards and Bell［1961］p.36）

　このように，エドワーズ＝ベルは営業活動のみならず，保有活動の重要性をも強調し，さらに意思決定の評価に際してそれらを分離して行うことを強調する。会計はこのような意思決定の評価に役立たなければならないから，やはり営業活動から生じた意思決定の結果と保有活動から生じた意思決定の結果とを別々に表示しなければならない。そして，前者を表すものが「当期営業利益」（current operating profit）であり，後者を表したものが「実現可能原価節約」（realizable cost saving）である。

　これらはそれぞれ次のように定義される（Edwards and Bell［1961］p.115）。

(1) 当期営業利益：1期間にわたって販売されるアウトプットの時価（current value）の，関連するインプットの購入時価（current cost）に対する超過分

(2) 実現可能原価節約：企業によって保有されている資産の購入時価の期中上昇分

　すなわち，当期営業利益はある期間の売上収益から当該期間の購入時価営業費を控除することによって算定され，実現可能原価節約は資産の保有期間中の購入時価と取得原価もしくは期首の購入時価との差額として生じる。そして，このような当期営業利益と実現可能原価節約とを合計したものが，エドワーズ＝ベルのいう経営利益（business profit）である。

　チェンバースは，企業の環境適応を会計目的として，売却時価会計を主張する。彼は，売却時価会計の論拠の起源をまず「環境適応を目的とする人間行動」に求める。彼によれば，人間は自己の目的を達成するために，絶えず変化する環境に適応していかなければならず，したがって，人間という有機体は，これを全体的に捉えて 1 つの恒常的組織と考え，絶えず環境に自己を適応させ，その機能を果たす力を保ち，その生存を確保していると考えることができる（Chambers［1966］pp.20-21）。

　この人間の構成体が企業であるので，このことは企業についても妥当する[2]。すなわち，企業もまた個人そのものに劣らず適応を目指す実体である。したがって，企業に予定する残存期間の長短を問わず，企業構成員の期待は次のような場合にのみ満たされることになる。つまり，次々と変化をとげる環境条件に合わせてその資源を有利に運用する形で，企業の経営の仕方と特定の企業内容が展開される場合である（Chambers［1966］p.190）。

　ここで，このような環境条件の具体的内容が問題となるが，市場経済活動を営む企業にとって，経済環境として最も重要となるのが「価格」および「価格の変動」である。ところが，価格には様々なものがあるので，次に問題としなければならないのは，どの価格が企業の適応行動に適しているかということである。その場合，チェンバースによれば，現在の価格の状況を知ることが適応行動にとって不可欠となる。というのは，過去の価格（および将来の価格）は適応行動に対して有用ではないからである。

　この事情を彼は次のように説明する。現在という時点からみれば，過去の価

2）　というのは，企業それ自体は法的擬人であるために，自然人のように原動力をもつことができず，その構成員の目的が企業の目的となるからである。チェンバースはこのことを次のように述べる。企業は当該企業に関する人々個人個人がもつ目的以外の目的をもつことはない。企業は道具であるがゆえに，自然人の場合のように欲望をもつことはできないし，消費者としての満足を得ることもできない（Chambers［1966］p.187）。

格は，すべてが単に過ぎ去った過去のものにすぎない。現在の価格だけが，行動の選択に関して何らかの関わりをもっているのである。ある財の10年前の価格は，今から20年後について仮定される価格と同じように，この問題にとっては，何の関わりももたない。貨幣の一般購買力が変動しない間でも，個々の財の価格は変動するし，逆に，いずれかの財の価格に変動はなくても，貨幣の一般購買力の方は変動することもある。したがって，有用で，市場においての現在における適応力について必然的な関わりをもつ結論は，過去の価格からは何も引き出せないのである（Chambers［1966］p.91）。

　このように，現在の価格が適応行動にとって重要であることは明らかとなったが，次に問題となるのは，現在の価格のうちのどれが適応行動にとって有用となるかということである。というのは，現在の価格には「購入時価」と「売却時価」の2つがあるからである。そして，これに関してもチェンバースは次のように述べ，売却時価の方が適切であると主張する。

　購入時価は，現在の保有額を基礎として，現在の状況に適応する目的で市場に現金を携えて参加する能力を示すものではない。これに対して，売却時価の方はそれを示すのである。だからこそ，ある時点において，市場でのすべての将来可能と思われる行動にとって，統一的に適合性をもつ唯一の財務的属性は，保有下にある財のいずれを問わず，そのすべてのものの市場売却時価または実現可能価格であると主張しているのである。適応の目的のために人々が知りたいと思うのは，すでに保有している額を超えた額の貨幣を必要とする際に，特定の対象または一群の対象に代えて，手に入れうる貨幣の券面に示される数である（Chambers［1966］p.92）。

　チェンバースはさらに，その内容を別のところで以下のように具体的に説明している（Chambers［1980］p.3）。市場経済活動において，買い手が財を購入するのは，彼がその価格に等価の貨幣額を所有するよりも財をもつことを選ぶからである。売り手が財を売却するのは，彼がその財の所有を継続するよりもその価格に等価の貨幣額をもつことを選ぶからである。

　ある企業が欲した財を購入するのに十分な貨幣を有していないが，ある貨幣価格で売却できる他の財（資産）を有しているならば，彼はそれらの資産のいくつかを売却することができる。それらの所有者が他の財の購入または負債の

返済を考えているならば，これらの資産の所有はそれらの売却時価に等価の貨幣を有するのと同じである。

　いくつかの資産を他の財を購入するために売却すると考える場合，現存資産の継続的所有および代替財から期待される使用または満足に関して，考慮がなされる。しかし，購入できる代替財の種類と規模，それゆえ期待される使用と満足は，現存資産の貨幣等価額（売却時価）がわかっている場合にしか決定できない。

　以上によって明らかなように，売却時価は企業の経済環境に適応するために非常に有用な評価基準である。そしてさらに，この売却時価が売却時価会計の評価基準であってみれば，売却時価会計は企業経済環境に適応できる会計であるということができ，ここに，売却時価会計の重要な論拠を見出すことができるのである。

　しかし，そればかりではない。この売却時価会計にはさらにもう１つの論拠がある。それは，この会計が常識的ないし日常的な「富」の概念を形成し，さらにすべての資産，負債および資本が測定される属性に関して本質的に同質になるので，それらを正しく加算し，関係づけることができるということである。すなわち，売却時価会計は加法性の特質を有しているのである。これは以下のように具体的に説明することができる。

　売却時価会計における売却時価は諸資産の「貨幣等価額」を見出すことになるが，これは，企業が所有する貨幣額を見出すことと同じである。したがって，この貨幣等価額が企業の常識的ないし日常的な「富」の概念を形成することになる。チェンバースによれば，ある時点におけるあなたの（または私のまたは企業の）額を見出す常識的または実際的な方法は，あなたが所有する現金と，あなたが所有する他の物のその時における正味売却価格とを加えることである。しかし，企業が他の者に貨幣を借りている場合，その負債額は総貨幣額または所有物の貨幣等価額から控除しなければならない（Chambers [1980] p.23）。

　これらの言明から，企業の純富を次の式で表すことができ，この富が企業の財政状態を構成し，貸借対照表に資産，負債および資本として計上されることになる。

純富 = 手持ち現金 + 諸資産の貨幣等価額 - 負債額

　この貸借対照表では，すべての資産は貨幣等価額で表示される。さらに，すべての負債は負の貨幣等価額（貨幣支払額）で示される。純資産たる株主持分（資本）はこのような資産と負債の差額であるので，正味貨幣等価額となり，金額的に企業の純富に等しくなる。これによって，売却時価会計におけるすべての資産，負債および資本は「貨幣等価額」という本質的に同じ属性で測定され，評価の論理的一貫性が達成され，加法性が成立するのである。

　井尻は，第5章で述べたように，会計責任の遂行を会計目的として，取得原価会計を主張する。彼によれば，そもそも現代の経済社会は会計責任のネットワークの上に築かれている。このネットワークがうまく機能するか否かは，会計責任の情報が円滑に流れるかどうかにかかっている。会計はこのような情報を提供することによって，経済社会に対して基本的な貢献をすることができるのである。

　すなわち，近代社会および近代組織は，その活動を記録し報告することを基礎とする会計責任の複雑なネットワークに依存している。会計のこの機能は，社会や組織が適切に機能するために不可欠のものである。したがって，会計は，企業活動とその成果の記録と報告から出発し，会計責任の解除によって終わることになる。少なくとも現行会計実務を合理的に解釈しようとする限り，これが会計の基本的な性格であるといえる。すなわち，会計責任こそ，会計を社会や組織における他の情報システムから区別するものだということができる（井尻［1976］49頁）。

　このような会計責任において，取得原価が非常に重要となる。取得原価会計とその他の評価方法の基本的な相違の1つは，取得原価会計が過去のすべての取引の記録をその評価方法の必然的な基礎として要求するという点にある。完成品の市場価格は，その製品が実際にどのように製造されたかがわからなくとも知ることができるが，その取得原価となると，その製品が実際にどのように製造され，その生産のために費消された材料と用役がどのように獲得されたかという点に関する記録がないと，決定することができない（井尻［1976］128-129頁）。

　このように，取得原価は過去において行われた企業活動をその実際の取引価額で漏れなく記録したものである。そして，この記録が会計責任の遂行において非常に重要な役割を果たすことになる。すなわち，主体の過去の活動を記録することは，現代の経済社会の基礎たる会計責任が適切に機能するために不可欠である。取得原価のデータがないと，経営者は，株主から委託されている財を適切に運用したということを証明するのが非常に難しくなる（井尻［1976］129頁）。

　これによって明らかなように，会計責任説と取得原価は非常に密接な関係を有している。すなわち，会計責任説は現代の経済社会および会計実践を説明する上で非常に重要な概念であり，そこにおける会計責任は取得原価によって保証されるという関係にあるのである。これを逆にいえば，取得原価は会計責任を保証し，会計責任は現代社会において非常に重要であるので，取得原価評価および取得原価会計を論理づけるものは，会計責任説であるということになる。

2　条件付規範理論

　これらの絶対的規範理論に対してマテシッチ（Mattessich）が提唱するのが，条件付規範理論（条件付規範的会計方法論）である。これは，価値判断を理論に組み入れ，会計情報の利用者に広範囲の代替的な目的指向的モデルを示す規範理論である。

　その究極的なビジョンは，かなりの数の会計モデルの創造であり，その各々は，特定の会計目的に合わせた特定の仮説をもつものであり，標準化されるが，「顧客たる利用者」にかなりの選択権を与えるものである。この方法論は，一部は価値判断の開示によって正当化され，一部は目的とそれを達成するための手段との関係を確証する経験的手続によって正当化される，ある種の客観性を主張する（Mattessich［1995］p.190）。

　マテシッチによれば，条件付規範理論の客観性の主張は，次の状況に見出される（Mattessich［1995］pp.193-194）。

　(1)　条件付規範理論は，様々なグループまたは個人が，会計，経営，ファイナンス，事業一般における様々な目標を追求することを認める。それゆえ，それは，「絶対的」価値または目的の観念を拒否し，競合的目的および補

完的目的の全範囲および階層を理解しようとする。この方法論は，単一の規範または目標（利益極大化，売却時価，情報への等しい接近等）を唯一の有効なものとはみず，意思決定者に価値判断の自由な選択を与える。とりわけ，それはある会計理論，モデルまたはシステムに組み込まれた価値判断の開示を要求する。それらの代替案の1つを選択する際に，その背後にある価値判断を公に開示することによって，ある目的が達成される[3]。

　したがって，条件付規範理論の第1の客観的な局面は，その基礎にある価値判断（または価値判断の集合）の明確な説明にあり，適切な規範が多くの可能な代替案の中で唯一のものであることの承認にある。それゆえ，条件付規範理論は実用的 ― 科学的アプローチを可能にする。

(2)　条件付規範理論において，推奨される手段はその基礎にある規範または価値判断に根拠を置く。これは，適切な分析および経験的方法において，それらの規範とそれらの手段との関係を表現することを必要とする。そのような公式化された目的 ― 手段関係の構造は，純粋科学の科学的法則言明の構造とは異なり，目的適合的な構造を認識することが決定的に重要である。

　このように，条件付規範理論は，価値判断の開示と目的 ― 手段関係を確証する経験的手続との統合によってある種の客観性を主張する。そのような統合は規範的要素および実証的要素を使用するけれども，それは重大な局面で「実証的アプローチ」とは異なっている，とマテシッチはいう。

　前述したように，実証理論は，関連する理論またはモデルの前提において価値判断の存在と調和しない。他方，条件付規範理論は規範的前提を必要とする。応用科学は，（自然科学，生物科学，または実証的社会科学の意味で）純粋なまたは公平無私な知識を得ることに関心はなく，実践的目標を達成するためにこの

---

3)　条件付規範理論からすると，この価値判断は目的価値と手段価値の価値判断からなる。目的価値は，他の価値あるものの手段となるからではなく，それ自体において価値とみなされる価値であり，本来的価値あるいは自体的価値（intrinsic value）ともいわれる。手段価値は，それ自体においては価値ではなく，他の価値あるものの手段となるという意味の価値で，利用価値とも有用性ともいわれる。それは何かの目的に役立つ性質のものである（永井［1984］347頁）。会計理論では，これらの価値の価値判断に関する開示が要求されることになる。

知識を適用することに関心があるので，条件付規範理論は応用科学としての会計によく適しているのである（Mattessich［1995］p.191）。

マテシッチはさらに，条件付規範理論と実証理論の相違を説明し，条件付規範理論の優位性を次のように主張する。一見すると，条件付規範理論と実証理論は一致しているように思われる。しかし，ある重要な相違があり，実証理論は事実の言明（例えば，記述）に関心があるが，条件付規範理論は明示された規範に基づく推奨（recommendations）（規定）に関心がある。

そして彼によれば，この構造的相違は，実証理論が推奨を直接的に行えないことを示している。それは，理論プロパーの外で，記述を推奨に変形する追加的なステップを必要とする。したがって，実証理論が方針的推奨を目指すという誘惑に駆られるときは常に，実証理論はこれをできず，間接的に指摘できるだけである[4]。

それゆえ，決定的な疑問は，誰がisまたはwill beからought to beに（つまり，記述から規定に）ジャンプするかということである。実証理論によれば，それは（せいぜい学術的な「条件付記述」から得る）実務家であるように思われる。しかし，条件付規範理論では，それは，目的―手段関係を定式化し，実務家に代替的な目的に対する規定を示すと仮定される理論家である。換言すれば，その疑問は，行動に対する推奨は理論的フレームワーク内で行うべきであろうか，それともその外で行うべきであろうか，ということである。

これに対するマテシッチの答えは，応用科学のまさに本質は，代替的な目的の全体的なセットに対して理論的解決策を「前もって」準備しておくことにあるということである。その場合にのみ，利用者（医師，エンジニア，法律家，または会計士）は，理論をとることができ，彼ら自身が難しい推定に巻き込まれることなしに，それを実際の実務に適用できるのである。

決定的に重要な疑問は次のようである。すなわち，利用者たる実務家の特定

---

4)　なぜならば，記述から規範を導き出すことはできないからである。これを「真理」に関連づけて，永井は次のように述べている。価値判断文について，真であることと真であることを認めること，つまり真理と確証とを明確に区別しなければならない。認識において，間主観的な確証から真理が論理的に導出されないのと同様に，価値評価においても，間主観的な確証から真理が論理的に導出されることはない。すなわち，事実（記述）から価値（規範）が導き出されることはないのである（永井［1984］329頁）。

の情報要求に対して適切なモデルおよびシステムを提供する学術的会計学に，実務家がどの程度まで頼ることができるか，ということである。実務家に，各々の新しい状況において，実証的会計理論の言明とある特定の目的を達成するために要求される手段とを橋渡しすることを期待できない，とマテシッチは考えている（Mattessich［1995］p.195）。

　結論として，マテシッチは条件付規範理論の主な特徴を次のようであるとする（Mattessich［1995］pp.220-221）。
　⑴　会計学は応用科学であることの認識
　⑵　価値判断および手段を目的に関係づける仮説の特性に対するより多くの注目
　⑶　現在の会計理論の新古典的経済基準は会計で追求される目標およびサブ目標に適応させるには狭すぎることの認識
　⑷　諸目的およびそれに対応する（経験的に決定された）目的─手段関係の包括的なカタログの必要性

　このカタログは，会計の「顧客たる利用者」に，「注文に応じて作る」（標準化されたまたは準標準化された）方法で，彼らの特定のニーズおよび価値判断に適合する情報を彼らに提供することで役立つであろう，とマテシッチは主張する。

Ⅳ　条件付規範理論の優先性

　以上，現代における会計の重要な理論領域である実証理論，絶対的規範理論および条件付規範理論を説明し，検討してきたが，ここで改めて各理論を整理すると次のようになる。

　実証理論は，現実に観察される会計実務が企業において採用される理由を述べ，それらを体系化することで理論とし，その理論に基づいて，未だ観察・分析されていない会計現象を予測する。そのうえで，研究者には，データベースから入手した膨大な観測値を用いて経験的検証を行い，直感に対しても違和感のない，優れた予測能力を備えた説明理論を開発・構築することが求められる。

　実証理論では，理論は現実を単純化したものであり，世界は複雑で変化しているがゆえに，すべての会計現象を説明し予測する理論を構築することはできない。理論家はある現象を説明し予測しようとして，彼らの設定した諸仮定の中でその現象に共通する変数を捕捉しようとする。その結果，ある1つの観測値または観測値の部分集合に固有の事項で，その現象全体に共通していない事項は無視されて，理論の仮定に組み込まれない。

　実証理論は価値判断のない理論である。すなわち，実証理論は価値判断を前提として認めることができず，それらを観察された事実に要約できるだけである。それゆえ，目的 — 手段関係は理論それ自体から自動的に除外される。というのは，目標または目的は手段の決定に対して価値賦課的前提であるからである。

　ただし，実証理論では目的 — 手段関係がまったくないのかといえば，そうではない。実証理論においても，目的が与えられれば，理論家は規定を条件付予測に転化でき，その経験的妥当性を評価することができる。しかし，目的の選択は理論家が行うことではなく，理論の利用者が行うことになる。

　これに対して，規範理論は目的および目的関数ならびに目的 — 手段関係を最も重要視し，それを利用者ではなく理論家が付与するということになる。この規範理論は2つに区別される。1つは絶対的規範理論であり，他は条件付規範理論である。

　このうち，絶対的規範理論は，ある絶対的な実用的価値判断（特定の評価方法，実現基準等の認容）を黙示的に組み入れた規範理論である。そこでは，目的 — 手段関係に基づき，ある評価方法が絶対的に正しい評価方法として提唱される。そして，その目的の選択は理論家によって行われることになる。

　条件付規範理論は，価値判断を理論に組み入れ，会計情報の利用者に広範囲の代替的な目的指向的モデルを示す規範理論である。この理論は，様々なグループまたは個人が，会計，経営，ファイナンス，事業一般における様々な目標を追求することを認める。それゆえ，それは，絶対的価値または目的の観念を拒否し，競合的目的および補完的目的の全範囲および階層を理解しようとする。つまり，条件付規範理論は単一の規範または目標を唯一の有効なものとは見ず，会計情報の利用者に価値判断の自由な選択を与える。

　条件付規範理論は，ある会計理論，モデルまたはシステムに組み込まれた価値判断の開示を要求する。それらの代替案の１つを選択する際に，その背後にある価値判断を公に開示することによって，ある目的が達成される。そして，条件付規範理論は，価値判断の開示と目的 ― 手段関係を確証する経験的手続との統合によってある種の客観性を主張する。

　条件付規範理論では，代替的な目的の全体的なセットに対して理論的解決策を前もって準備しておく必要がある。そして，その究極的なビジョンは，かなりの数の会計モデルの創造であり，その各々は，特定の会計目的に合わせた特定の仮説をもつものである。ここでも，その目的の設定は理論家によって行われることになる。

　これらの内容を一表で表すと，**図表７−１**のようになる。

図表７−１　実証理論，絶対的規範理論，条件付規範理論の比較

	実証理論	絶対的規範理論	条件付規範理論
理論の絶対性	なし	あり	なし
目的―手段関係	なし	あり	あり
目的設定の主体	利用者	理論家	理論家

　これによって明らかなように，各理論はそれぞれ特徴を有し，異なっているのであるが，各理論の共通点もないことはない。その共通点を探求し，それを展開することによって，どの理論を選択すべきであり，どの理論が優先性を有しているかを決定することができるように思われる。

　まず，絶対的規範理論と条件付規範理論の関係を考えると，両者の間にはもちろん共通点が多数存在する。両者は規範理論であり，目的および目的関数ならびに目的 ― 手段関係を最も重要視し，それを利用者ではなく理論家が付与することになる。両者の唯一の違いは，絶対的規範理論ではある絶対的な目的を設定し実用的価値判断を組み入れるが，条件付規範理論では会計情報の利用者に広範囲の代替的な目的を設定し価値判断を組み入れるということにある。

　この相違にかんがみて，絶対的規範理論と条件付規範理論のうち，どちらが一般理論であるかというと，条件付規範理論が一般的な理論であるということ

ができる。なぜならば，絶対的規範理論は条件付規範理論の一形態と見ることができ，条件付規範理論の方法を絶対的規範理論に適用することができるからである。したがって，条件付規範理論は規範理論の一般形態であり，絶対的規範理論は規範理論の特殊形態であるのである。

　これを踏まえて次に，実証理論と条件付規範理論の関係を考えると，ここでも両者の間に共通点が存在する。それは，両者において理論の絶対性がないということである。上述したように，実証理論では，理論は現実を単純化したものであり，世界は複雑で変化しているがゆえに，すべての会計現象を説明し予測する理論を構築することはできず，完全な理論がない。条件付規範理論においても，単一の規範または目標を唯一の有効なものとは見ず，会計情報の利用者に価値判断の自由な選択を与える。この理論の相対性に，実証理論と条件付規範理論の共通性を見出すことができる。

　実証理論と条件付規範理論のさらなる共通性は，両者の間で仮説と目的との違いがあるが，両者とも仮説または目的の価値判断を経験的に検証することを重要視する，ということにある。

　実証理論は，現実に観察される会計実務が企業において採用される理由を述べ，それらを体系化することで理論とし，その理論に基づいて，未だ観察・分析されていない会計現象を予測し，その上で，データベースから入手した膨大な観測値を用いて経験的の検証を行い，直感に対しても違和感のない，優れた予測能力を備えた説明理論を開発・構築する。条件付規範理論は，一方では目的の価値判断の開示を行い，他方では目的とそれを達成するための手段との関係を確証する経験的手続をとる。これによって，両者は経験的検証を重要視するのである。

　このように，実証理論と条件付規範理論の間には共通性が多いのであるが，両者の間に決定的な相違もある。それは，実証理論では現実に観察される会計実務の説明と予測を重視し，目的 ─ 手段関係を重視しないのに対して，条件付規範理論では目的 ─ 手段関係を最も重要視するということである。そして，目的設定の主体は，実証理論では会計情報の利用者にあるのに対して，条件付規範理論では会計理論を探究する理論家にあるということである。

　そこで，次に考察しなければならないのは，会計理論は仮説を検証すること

にあるのか（原因 ― 結果関係），目的を検証することにあるのか（目的 ― 手段関係），ということである。また，その主体は誰でなければならないかということである。換言すれば，実証理論と条件付規範理論のうち，会計理論に対して，どちらを優先すべきであるかということである。さらにいうならば，目的 ― 手段関係が会計理論において不可欠かどうかということである。

　これに関して，まず念頭におかなければならないのは，会計学は純粋科学ではなく応用科学であり，社会科学であるということである。会計学が応用科学であるならば，マテシッチがいうように，規範および目的 ― 手段関係のその理論への包含は，不可欠である。ある目的を達成しなければならない場合には常に，この目的を十分達成するための手段を見出さなければならない。会計システム，ならびに会計基準は，そのような目的指向なしには無意味である。さらに，経験的研究および検証手続なしに，会計理論研究を行うことはできないのである（Mattessich［1995］pp.183,187）。

　また，目的設定の主体に関して，これもマテシッチがいうように，会計情報の利用者たる実務家に，各々の新しい状況において，ある特定の目的とそれを達成するために要求される手段とを橋渡しすることを期待できない。目的 ― 手段関係を定式化し，実務家に代替的な目的に対する規定を示すと仮定されるのは，理論家である。そして，理論家は代替的な目的の全体的なセットに対して理論的解決策を「前もって」準備しておく（Mattessich［1995］p.195）必要があるのである。

　このように見てくると，会計理論の構築は条件付規範理論を基礎として行わなければならないということになる。すなわち，会計理論は条件付規範理論を中心として，実証理論の方法の支援を受けて研究しなければならないのである。そして，これが会計理論の統合である。

　この統合にあたり，これからの会計研究において必要なことをマテシッチは次のように述べているので，最後にそれをここで掲げることにする。彼によれば，われわれは2つの主ステップからなる，異なった「研究方法論」を必要とする。それは，(1)規範または価値判断の，関連する目的に根拠を置く，会計モデルへの組み入れ，および(2)目的から演繹的にのみならず，とりわけ帰納的に手段を推測するための統計的および関連する経験的技法である（Mattessich

［1995］p.199)。

　第1のステップは，様々な規範理論の構築および会計モデルの創造を必要とする。第2のステップにおいては，さらなる経験的会計革命を必要とするが，そこにおいて，実証理論で現在利用できるまさに同じ統計的技法を使用することができる。そして，この方法論が社会科学としての会計の一般理論ということになり，これによって個々の具体的な会計理論が構築されることになる。

V　条件付規範理論の適用

　前述したように，条件付規範理論は，価値判断を理論に組み入れ，会計情報の利用者に広範囲の代替的な目的指向的モデルを示し，目的 ― 手段関係を重要視する規範理論である。この条件付規範理論を具体的な会計理論に適用することが，本節の課題である。その場合の方法として，金融商品会計，リース会計等の個別的な事例に適用することも可能であるが，ここでは，会計理論の基本的な事例に適用することとする。それは，(1)静態論と動態論および(2)取得原価会計と時価会計である。

1　静態論と動態論

　静態論は会計の目的を財産計算とする理論であり，動態論は会計の目的を損益計算とする理論である。静態論の代表はシェアー（Schär）の純財産学説およびニックリッシュ（Nicklisch）の貸借対照表学説であり，動態論の代表はシュマーレンバッハ（Schmalenbach）の動的貸借対照表論である。

　純財産学説とは，会計目的を企業の純財産を計算することにおき，資産（積極財産）－負債（消極財産）＝資本（純財産）といういわゆる資本等式に基づいて会計構造論を展開する学説である。シェアーは，ある特定の企業に所属するすべての物的財および法律財を所有財産（Eigentum）とよび，そのような所有財産は経済的側面と法律的側面との二面から観察されるとする。経済的側面からみた所有財産は，具体的な交換価値を有する諸経済財すなわち財産構成部分からなり，その合計は総財産を構成し，これは通常資産を意味する積極財産（Aktiven）とよばれる。いま，各財産をaとし，その合計たる積極財産をAで

表すならば，次の式が成り立つ。

所有財産 $= a_1 + a_2 + a_3 + \cdots = A$

しかし，所有財産を法律的側面すなわちその源泉からみた場合には，それは資本（Kapital）とよばれる。それは財産に対する抽象的処分力概念として捉えられ，これを K で示すならば，次式が生じる。

所有財産 $=$ 資本 $= K$

そして，これらのことから，次の等式が成立する。

所有財産 $=$ 積極財産 $=$ 資本，すなわち $A = K$

この等式は，財産構成部分の合計およびその具体的な積極財産とその法律的源泉としての資本とを対照表示している。すなわち，この等式では，ある企業の総所有財産に関して，実体的に把握することができる経済的および法律的在高部分の交換価値と，それから結果した抽象概念すなわち企業の資本とが対立しているのである（Schär［1922］S.13-14）。

これがシェアーの出発点となる会計等式であるが，この等式に負債概念を導入することによって，彼は自身の基本的な会計思考を明らかにする。その場合，問題となるのは会計等式における負債の位置づけであり，彼はこれを積極財産のマイナス項目として位置づける。その理由は次のようである。個別経済主体各自が信用（現在と将来の連結）によって相互に連結し合っている結果，すべての経済主体においては，所有財産に属しながら A の財産部分をなし，同時に他の法律主体に属し，将来その法律主体に対して同額の貨幣を支払わなければならないような財がある。それゆえに，この支払いは A より分離して交付することによってのみなしうるのであるから，これは消極的性質を有する。したがっていまや，A（積極財産）は，ただ単に自己資本の対価ばかりでなく，将来第三者に支払われるべきものの対価をも包含する（Schär［1922］S.14）。

すなわち，シェアーは，負債はその返済時において資産つまり積極財産より支払われなければならないから，積極財産に対して消極的な性質をもつ消極財産であるとするのである。この意味では，資産と負債は財産という同じ次元に

属しており，それらの積極的性質および消極的性質においてのみ異なるのである。ここに，彼の負債に対する基本的な考え方，しいては会計に対する根本的な思考が現れているということができる。

そして，ここからさらに，負債は将来返済されなければならないから，企業の正味の資本つまり自己資本（Eigenkapital）ではなく，自己資本を計算するためには資産の積極財産から負債の消極財産を控除する必要があるという考えが生じてくる。そして，このようにして算定されたものが純財産（Reinvermögen）であり，自己資本と同義となる。したがって，負債が存在する限り，純財産はある計算量であり，資産と負債の差引き高であるということになる。

これによって明らかなように，シェアーにおいては，会計の目的は企業の積極財産（資産）から消極財産（負債）を控除した純財産を計算することであり，ここから彼の純財産学説の名称が生じることになる。そして，この純財産学説の会計構造思考を等式で表したものが資本等式（Kapitalgleichung）であり，前述したように，彼はこれを次のように示している（Schär [1922] S.16）。

$$A - P = K$$

ここで，Aは積極財産ないし資産を，Pは消極財産ないし負債を，Kは純財産ないし自己資本をそれぞれ表している。この資本等式がシェアーの基本的な会計等式であり，この等式を基礎として，彼は企業において生じる様々な取引の純財産に及ぼす影響を説明していくのである。

したがって，シェアーの純財産学説では，条件付規範理論における目的 ― 手段関係に関して，会計の目的は純財産の計算であり，その手段は資本等式に基づいて作成される財産勘定および資本勘定ということになる。

貸借対照表学説とは，会計の目的を企業の総財産および総資本を計算することにおき，財産＝資本（他人資本＋自己資本）ないし財産＝持分（債権者持分＋株主持分）といういわゆる貸借対照表等式に基づいて会計構造論を展開する学説である。

上述した純財産学説とは異なり，ニックリッシュは負債と資本とを同質視し，負債を他人資本と解し，資本を自己資本と解する。そして，これらの両者が広

い意味で資本となり，企業に投下された具体的資金たる財産と対比されるのである。この事情を彼は次のように述べている。資金の総額が企業所有者によって与えられたか，それとも他人によって与えられたかは，企業の資本概念にとって何ら重要ではない。総価値の合計は，自己資本であると他人資本であるとにかかわらず，企業で稼働している資本の量である（Nicklisch［1922］S.65-66）。

　このように，負債（他人資本）と資本（自己資本）とは広義の資本として同質視されるのであるが，それでは，両者の相違がどこにあるのかというと，それは法律制度からする私的所有権の相違にある。ニックリッシュによれば，資本は資金の具体的種類および構成とは何ら関係がないから，それは財貨の種類によって分類することができない。資本が何によって区別されなければならないかは，むしろわれわれの今日の経済生活が基礎においている法律制度から明らかになる。その基礎は，経済的諸財貨に対する私的所有権である。したがって，ここで答えるべき問いは，企業で稼働している価値が誰に属し，誰がその価値を投資したかということである（Nicklisch［1922］S.66）。

　両者においてこのような相違はあるが，いずれにしても，負債と資本とは他人資本および自己資本として同質視され，広義の資本として財産と対比されることになる。そこで，ここで改めて問題となるのは，財産および資本の意味と両者の関係である。ニックリッシュは財産および資本を次のように定義している。財産とは，ある企業が自己の利益のために自由に処分しうる諸財貨の総体である。営業財産とは，目的に対する手段としてある企業に役立つ諸財貨の総体である。そして，資本（営利資本）とは，目的に対する手段として，ある経営経済に役立つ経済的諸財貨の貯蔵（Vorrat）である（Nicklisch［1922］S.65）。

　すなわち，財産とは，企業の営利目的に対する手段として活動している諸財貨であり，具体的な形態によって構成されているものである。これに対して，資本とはこれらの諸財貨に内在する価値の総計であって，抽象的な形態をとるものであり，これらの諸財貨がどのような種類の財貨となって存在するかは問うところではないのである。そして，これらの定義から，ある企業において，資本と財産は同一物に対する2つの表現であるということが生じるのである（Nicklisch［1922］S.64-65）。

　この企業資金という「同一物に対する 2 つの表現」である財産と資本は，当
然，貸借対照表において表示されることになる。この表示について，ニック
リッシュは次のように述べている。貸借対照表においては，財産側は企業資金
を捕捉しうるものおよび常に変化するものとして示し，資本側は企業資金を抽
象的なものおよび残留的なものとして示す。前者は，何があるかをわれわれに
示すのに対して，後者は，何も失われないとするならば，何がなければならな
いかを示すのである。積極側における表示は，企業をその具体的構成において
示し，有機的に結合された目的基礎からなる経済単位として示す。消極側にお
ける表示は，企業を私的所有権を基礎とする今日のわれわれの経済制度の構成
要素として示す（Nicklisch［1922］S.68-69）。

　そこでは，資本は企業に財産を獲得する能力を与え，財産は資本を具現する。
この関係は，資本の総額が財産の総額に等しいことを意味している。そこから，
財産が減少するときには同じ額の資本が減少し，しかも同じ取引によって減少
するということが生じ，逆に，財産が増加するときには同じ額の資本が増加す
るということが生じる。ニックリッシュによれば，資本の導入は同時に財産の
導入である。財産の減少は同時に資本の減少であり，ある対価は少なくとも同
じ額で成立しないとしてもそうである。後者に関する限り，財産構成の変化の
みが問題となる。他の系統においても，同じ経過によってある種の資本は減少
し，他の種の資本は増加する（Nicklisch［1932］S.718）。

　すなわち，財産の総額と資本の総額とは常に等しいのであり，これは財産と
資本との間の取引の場合にも，財産間もしくは資本間の取引の場合にも妥当す
る。それゆえ，次のような貸借対照表等式が常に生じることになり，これが
ニックリッシュの提唱する貸借対照表学説の基本等式となるのである
（Nicklisch［1922］S.69）。

　　総財産＝総資本
　　他人資本からの財産＝他人資本
　　自己資本からの財産＝自己資本

　したがって，ニックリッシュの貸借対照表学説では，条件付規範理論におけ
る目的 — 手段関係に関して，会計の目的は企業の総財産および総資本の計算

であり，その手段は貸借対照表等式に基づいて作成される貸借対照表というこ
とになる。

　次は，動態論の説明である。そこにおける動的貸借対照表論とは，会計目的
を企業の利益を計算することにおき，これに基づいて動的貸借対照表を作成し，
会計理論を展開する学説である。その代表であるシュマーレンバッハの提唱す
る利益概念は，端的にいえば，経済性の表現としての利益概念である。そして，
その具体的な内容は，共同経済的利益であり，全体利益の部分としての期間利
益であり，給付と費用の差としての利益であり，そして，計算の確実な利益で
あるということができる。これらのうち，主として「全体利益の部分としての
期間利益」を以下で説明することにする。

　シュマーレンバッハは，利益を考える場合，全体利益計算から始め，全体利
益計算の部分としての期間利益計算を考える。その説明は次のようである。存
続期間の短い企業と長い企業がある。個々の投機や当座取引のように短期しか
存続しない企業に対して，その全営業が終わって初めて損益計算を行っても原
則として十分である。そのような利益は「全体利益」（Totalgewinn）とよばれ
る。それは完結し終了した営業による利益である。

　しかし，長期にわたる，すなわち多年または無限を期して設立された企業で
は，別の方法の利益計算を必要とする。そのような企業において，経営が終
わってからではなく，経営過程の途中において損益を検討して，経営が順調で
あるか順調でないかを把握し，不経済なものを除去し，経済的なものを発展さ
せることができなければならない。そのような経営過程中における利益計算は，
比較可能な数字を得るために，均一期間により繰り返し行われる。そのような
利益計算は「期間利益計算」（periodische Gewinnrechnung）とよばれる。

　期間利益を部分利益の結果と見ると，つまり全体利益の部分と見ると，一致
（Kongruenz）が利益計算の目的となり，期間利益の合計＝全体利益として形式
的に表現される一致の思考によって，期間利益の限定に関して出発点と統制が
得られるのである。

　全体利益の計算は期間利益の計算よりもはるかに簡単である。企業はその活
動の開始に際して貨幣または貨幣で評価される財貨を市場から獲得し，企業が
その活動を終えるときに，これらの財貨を市場に戻す。それゆえ，全体利益計

算は，貨幣価値のある財貨を貨幣と同一視すると，損益計算であるのみならず，原則として同時に収入支出計算（Einnahme- und Ausgaberechnung）である。存続年数を期間に分解することによって初めて期間の変わり目になお未解決の力があるので，収入支出計算と損益計算との間に差異が生じ，それゆえ同時に困難が生じるのである。

　損益計算と収入支出計算との相違は，第1に，経営に入ってくる財および力がただちにそこにおいて費消されるのではなく，一部が貯蔵されることによって生じ，他方では，反対給付が先に行われないで力の費消が行われることによって生じる。さらに，同じ期間に収入とならない給付が行われることによって生じ，最後に未だ給付と見られない収入もあることによって生じる。

　第2に，収入支出計算において，企業主の資本提供ならびに利益分配を含んだ資本引出しが含まれるが，これは全体計算において必要な限り相殺される。また，貸付金の授受その他の信用取引は，全体計算では相殺されるが，期間計算では相殺されない（Schmalenbach［1939］S.96-97）。

　そこで，これらの損益計算と収入支出計算との相違を収容するものとして，**図表7-2**のような動的貸借対照表が作成されるということになる（Schmalenbach［1939］S.120）。

　図表7-2において，貸借対照表の積極側は，次の項目を含む。

(1)　支出にして未だ費用とならず，再び収入ともなっていないもの

(2)　給付にして未だ収入とならず，費用ともなっていないもの

(3)　貨幣

　ここで，「給付」（Leistung）という語を広い意味で用いるならば，シュマーレンバッハによれば，これらの項目はすべて経営の前給付（Vorleistung）を表すものである。またこれを積極的給付（Aktivleistung）ということもでき，「積極」（Aktiva）という語はこの概念を表す語として望ましい語である。

　また，消極側は企業の後給付（Nachleistung）を表す。これらの項目は，未済の給付でいずれは経営給付か支払い（支出）を行わなければならないものか，もしくは未払いの費用である。後給付はすべての場合にあるので，ここでも「消極」（Passiva）という語は積極という語の対語としてよい語である，と彼は

210

図表7-2 動的貸借対照表

積　　極	消　　極
1．支出，未費用 　購入した設備で消耗し減価するもの 　未使用の原料，補助原料 　前払いの保険料，利子，家賃等 　仕入先への前払金 　研究費，準備費等で後期に配分しうる 　支出	6．費用，未支出 　仕入先への債務 　未払修繕費 　未払税金 　未払利息等
2．給付，未収入 　自家製の設備で使用後に売却しうるも 　の 　製品給付による債権	7．収入，未給付 　得意先からの前受金 　その他将来の給付に対する前受金
3．支出，未収入 　購入した設備で使用後売却しうるもの 　売買業における在庫商品 　貸付金 　購入した有価証券，出資金等	8．収入，未支出 　借入金 　受け入れた資本金
4．給付，未費用 　自家製の設備で消耗し減価するもの 　自家用半製品，製品 　研究の結果得た給付で後期に配分しう 　るもの	9．費用，未給付 　未着手の修繕に対する将来の給付
5．貨幣	

いう（Schmalenbach［1939］S.119）。

　シュマーレンバッハはさらに，貸借対照表は未だ解決されていない支出，費用，収入および給付に対するその繰越機能において有用な補助手段であるとする。貸借対照表は未解決のものを適切に表すものである。これによって，貸借対照表は貴重な記憶保持に役立つのみならず，いわば企業の力の貯蔵（Kräftesspeicher）を示すことになる。すなわち，貸借対照表は積極的力の在高と消極的力の在高との関係を示すのである（Schmalenbach［1939］S.121）。

　以上のことから，シュマーレンバッハの動的貸借対照表論では，条件付規範理論における目的 ─ 手段関係に関して，会計の目的は企業の利益の計算であ

り，その手段はこの理論に基づいて作成される動的貸借対照表（および損益計算書）ということになる。

2　取得原価会計と時価会計

　次に，取得原価会計と時価会計における目的 ― 手段関係について説明する。まず，取得原価会計に関してであるが，その代表的提唱者である井尻は，前述したように，会計目的として会計責任を主張する。ここで，会計責任とは，履行者がその行動や行動から生じる結果について受益者に対して釈明する（account for）義務を意味している。

　このような会計責任において，取得原価が非常に重要となる。取得原価会計とその他の評価方法の基本的な相違の1つは，取得原価会計が過去のすべての取引の記録をその評価方法の必然的な基礎として要求するという点にある。完成品の市場価格は，その製品が実際にどのように製造されたかがわからなくとも知ることができるが，その取得原価となると，その製品が実際にどのように製造され，その生産のために費消された材料と用役がどのように獲得されたかという点に関する記録がないと，決定することができない（井尻［1976］128-129頁）。

　このように，取得原価は過去において行われた企業活動をその実際の取引価額で漏れなく記録したものである。そして，この記録が会計責任の遂行において非常に重要な役割を果たすことになる。すなわち，主体の過去の活動を記録することは，現代の経済社会の基礎たる会計責任が適切に機能するために不可欠である。取得原価のデータがないと，経営者は，株主から委託されている財を適切に運用したということを証明するのが非常に難しくなる（井尻［1976］129頁）。

　これによって明らかなように，会計責任説と取得原価は非常に密接な関係を有している。すなわち，会計責任説は現代の経済社会および会計実践を説明する上で非常に重要な概念であり，そこにおける会計責任は取得原価によって保証されるという関係にあるのである。これを逆にいえば，取得原価は会計責任を保証し，会計責任は現代社会において非常に重要であるので，取得原価評価および取得原価会計を論理づけるものは，会計責任説であるということができ

212

る。

　したがって，井尻の会計責任説では，条件付規範理論における目的 ― 手段関係に関して，会計の目的は会計責任の遂行であり，その手段は取得原価会計であるということになる。

　購入時価会計を提唱するエドワーズ＝ベルによれば，前述したように，会計の任務は経営者の行った意思決定の結果を評価できる資料を提供することである。これを会計における「業績評価任務」とよぶことができる。

　彼らは一見してこの業績評価任務のみを強調しているきらいがあるが，その背後にもう１つの会計の任務が存在することを見逃してはならない。それは，業績評価の結果によって，(1)当期の生産過程を統制し，(2)将来の意思決定をより良いものにし，(3)意思決定の過程それ自体を改善する（Edwards and Bell [1961] p.4）という任務である。この任務を会計における「意思決定の促進任務」とよぶことにする。

　このように，会計には２つの任務が見出されるのであるが，ここで改めて，これら２つの任務が具体的に何を意味するのかを，エドワーズ＝ベルおよびエドワーズ＝ベル＝ジョンソン（Johnson）の所論から推論してみよう[5]。

　まず，経営者の業績評価任務に関して，一般に業績を評価するという場合，それ自体では何も評価することはできず，他のなんらかのものと比較することによって初めて評価が可能となる。会計の場合，それは他の期間との比較であり，他の企業との比較であるということができる。したがって，経営者の業績評価の具体的内容は，期間比較と企業間比較ということになる。

---

5) この推論の根拠となるのが，エドワーズ＝ベル＝ジョンソンのあげた，会計モデルが満たさなければならない以下の４つの規準である（Edwards, Bell and Johnson [1979] p. 457）。
　(1) 会計モデルは，変化の発生した原因を明確に識別できるように，変化を分類しなければならない。
　(2) 会計モデルは，事象が発生した時に測定されなければならない。つまり，ある期間の実際の事象は，過年度に発生した事象もしくは将来の期間に発生するかもしれない事象を排除して記録しなければならない。すなわち，１期間のすべての事象を記録しなければならず，またその期間の事象のみを記録しなければならない。
　(3) ある年度の営業成果および財政状態は，以前および以後の年度のそれらと比較可能でなければならない。
　(4) ある産業内のある企業の財務諸表は，同じ産業内の他の企業ならびに他の産業内の企業の財務諸表と比較可能でなければならない。

　そして，これらの任務内容を遂行するための条件は，「会計モデルは，事象が発生したときに測定されなければならない」ということである。換言すれば，1期間のすべての事象を記録しなければならず，またその期間の事象のみを記録しなければならないということである。なぜならば，ある期間の会計記録に過年度に発生した事象もしくは将来の期間に発生するかもしれない事象が含まれているならば，純粋な期間比較および企業間比較が不可能となるからである。

　次に，意思決定の促進任務に関して，それは企業における重要な要素としての投資意思決定を促進することである。そして，具体的には，現在の投資を継続して増加すべきか，減少しながら他のより有利な投資代替案を探求すべきか，それとも即座に中止して他のより有利なものに投資を変更すべきかを経営者に報告することである。この報告によって，経営者は実際に意思決定を行うことになる。

　そして，この任務を遂行するための条件は，「会計モデルは，変化の発生した原因を明確に識別できるように，変化を分類しなければならない」ということである。ここで，変化の発生した原因とはすなわち「利益の発生した原因」であり，これを明確に分類することによって，具体的な投資意思決定が可能となるわけである。

　以上の理解をふまえて，それでは次に，購入時価会計がこのような内容の経営者の業績評価任務と意思決定の促進任務とを果たすかどうかを検討してみよう。

　まず，購入時価会計が経営者の業績評価に役立つかどうかということから検討する。前述した説明から明らかなように，購入時価会計は関係のある事象をそれが発生する都度測定し，過年度に発生した事象もしくは将来の期間に発生するかもしれない事象を排除して記録する。すなわち，購入時価会計における経営利益は当期営業利益と実現可能原価節約とによって当該期間に発生した事象をすべて報告し，また当該期間の事象のみを報告する。これによって，経営者の責任の所在を明確にすることができるということになる。

　過去の期間になされた意思決定がその期間に認識されずに，当該期間に認識されるならば，経営者の責任の期間的帰属が不明確となり，経営者の業績に関する期間比較が行えないことになる。これに対して，経営利益における当期営

業利益と実現可能原価節約のようにある期間に行われた意思決定の結果がその期間に認識されるならば，経営者の責任の期間的帰属が明確となり，経営者の業績に関して純粋な期間比較が行えることになる。このように，購入時価会計は企業の営業活動ならびに保有活動に関して期間比較の可能な情報を提供し，経営者の期間間の業績比較に役立つのである。

　これと同じことが，企業間比較についてもいうことができる。企業間比較は，経営者の責任の期間的帰属を明確にすることによって初めて達成される。取得原価会計における利益のように，期間利益に過去の意思決定による成果が混入されるならば，たとえ2つの企業が同じ期間利益を報告したとしても，当該期間のみに帰属する経営者の業績は異なるかもしれず，それゆえ2人の経営者の業績を比較することはできない。これに対して，購入時価会計によれば，2企業間の経営者の責任帰属が期間的に明確にされ，したがって彼らの業績を直接比較することができるのである。

　このように，購入時価会計によれば経営者の責任の期間的帰属が明確となり，これによって期間比較と企業間比較とが可能になる。しかし，この意味では，経営利益を当期営業利益と実現可能原価節約とに分ける積極的理由はない。経営者の業績を評価するためには，全体としての経営利益を総合的に評価するだけで十分であり，またそうしなければならないからである。したがって，購入時価会計において，経営利益を当期営業利益と実現可能原価節約とに分ける必要性は別のところにあり，それが第2の問題である意思決定の促進任務に関係することになる。

　購入時価会計は，利益が発生した原因を明確に識別するために，これを当期営業利益と実現可能減価節約とに正しく分類する。これが意思決定の促進にどのように役立つかを検討してみよう。それを行うために，エドワーズ＝ベルが提示した具体的設例で算定した経営利益の当期営業利益率と経営利益率とを示した**図表7-3**をここで掲げておく（Edwards and Bell［1961］pp.218,221）。

　いま，無リスクの証券に投資するならば，5％の利子が稼得できると仮定する。そうすると，当期営業利益率から判断して，当該製品への投資は失敗であったことが明らかとなる。というのは，これは3.0％であり，5％の利子率よりも低いからである。したがって，この製品に再投資すべきではなく，5％以

図表7-3 ┃ **当期営業利益率と経営利益率**

利益率 ⟍ 利益名	当期営業利益率 当期営業利益 平均的総資産	経営利益率 経営利益 平均的総資産
経 営 利 益	$\dfrac{\$187}{\$3,037+\$3,214}=3.0\%$	$\dfrac{\$474}{\$3,037+\$3,214}=7.6\%$

上の当期営業利益率を稼得できる他の投資代替案を探求すべきである。

　しかし，実現可能原価節約を加味した経営利益率が示すように，企業の状態は良くなっている。というのは，それは7.6%であり，5%の利子率よりも高いからである。このような場合には，この製品への投資を減少し，同時に，当期営業利益率も5%以上になるような投資代替案を探求し，それが発見できれば投資を変更すべきである。また，当期営業利益率も経営利益率もともに5%を下回るならば，経営者は即座にその製品への投資を中止し，投資の変更を意思決定することになる。

　このように，購入時価会計は利益を当期営業利益と実現可能原価節約とに分離することによって，経営者の意思決定のために，再投資等に関する様々な情報を提供する。この情報によって，経営者は一般に次のような意思決定を行うことになる。

(1)　当期営業利益率が利子率よりも高いならば，その投資を増加すべきである。

(2)　当期営業利益率が利子率よりも低いが，経営利益率が利子率よりも高いならば，その投資を減少させながら，利子率よりも高い当期営業利益率を稼得できる新しい投資代替案を探求すべきである。

(3)　当期営業利益率も経営利益率もともに利子率よりも低いならば，その投資を即座に中止し，投資を変更すべきである。

　以上によって明らかなように，購入時価会計は経営者の業績評価任務と意思決定の促進任務を具体的に果たすこととなり，したがって，これらが購入時価会計の論拠であるということができる。

　それゆえ，エドワーズ＝ベルの会計理論では，条件付規範理論における目的―手段関係に関して，会計の目的は経営者の業績評価任務と意思決定の促進任務の遂行であり，その手段は購入時価会計であるということになる。

　売却時価会計を提唱するチェンバースは，前述したように，会計の目的を企業の環境適応に置く。この思考を明確に具現したのがスターリング（Sterling）であり，彼は会計の目的を企業の具体的な意思決定に置く。

　第4章で示したように，スターリングによれば，すべての意思決定モデルは次のことについての情報を必要とする（Sterling［1979］p.95）。

（1）　代替案

（2）　結果

（3）　選好：結果を順序づける関数

　ある意思決定状況で意思決定者がしなければならない最初のことは，利用可能な代替案を決定することである。実行可能な市場代替案の集合は，必要な犠牲と利用可能な資金を予測することによって決定される。それをスターリングは代替案原則の一般原則として次のように表す（Sterling［1979］p.100）。

　　　　代替案原則：$s_{it} \leqq F_t$ならば，iの購入は時点tにおいて実行可能な代替案である。

　ここで，s_{it}は時点tにおいて資産iに要求される犠牲であり，F_tは時点tにおいて利用可能な資金である。

　この利用可能な資金は，次のような3つの相互に関係する変数の関数である。

　　　　$F_t = f(x_{1t}, \ x_{2t}, \ \cdots, \ x_{nt}, \ \Delta 負債, \ \Delta 資本)$

　ここで，x_{it}は時点tにおける資産iの売却時価である。

　このF_tとの関係で，スターリングは利用可能な市場代替案を以下のように決定する（Sterling［1979］pp.101-102）。まず，ある所有資産を保有するのに要求される犠牲は，その資産の売却時価によって特定化される。すなわち，次のようになる。

　　i が所有されているならば，$s_{it}=x_{it}$

　ある資産を所有することは，その売却時価の額に等しい犠牲を要求する。もちろん，ある資産の所有を継続することは常に実行可能な市場代替案である。というのは，要求される犠牲はその資産を売却することから利用できる資金に等しいからである。すなわち，x_{it} は要求される犠牲であり，x_{it} は F_t の構成要素である。したがって，すべての場合において，$x_{it} \leqq F_t$ であり，売却時価は資産 i の所有を継続するという利用可能な市場代替案を常に支援する。

　これを踏まえて，意思決定者がしなければならない第2のものは，各代替案の市場結果を予測することである。スターリングによれば，ある新しいプロジェクトを行うこと，または現存のプロジェクトを維持することの市場結果は，そのプロジェクトから生じる予測される将来のキャッシュ・フローである（Sterling［1979］p.103）。

　これらの市場結果を，彼は利益性原則の一般原則として次のように表す（Sterling［1979］p.104）。

　　　利益性原則：$s_{it}<d_{it}$ ならば，i はその割引率で投資した s_{it} よりも利益を生むと予測される。

ここで，d_{it} は時点 t における資産またはプロジェクト i の現在価値である。
　この利益性原則との関係で，スターリングは目的適合的な評価基準を以下のように導出する（Sterling［1979］pp.104-106）。まず，現在価値が要求される犠牲と比較され，その比較は次の差額として表される。

　　$d_{it}-s_{it}=i$ の純現在価値

　この差額が正ならば，i はその割引率で投資した s_{it} よりも利益を生むと予測される。
　この意思決定モデルを現存のプロジェクトに適用することができる。ある現存のプロジェクトを変更または断念することは可能であり，それゆえ，それらのプロジェクトを定期的に再評価しなければならない。この再評価において，その意思決定モデルは最新の現在価値と現在要求される犠牲との比較を特定化

する。この最新の現在価値はその予測の変更または異なった割引率から生じうる。現在要求される犠牲は所有資産の売却時価によって与えられる。すなわち，次のようになる。

$d_{it} - x_{it} =$ 所有資産の純現在価値

この値が正ならば，意思決定者はそのプロジェクトを継続すべきであるが，負ならば，そのプロジェクトを中断し，諸資産を売却すべきである。

この意思決定モデルから，売却時価および現在価値の各評価基準が目的適合的な評価基準であるということになる。そこで問題となるのが，これらの評価基準のうち，会計がいずれの評価基準を測定し，報告すべきかということである。これを解決するための糸口は，経験的検証可能性と目的適合性の基本的な会計規準である[6]。これら2つの規準を上記の各評価基準に適用すると，以下のようになる。

まず，現在価値であるが，これの目的適合性については問題はない。現在価値は非常に多くの意思決定モデルによって特定化される。すべての意思決定は予測を必要とするし，上記の利益性原則はプロジェクト i に対して要求される犠牲とプロジェクト i の現在価値との比較を必要とした。しかし，それにもかかわらず，この現在価値について検討しなければならないいくつかの問題点がある。スターリングはこれを(1)将来の知識（確実性）対将来の予測（不確実性），および(2)私的な知識または予測対公的な知識または予測の問題として以下のように検討している（Sterling［1979］pp.128-140）。

まず，われわれが将来についての確実な知識を有するならば，つまり将来の財務諸表を示すことができるならば，そのような情報の公的報告は最も価値ある情報を提供するという目的を達成しない。というのは，このような状況の場合には，誰も競争の優位性をもたないからである。

この場合，明日の価格は公的に確実に知られるので，われわれが得ることの

---

6) ここで，検証とは，一般に資格ある観察者による真実性（記号と指示物ないし現象との対応）の決定であり，経験的検証可能性とは，この検証が経験的に行われる可能性のことである。また，目的適合性とは，ある属性がある意思決定モデルによって特定化されるならば，その属性はその意思決定モデルに対して適合的であるということである。

できる唯一のものは，リスクのない利子率である。したがって，将来の知識は
市場で取引するリスクを除去し，そのリスクを負担する報酬も除去されること
になる。これによって，市場の機能が果たされなくなり，市場が台無しになる。
この意味では，不確実性が市場運営のためにはむしろ必要である。

　しかし，このような心配は無用であり，現実は不確実である。これは将来の
キャッシュ・フローと割引率の予測が人および企業によって異なり，したがっ
て，現在価値も必然的に異なることを意味する。この場合，単一で真実の現在
価値が存在しないことは事実である。むしろ，多くの真実の現在価値があり，
おそらく市場の参加者に等しい現在価値がある。それゆえ，単一で真実の現在
価値を決定する問題は，概念的問題であり，経験的問題ではない（Sterling
[1979] p.132)。したがって，この場合の現在価値は経験的検証可能性の規準を
満たさない。

　さらに，これらの現在価値の相違は，「報告される」現在価値の目的適合性
についての疑問を生ぜしめる。スターリングによれば，Aの現在価値はAの意
思決定に適合することは明らかであるが，Bの現在価値がAの意思決定に適合
しないことも明らかである。したがって，なぜわれわれがAのためにBの現在
価値の報告を欲するのかと問わなければならない。割引率は個々の意思決定者
にとって個人的である。割引率は個人的であるので，現在価値も個人的である
（Sterling [1979] pp.138-139)。この意味では，現在価値は他の人の意思決定に
とって目的適合的ではなく，したがって報告すべきではない。

　これに対して，売却時価は会計の2つの基本的な規準を満たしている。まず，
売却時価は経験的現象を測定し，言及するので，経験的検証可能性の規準を満
たしている。さらに，上述したように，所有資産の売却時価はその資産の実際
のまたは潜在的交換に関するすべての意思決定にとって目的適合的である。す
なわち，その売却時価はその所有資産を保有して使用するか，それともそれを
売却して，その売却収入をある他の資産に投資するかという意思決定に適合す
る。これは保有対売却の意思決定であり，次のように行われる（Sterling [1979]
p.120)。

220

$d_{it} > x_{it}$ ならば，i を保有する。

$d_{it} < x_{it}$ ならば，i を売却する。

　以上によって明らかなように，売却時価のみが経験的検証可能性と目的適合性の会計における基本的な規準を満たすので，会計は売却時価を測定し，報告すべきであるということができる。

　そして，チェンバースおよびスターリングの会計理論では，条件付規範理論における目的 — 手段関係に関して，会計の目的は企業の環境適応およびそれを具現する意思決定の遂行であり，その手段は売却時価会計であるということになる。

Ⅵ　む　す　び

　以上，本章では，どのような会計理論を探究すべきかを解明することを目的として，まず実証理論，絶対的規範理論および条件付規範理論の概要を説明した。次に，これらの理論を比較して相互関係を明らかにし，それらの共通因子を通じて論理的に統合することによって，会計理論の探究を試みた。

　その結果，まず，絶対的規範理論と条件付規範理論の関係に関して，絶対的規範理論は条件付規範理論の一形態と見ることができ，条件付規範理論の方法を絶対的規範理論に適用することができるがゆえに，条件付規範理論は規範理論の一般形態であり，絶対的規範理論は規範理論の特殊形態であることを明らかにした。

　次に，この条件付規範理論と実証理論の関係に関して，まず，実証理論は目的 — 手段関係を重視しないのに対して条件付規範理論はこれを重視すること，および，目的設定の主体は実証理論では会計情報の利用者にあるのに対して条件付規範理論では会計理論を探究する理論家にあることを確認した。

　そして，目的 — 手段関係に関して，会計学は応用科学であり社会科学であるので，規範および目的 — 手段関係を理論に包含することは不可欠であり，さらに経験的研究および検証手続が不可欠であることを述べた。また，目的設定の主体は会計情報の利用者たる実務家ではなく，会計理論を探究する理論家

であることを指摘した。

　これらのことから，会計理論の研究は条件付規範理論を中心として，実証理論の方法の支援を受けて行わなければならないと結論づけた。これが会計理論の統合であり，この方法論が会計の一般理論ということになる。そしてさらに，この条件付規範理論をいくつかの基本事例（静態論と動態論および取得原価会計と時価会計）に限定して会計理論に適用した。そこでの詳論は，今後の会計理論の構築に際して1つの試金石となるものである。

　会計学は応用科学であり，社会科学である。数学，論理学等は純粋科学といわれており，そこでは論理性・真理性が重視され，価値判断は行われない。これに対して，応用科学・社会科学たる会計学では価値判断が最も重要であり，価値判断を行うためには目的 ― 手段関係を解明することが不可欠となるのである。

　そこで，応用科学・社会科学たる会計学は，目的の適合的な範囲を会計情報の利用者に提供し，彼らにこれらの各目的ならびにその結果に近づくための手段に関する情報を提供することを義務づけられることになる。それゆえ，理論家は，ある利用者の情報ニーズにしたがって選択することのできる，会計モデルのセットを提供しなければならず，さらにこれを経験的に検証しなければならない。

　その場合に最も重要なことは，会計モデルに組み込まれた価値判断を公に開示し，その会計モデルの目的と手段の関係を明示することである。これには，目的の価値判断とその目的を達成するための手段の価値判断の開示が必要となり，目的と手段の密接な関係を明らかにすることが必要となる。

　これが会計理論研究の方法論としての条件付規範理論の基本思考であり，この思考に基づいて，今後，会計理論構築を行わなければならないのである。

第8章 資金会計における資金と対照資金

I はじめに

　資金会計はこれまで，会計理論および実務において様々に提唱されてきたが，これらを突き詰めて考えると，その背後に共通して存在するのは，会計観としての「収入支出観」（Einnahme und Ausgabe Auffassung）に基づく会計であるということができる。ここで，収入支出観とは，会計を収入および支出を中心として見，利益も1期間における収入と支出の差額として測定しようとする利益観である。

　この会計観を初めて提唱したのがシュマーレンバッハ（Schmalenbach）であり，彼の動的貸借対照表論は収入支出観の萌芽であるということができる。そして，この収入支出観を発展させたのがワルプ（Walb）の給付・収支損益計算論であり，さらにこれを一応完成させたのが，本章で主として取り上げるコジオール（Kosiol）の「収支的貸借対照表論」（pagatorische Bilanztheorie）である。

　それはもっぱら収支事象の記帳に由来し，それゆえ，シュマーレンバッハおよびワルプの基本的思考を統一し，これらの試みの首尾一貫した仕上げにおいて，体系的に完結した簿記理論，勘定理論，貸借対照表論および評価論として損益計算の包括的な理論を統一的な収支的基礎に基づいて示すものである。

　そこにおける第1の目的は収支的期間損益の決定であるが，コジオールによれば，この主目的に第2の目的が加わる。それは「財務経済的分析」である。これは，過去期間の流動性の展開を立証し，統制し，実現した財運動を手がかりとして，とりわけ企業の貨幣の流れを手がかりとして，財務手段の調達（資本源泉としての負債）およびその投資（資本運用としての資産）を判断するもの

である。この分析から，財務経済的措置を決定するために必要な流動性の将来の展開に関する推論が引き出される。

　過去期間の流動性および財務手段の源泉と運用を認識するために，純粋な取得原価原則に基づいた実現・収支的損益計算，その結果としての後述する収支的運動貸借対照表もしくは変動貸借対照表およびそれに付随する損益計算書が考慮される。これらの計算書は，貨幣的に実現した時点および評価に応じて，市場における販売によって実現した損益を確定し，さらに実際に発生した収支の流れのみを期間損益に作用する財の流れの等価物として把握する（Kosiol [1976] S.588）。

　収支的運動貸借対照表および変動貸借対照表は，企業損益を実現した収支運動に基づいて確定するという前提のもとに，収支的損益計算を財務分析，財務統制，さらには対応する分類方法による財務計画にも拡充する出発点を示す。そこでは，これらの貸借対照表から適当な項目を分離し，固有の分離された決算単位にまとめられ，財務フロー計算ないし資金計算が行われる。その場合，これらの貸借対照表項目もしくは貸借対照表項目グループの全体は資金とよばれ，ここに「資金会計」が生じることになる。

　コジオールは様々な資金会計を提唱しているが，この資金会計を対象としたもう1つの資金会計を提唱している。それは「対照資金」（Gegendonds）会計である。そこにおける資金概念は会計において特異なものであり，会計および財務分析に対して非常に有用なものとして期待される概念である。そこで，本章は，コジオールの所論を参考にして，この対照資金会計の概要を明らかにするとともに，その構造的特質と機能を解明することを目的とする。

　本章は以下のことを論述する。まず，収支的貸借対照表論を詳細に説明する。次に，これに基づいて，様々な資金会計を概説し，さらに，この資金会計を対象とし，それに対応する様々な対照資金会計を解説する。そして最後に，この対照資金会計の構造的特質と機能を解明し，対照資金会計の会計における基本思考を明らかにしたい。

Ⅱ 収支的貸借対照表論

　コジオールの収支的貸借対照表論は，簿記の形式的構成を現金収支および計算収支のシステムとして解釈することにおいて，計算目的を（比較可能な）収支的期間損益の決定として設定することにおいて，そこから規定される収支的価値をもつ基本的な取得原価計算の意味で実現計算として評価問題を解決することにおいて，そして，それに対応する資本維持の問題を（基本的な）名目資本維持として回答することにおいて，統一的な収支的計算理念を見出す。この収支的貸借対照表論の内容は，以下のとおりである。

1　収支的貸借対照表論の概要

　収支的貸借対照表論の出発点として，コジオールは，シュマーレンバッハやワルプと同様に，全体損益計算から始める。全体損益計算は，全体損益＝現金収入の合計−現金支出の合計（利益配当を除く）という規則によって，純現金計算（現金計算）の形式で企業の全存続期間の損益を決定する。

　しかし，実務においては，全体損益計算に比して，当面の中間計算および中間成果が必要となる。このために，その理論的推論は全体期間をある数の部分期間に思惟的に分解することから出発する。これらの部分期間に対して，その期間に対応する全体損益の部分，つまり期間損益を決定するために，期間損益計算が行われる。それゆえ，期間損益の合計＝全体損益という関係が妥当する（Kosiol［1970a］S.281）。

　期間損益計算において，その計算事例は損益作用的財事象および純財務的事象に分けられる。損益作用的財事象はさらに次のような事例からなる。

　A　損益の実現および現金収支

　B　まず損益の実現，それから現金収支

　C　まず現金収支，それから損益の実現

　同様に，純財務的事象は次のような事例からなる。

　D　相関的現金支出（現金収入）および相関的現金収入（現金支出）

E　まず相関的現金支出（現金収入），それから相関的現金収入（現金支出）

　これらの事例および計算関係を明らかにするために，コジオールはまず彼の
いう組織的単式簿記（systematischen einfachen Buchhaltung）から説明する。
そこにおいて，計算関係として，現金計算（Barrechnung），前計算（Vorverre-
chnung）および償還計算（Tilgungsverrechnung），戻し計算（Rückverrechnung）
および後計算（Nachverrechnung）が問題となる。これらの計算を理解するた
めに，**図表 8 - 1** を掲げておく（Kosiol［1970a］S.285-286）。そして，それぞれ
の事例の説明は以下のとおりである（Kosiol［1970a］S.282-284）。

図表 8 - 1　**組織的単式簿記における計算関係**

計算形式	計算機構	計算事例
純現金計算 損益作用的現金計算 純現金計算としての 財務的事象	収　入　支　出　収　入　支　出 BEe ◄――――――――► BAe AgE ◄――► FA　SE ◄――► AgA	A　損益の実現 　　および現金収支 D　相関的 　　現金支出（現金収入） 　　および相関的 　　現金収入（現金支出）
前計算と償還計算（見越） 損益作用的前計算 　　　償還計算 損益作用的前計算	VEe ――――――――► VAe AgE ◄――► TA　TE ――► AgA VEw ――► FA　SE ――► VAw	まず 損益の実現 B それから現金収支 それから相関的現金収入 　　　　　　（現金支出） E まず相関的現金支出 　　　　　　（現金収入）
戻し計算と後計算（繰延） 戻し計算 　　　後計算	RtE ――► RA　RE ――► VtA （VEz）　　　　　　（VAz） NEe ◄――――――――► NAe	C　まず現金収支 　　それから 　　損益の実現

⑴　純現金計算

　計算事例Aは，期間損益計算において記帳資料の基礎を提供する損益作用的現金計算の計算形式に対応する。その計算関係の要素は，一方的な損益作用的記帳である。すべての種類の現金収支的財使用の場合，損益作用的現金支出（BAe）＝現金的費用支出に対する費用実現となり，各種の現金収支的集積の場合，損益作用的現金収入（BEe）＝現金的収益収入に対する収益実現となる。

　事例Dは，純現金計算としての財務事象に関係し，ある期間内で完全に決済される財務事象に関係する（期間適合的記帳様式）。ここでは，計算機構において，現金収支のみが生じる。例えば貸付けの承諾および返済のような資産取引の場合，それは現金的債権支出（FA）および現金的決済収入（AgE）である。また，例えば借入れの受領および返済のような負債取引の場合，それは現金的負債収入（SE）および現金的決済支出（AgA）である。そのつど相互に密接な関係にある収支は原則として同じ額で記帳されるので，それらは相殺される（基本的に損益非作用的，相関的記帳）。

⑵　前計算および償還計算（見越）

　計算事例Bは，損益作用的前計算の計算形式となる。その計算機構において，計算事例Bの最初の部分は収支概念の拡張のもとで損益作用的前収入（VEe）および前支出（VAe）の一方的記帳によって写像される。その例は，後で掛け販売からの収入的収益および掛け購入からの財費消となるものである。

　計算事例Eは，計算事例Dに対する財務事象に関して，損益作用的前計算の計算形式を必要とする。それゆえ，その計算機構では，計算事例Eの最初の部分を表示するために，現金収支ならびに計算収支が記帳される。現金的債権支出（FA）は同額の相関的前収入（VEw）によってその損益作用性において相殺されなければならず，現金的負債収入（SE）は同額の相関的前支出（VAw）によって相殺されなければならない。

　計算事例BおよびEの続行は，償還計算の計算形式において収支見越の解消をもたらす。計算機構において，計算事例BおよびEの第2の部分は，同じ構造を示す。両事例において，その損益作用性が各事例において相殺される，現金的決済収入（AgE）ないし現金的決済支出（AgA）が生じる。というのは，

228

それらはすでに前払いされているか，もしくは一般に生じる必要がないからである。それは，原則として最初の収支見越の額で開始される償還支出（TA）ないし償還収入（TE）の反対方向の記帳によって行われる。それゆえ，償還収支は2つの機能を果たす。すなわち，それは現金的決済収支の損益作用性を相殺し，それは以前の収支見越を減少（償還）させる。

決済収支が決済された償還収支と異なる場合，償還差異が生じうる。その額の償還収支は，その限りにおいて異常な（期間外）損益として作用する（例えば，債権貸倒れ，債務免除）。

(3) 戻し計算および後計算（繰延）

計算事例Cは，戻し計算および後計算の繰延計算形式となる。その計算機構において，費用側に関して，例えば有形財もしくは無形財に対する現金的在庫（Vorrat）支出（VtA）に同額の戻し収入（RE）が対置され，収益側に関して，例えば顧客前払い収支における現金的留保（Reservat）収入（RtE）に同額の戻し支出（RA）が対置される，計算事例Cの最初の部分が写像される。したがって，これらの計算収支は暫定的に現金収支の損益作用性を相殺する。これらの事象が債権から始まる場合，現金収支の場所に期間中性的前支出（VAz）＝在庫前支出が入り，期間中性的前収入（VEz）＝留保前収入が入る。

計算事例Cの第2の部分は，計算機構において（損益作用的）後支出（NAe）および後収入（NEe）によって写像される。後支出および後収入は，戻し収入および戻し支出を受け継ぎ，戻し計算によって暫定的に相殺される現金収支に対応して生じる損益的実現の損益作用的減少を目的とする（例えば，長期的財費消に対する減価償却，顧客前払い収支に対する財販売からの収益）。

(4) 収支的勘定タイプ

以上の計算関係を理解するために，これらを勘定形式で表すと，5種類の勘定が成立し，それらは**図表8-2**のようになる（Kosiol［1970a］S.293-294）。

| 図表 8 - 2 | 組織的単式簿記における勘定タイプ |

現　　金（Kasse）

| 現金収入 | 現金支出 |

債権（Forderungen）		債務（Schulden）	
前 収 入	償還支出	償還収入	前 支 出

在庫（Vorräte）		留保（Reservate）	
戻し収入	後 支 出	後 収 入	戻し支出

　この場合，債務にはいわゆる他人資本および自己資本が含まれる。また，在庫にはすべての有形財および無形財が含まれ，留保には前受収益などが含まれる。

2　収支的貸借対照表論の計算表体系

　このような計算関係に基づいて，コジオールの組織的単式簿記では，いくつかの計算表ないし貸借対照表が作成される。それは，収支的運動貸借対照表，収支的在高貸借対照表および収支的変動貸借対照表である。それらは以下のように説明される（Kosiol［1970a］S.284-289）。

(1)　収支的運動貸借対照表

　収支的運動貸借対照表は，会計期間末において，様々な種類の収支によって構成される当該期間のすべての収入（借方）および支出（貸方）を包含するものである。これは，貸借対照表のある側の他の側に対する収支余剰として期間損益（期間利益または期間損失）を示す。

　収支的運動貸借対照表は，**図表 8 - 3** のように表される（Kosiol［1970a］S.285-286）。

　コジオールは，収支的運動貸借対照表を貸借対照表の原型とよぶ。というのは，残高計算されていない（フロー量ともよばれる）収入および支出それ自体における貸借対照表の本来の内容がここに見られ，運動貸借対照表の形式がこの収支資料から直接導き出されるからである。**図表 8 - 3** から，収支的運動貸

230

図表 8 - 3　収支的運動貸借対照表

収入	収支的運動貸借対照表	支出
Ⅰ　現金収入		Ⅰ　現金支出
1　損益作用的現金収入		1　損益作用的現金支出
（現金収益収入）		（現金費用支出）
2　留保収入		2　在庫支出
3　債務収入		3　債権支出
4　決済収入		4　決済支出
Ⅱ　計算収入		Ⅱ　計算支出
1　前収入		1　前支出
a）　損益作用的前収入		a）　損益作用的前支出
b）　期間中性的前収入		b）　期間中性的前支出
（留保前収入）		（在庫前支出）
c）　相関的前収入		c）　相関的前支出
2　償還収入		2　償還支出
3　戻し収入		3　戻し支出
4　後収入		4　後支出

残高＝期間損益

借対照表の構造が個々にわかる。この場合，主要グループⅠおよびⅡにおける貸借対照表の両側は，簿記的事象の様々な収支特性（現金収支／計算収支）によって分類され，さらなる下位区分において損益特性（損益作用性／損益非作用性）によって分類される。

(2)　収支的在高貸借対照表

　運動貸借対照表における損益決定は，理論的観点において場合によっては前期からの繰越高とは完全に独立している。すべての期首在高は原則として全体から切り離され，それゆえ損益中性的である。

　それに対して，実務的理由から，繰越高を貸借対照表の継続性を保持するために算入することが必要である。この実務的に広く行われている在高貸借対照表は，第2の貸借対照表形式として，繰越高の総括からおよびそれに対応する運動量から，正および負の構成要素の同時的残高計算のもとで生じる。これは収支的在高貸借対照表とよばれる。というのは，それは収支的事象の記帳から

生じ，それによって全体的な貸借対照表在高が収支的特質を担うからである。

収支的在高貸借対照表は，**図表 8 - 4** のように表される（Kosiol［1970a］S.287-288）。

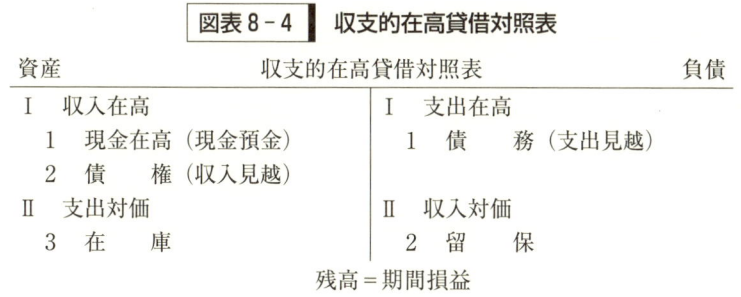

図表 8 - 4　収支的在高貸借対照表

資産	収支的在高貸借対照表	負債
Ⅰ　収入在高		Ⅰ　支出在高
1　現金在高（現金預金）		1　債　　務（支出見越）
2　債　権（収入見越）		
Ⅱ　支出対価		Ⅱ　収入対価
3　在　　庫		2　留　　保

残高＝期間損益

その場合，債権および債務（自己資本および他人資本）は，経済的・計算理論的意味で一般に将来的現金収支（見越）として示される。いわゆる見越資産および負債は，実務的な分類の必要性のみから分離される事例である。計算理論的に，前収入および前支出から展開されるすべての在高は，収支の前払いとみなされる。それに対して，在庫および留保は収支の将来的損益作用性の事象（繰延）に関係する。

同様に，いわゆる短期的な資産および負債は，特別な分類事例とはならない。貸借対照表に計上されるすべての実質財および実質債務は，戻し収入および戻し支出から展開され，理論的に例外なしに短期的特質を担うことになる。

(3)　収支的変動貸借対照表

当該期間の収支運動（フロー量）から出発して，第3の貸借対照表として，運動貸借対照表における相互に対応する収支の残高計算によって収支的変動貸借対照表が生じる。残高は収入余剰もしくは支出余剰の形式における運動差額である。それは，期末在高と期首在高との間で決定される在高差額と内容的に等しい。それゆえ，変動貸借対照表を内容的に運動差額貸借対照表もしくは在高差額貸借対照表として説明することができる。

収支的変動貸借対照表は，**図表 8 - 5** のように表される（Kosiol［1970a］

232

S.287-288）。

| 図表 8 - 5 | 収支的変動貸借対照表 |

収入余剰　　　　　　　　収支的変動貸借対照表　　　　　　　　支出余剰
（資産増加・負債減少）　　　　　　　　　　　　　　　　（負債増加・資産減少）

現金収入余剰（現金在高増加）	現金支出余剰（現金在高減少）
前収入余剰　　（債権増加）	償還支出余剰（債権減少）
償還収入余剰（債務減少）	前支出余剰　　（債務増加）
戻し収入余剰（在庫増加）	後支出余剰　　（在庫減少）
後収入余剰　　（留保減少）	戻し支出余剰（留保増加）

残高＝期間損益

3　収支的貸借対照表論の全体システムとしての複式簿記

　これまで説明してきたのは，収支的貸借対照表論における組織的単式簿記であるが，計算システムないし簿記システムを完成させるために，コジオールはこれに加えて収益および費用を計上する複式簿記を構想する。

　複式簿記は，コジオールの見解によれば理論的に組織的単式簿記のさらなる展開として説明される。その場合，特定の費用計算および収益計算において損益の源泉を明らかにする努力は，ある補完的簿記システムの展開に導く。その出発点として，経営的事象の生産的視点，過程的視点および損益的視点がさらなる計算のメルクマールとして選ばれる。その方法は形式的に，貸借対照表領域においてこれまで一方的に記帳した損益作用的事象に種類的に分類された費用勘定および収益勘定を反対記帳することにある（反対記帳の一般原則）。

　これらの損益勘定は全体として，純粋な収支系列のほかに第2の計算領域として厳密な（狭い）意味で純粋な損益系列を構成する。その計算において，損益系列は，貸借対照表に対して必然的に同じ額で左右を逆にした損益計算書によって，利益および損失計算をもたらす。

　コジオールによれば，損益計算は2つの形式に区別される。1つは収支的全体損益計算（pagatorische Gesamtaufwandrechnung）であり，他は収支的取引損益計算（pagatorische Umsatzaufwandrechnung）である。

　収支的全体損益計算の形式は，経営的生産過程の全体的な収支的価値運動を示し，それゆえ，調達局面，製造局面および販売局面に対して暫定的な費用（全体費用）および対応する暫定的な収益を含み，後に減少によって決済される省略のない総額計算である。

　これに対して，収支的取引損益計算の形式は，収支的全体損益計算の形式から導出できる短縮した純額計算である。それは経営的生産過程の取引局面にのみ関連づけ，その場合最終的な費用（売上費用）およびそれに対応する最終的収益（売上）のみに限定する。

　両者の形式の損益計算書を示すと，**図表 8 - 6** のようになる（Kosiol［1970a］S.291-292）。

図表 8 - 6　損益計算書

費用	収益
収支的取引損益計算 / 収支的全体損益計算　Ⅰ　次の反対記帳としての費用 　　1　現金支出 　　2　前 支 出 　　3　後 支 出 　　4　償還支出（償還差異） Ⅱ　次の反対記帳としての収益減少 　　1　現金支出 　　2　前 支 出 　　3　償還支出（償還差異）	Ⅰ　次の反対記帳としての収益 　　1　現金収入 　　2　前 収 入 　　3　後 収 入 　　4　償還収入（償還差異） Ⅱ　次の反対記帳としての費用減少 　　1　現金収入 　　2　前 収 入 　　3　償還収入（償還差異）
Ⅲ　次の反対記帳としての 　　暫定的費用 　　1　現金支出 　　2　前 支 出 　　3　後 支 出 Ⅳ　次の反対記帳としての 　　暫定的収益減少 　　1　現金支出 　　2　前 支 出 　　3　償還支出（償還差異） 　　4　戻し支出	Ⅲ　次の反対記帳としての 　　暫定的収益 　　1　現金収入 　　2　前 収 入 　　3　後 収 入 Ⅳ　次の反対記帳としての 　　暫定的費用減少 　　1　現金収入 　　2　前収入 　　3　償還収入（償還差異） 　　4　戻し収入

残高＝期間損益

　収支的取引損益計算の場合，当該期間の最終的な費用および収益は，すでに**図表8-6**における損益計算書の費用側および収益側で項目Iによって決定される。それに対して，収支的全体損益計算の場合，最終的な費用（収益）の総合計は，損益計算書の費用側（収益側）における項目Iの費用（収益）およびIIIの暫定的費用（暫定的収益）の合計から，収益側（費用側）における項目IVの暫定的費用の減少（暫定的収益の減少）を控除して初めて生じる。

　それに対して，項目IIの収益減少（費用側）および費用減少（収益側）は損益計算書の両方の形式において同じ内容を示す。その場合，残高計算されない費用減少および収益減少が問題となり，すなわち，その計算書の質を落とすことなく，前期における事象をカバーし，当該会計期間の損益構成要素によって残高計算する必要のない修正が問題となる（Kosiol［1970a］S.289-290）。

4　収支的貸借対照表論の具体的計算例

　これまで，コジオールの提唱する収支的貸借対照表論を概説した。そこでは，組織的単式簿記における計算関係を説明し，収支的貸借対照表論の計算表体系を解説し，収支的貸借対照表論の全体システムとしての複式簿記を説明した。本項ではこれらを受けて，収支的貸借対照表論を完全に理解するために，これを具体的計算例で概説する。

(1)　具体的計算のための取引事例

　コジオールは，収支的貸借対照表論を理解するための具体的取引事例として，相互に連続する3会計期間を含む取引事例を示しているが，ここではそのうちの2会計期間の取引事例を提示する（Kosiol［1976］S.211-212）。

①　第1会計期間

　1　資本出資，総額105,000マルク：現金5,000マルク，銀行預金100,000マルク

　2　事業設備購入，代価8,000マルク未払い

　2a　事業設備の減価償却2,000マルク（全3期間で各期間2,000マルク，見積残存価額2,000マルク）

　3　銀行預金による商品仕入40,000マルク，掛け仕入290,000マルク，総額330,000マルク

4　第 1 会計期間の営業費総額63,850マルク：現金支払い2,850マルク，銀行預金支払い50,000マルク，未払い6,000マルク，修繕引当金5,000マルク

5　銀行預金での商品売上80,000マルク，掛け売上280,000マルク

6　銀行預金による貸付金支出10,000マルク，期間は 2 期間

6 a　償還時の割増 3 ％＝300マルクの借方計上

6 b　償還時割増の期間割当て分150マルク

6 c　第 1 および第 2 会計期間に対して現金で受け入れた貸付金利息・前受け1,400マルク（利息 7 ％＝各期間700マルク）

6 d　貸付金に対する第 1 会計期間の利息収益700マルク

7　棚卸による商品在高30,000マルク（Nr.3による商品仕入330,000マルク－期末在高30,000マルク＝売上原価300,000マルク）

② **第 2 会計期間**

(i)　前期から引き継いだ取引事例

2 b　事業設備の減価償却2,000マルク

6 e　貸付金に対する償還時割増，期間割当て分150マルク

6 f　貸付金に対する第 2 会計期間の利息収益700マルク

(ii)　第 2 会計期間の取引事例

8　第 2 会計期間の営業費総額56,750マルク：現金支払い2,750マルク，銀行預金支払い45,000マルク，未払い9,000マルク

9　 2 ％＝800マルクの割引を差し引いた銀行預金による借入金40,000マルク，期間は 2 期間

9 a　割引の期間割当て分400マルク

9 b　借入金に対する利息，各期間 8 ％＝3,200マルク，後払い

10　第 2 および 3 会計期間に対する銀行預金による保険料の支払い4,000マルク

10a　保険料の期間割当て分2,000マルク

11　銀行預金による商品仕入60,000マルク，掛け仕入270,000マルク，総額330,000マルク

12　銀行預金での商品売上150,000マルク，掛け売上250,000マルク

13　第 2 会計期間の受取手数料3,000マルク，未収

14　名目10,000マルク，相場97％＝9,700マルクの銀行預金による債券の購入

15　手形15,000マルクによる顧客前払い

16　第 2 および 3 会計期間に対する賃貸建物の現金で受け取った賃貸料2,000マルク

236

16a 受取賃貸料の期間割当て分1,000マルク

17 売掛金決済のための顧客からの銀行預金収入300,000マルク

18 貸付金の現金収入総額10,300マルク，貸付金債権10,000マルク，償還時割増300マルク（Nr.6から）

19 買掛金決済のための仕入先への保有手形15,000マルク（Nr.15から）の裏書

20 第1会計期間の営業費に対する銀行預金支払い総額11,500マルク：未払費用6,000マルクの支払い，修繕作業に対する見積もった5,000マルク（Nr.4から）の代わりに実際の支払い5,500マルク

21 減資としての銀行預金支払い5,000マルク

22 銀行預金支払い総額358,000マルク：買掛金決済のための仕入先への支払い350,000マルク，営業設備の支払い8,000マルク（Nr.2から）

23 第2会計期間における販売商品の売上原価315,000マルク

23a 棚卸による商品在高40,000マルク，期首在高30,000マルク（Nr.7から）＋330,000マルク（Nr.11）－315,000マルク（Nr.23）＝45,000マルク；棚卸減耗費5,000マルク

⑵ **取引事例の仕訳**

　以上の取引事例に基づいて仕訳を行うと，以下のようになる。その場合，組織的単式簿記のみならず後述する複式簿記も説明できるように，通常の複式簿記における仕訳を示すこととする。ただし，収益および費用に関する勘定科目に関しては網掛けを付し，組織的単式簿記をまず強調することにする。なお，以下に示す仕訳は必ずしもコジオールが考えていた仕訳ではなく，現代会計の勘定科目と処理を意識して示している。

① **第1会計期間**

番号	借方科目	金　額	貸方科目	金　額
1	現　　　金（現金収入） 銀 行 預 金（現金収入）	5,000 100,000	資 本 金（前 支 出）	105,000
2	事 業 設 備（戻し収入）	8,000	未 払 金（前 支 出）	8,000
2a	減価償却費	2,000	事 業 設 備（後 支 出）	2,000
3	商　　　品（戻し収入）	330,000	銀 行 預 金（現金支出） 買 掛 金（前 支 出）	40,000 290,000
4	営 業 費	63,850	現　　　金（現金支出） 銀 行 預 金（現金支出） 未 払 金（前 支 出） 修繕引当金（前 支 出）	2,850 50,000 6,000 5,000
5	銀 行 預 金（現金収入） 売 掛 金（前 収 入）	80,000 280,000	売　　　　　上	360,000
6	貸 付 金（前 収 入）	10,000	銀 行 預 金（現金支出）	10,000
6a	貸 付 金（前 収 入）	300	前 受 利 息（戻し支出）	300
6b	前 受 利 息（後 収 入）	150	受 取 利 息	150
6c	現　　　金（現金収入）	1,400	前 受 利 息（戻し支出）	1,400
6d	前 受 利 息（後 収 入）	700	受 取 利 息	700
7	売 上 原 価	300,000	商　　　品（後 支 出）	300,000

238

② 第2会計期間

番号	借方科目	金額	貸方科目	金額
2b	減価償却費	2,000	事業設備（後支出）	2,000
6e	前受利息（後収入）	150	受取利息	150
6f	前受利息（後収入）	700	受取利息	700
8	営業費	56,750	現　金（現金支出）	2,750
			銀行預金（現金支出）	45,000
			未払金（前支出）	9,000
9	銀行預金（現金収入）	39,200	借入金（前支出）	40,000
	前払利息（戻し収入）	800		
9a	支払利息	400	前払利息（後支出）	400
9b	支払利息	3,200	未払利息（前支出）	3,200
10	前払保険料（戻し収入）	4,000	銀行預金（現金支出）	4,000
10a	保険料	2,000	前払保険料（後支出）	2,000
11	商品（戻し収入）	330,000	銀行預金（現金支出）	60,000
			買掛金（前支出）	270,000
12	銀行預金（現金収入）	150,000	売上	400,000
	売掛金（前収入）	250,000		
13	未収手数料（前収入）	3,000	受取手数料	3,000
14	有価証券（前収入）	9,700	銀行預金（現金支出）	9,700
15	受取手形（前収入）	15,000	前受金（戻し支出）	15,000
16	現金（現金収入）	2,000	前受賃貸料（戻し支出）	2,000
16a	前受賃貸料（後収入）	1,000	受取賃貸料	1,000
17	銀行預金（現金収入）	300,000	売掛金（償還支出）	300,000
18	現金（現金収入）	10,300	貸付金（償還支出）	10,300
19	買掛金（償還収入）	15,000	受取手形（償還支出）	15,000
20	未払金（償還収入）	6,000	銀行預金（現金支出）	11,500
	修繕引当金（償還収入）	5,000		
	営業費	500		
21	資本金（償還収入）	5,000	銀行預金（現金支出）	5,000
22	買掛金（償還収入）	350,000	銀行預金（現金支出）	358,000
	未払金（償還収入）	8,000		
23	売上原価	315,000	商品（後支出）	315,000
23a	棚卸減耗費	5,000	商品（後支出）	5,000

(3) 組織的単式簿記

　以上の取引事例および仕訳に基づいて，まず，組織的単式簿記における運動貸借対照表，変動貸借対照表および在高貸借対照表を示すこととする。その場合，第2会計期間が組織的単式簿記を最も特徴的に説明できるので，その期間における各貸借対照表を示すことにする。それらは**図表8-7**のようになる

(Kosiol［1976］S.226）[1]。

図表 8 - 7	第 2 会計期間の組織的単式簿記における運動貸借対照表，変動貸借対照表および在高貸借対照表

運動貸借対照表（第 2 会計期間）

現金収入	501,500	現金支出	495,950
前 収 入	277,700	償還支出	325,300
償還収入	389,000	前 支 出	322,200
戻し収入	334,800	後 支 出	324,400
後 収 入	1,850	戻し支出	17,000
		期間利益 2	20,000
	1,504,850		1,504,850

変動貸借対照表（第 2 会計期間）

現金収入	5,550	償還支出	47,600
償還収入	66,800	戻し支出	15,150
戻し収入	10,400	期間利益 2	20,000
	82,750		82,750

在高貸借対照表（第 2 会計期間）

現金在高	89,100		
債 権	242,700	債 務	347,200
在 庫	46,400	留 保	16,000
期間損失 1	5,000	期間利益 2	20,000
	383,200		383,200

(4) 複式簿記

　前述したように，収支的貸借対照表論の全体システムとしての複式簿記は，組織的単式簿記のさらなる展開として示される。組織的単式簿記の部分システムの複式簿記の全体システムへの拡張は，損益作用的取引事象の一面的記帳を補完することによって行われる。すなわち，収支事象のこれまでの勘定領域の

---

1)　第 2 会計期間の在高貸借対照表を作成するための資料として，第 1 会計期間の在高貸借対照表を示すと次のようになる（Kosiol［1976］S.217）。

在高貸借対照表（第 1 会計期間）

現金在高	83,550		
債 権	290,300	債 務	414,000
在 庫	36,000	留 保	850
期間損失 1	5,000		
	414,850		414,850

ほかに，二面的勘定領域の構成，つまり損益事象の構成をもたらす一般的な反対記帳の原則が用いられる。反対記帳（費用または収益）は，損益計算において鏡像的に費用支出および収益収入の損益作用性を把握する。

　複式簿記は，組織的単式簿記から，損益作用的支出および収入（費用支出，収益収入）が引き出され，5つの勘定タイプに勘定的に区別されて構成される。その場合，反対記帳の一般原則に従って，費用ないし収益に反対記帳される。

　損益計算欄は，勘定的表示形式における損益勘定と同じ数値資料を含む。この事実は，第2会計期間に関する表示において直接確認することができる。その時々の期間損益はこの方法で2回決定される。すなわち，1回目は総括的な収益収入と費用支出の差額によって決定され，2回目は収益と費用の差額によって決定される。

　第2会計期間の損益作用的取引事例を勘定形式で示し，損益作用的取引事例の運動貸借対照表と損益計算書を示すと，**図表8-8**のようになる（Kosiol [1976] S.296, 297）。これによって，損益計算書において収益収入および費用支出が収益および費用として反対記帳されていることが明らかとなる。

図表8-8	第2会計期間における損益作用的取引事例の運動貸借対照表と損益計算書

損益作用的取引事例の運動貸借対照表（第2会計期間）

現金収入	150,000	現金支出	48,250
前 収 入	253,000	償還支出	—
償還収入	—	前 支 出	12,200
戻し収入	—	後 支 出	324,400
後 収 入	1,850	戻し支出	—
		期間利益2	20,000
	404,850		404,850

損益計算書（第2会計期間）

次の反対記帳費用		次の反対記帳収益	
現金支出	48,250	現金収入	150,000
償還支出	—	前 収 入	253,000
前 支 出	12,200	償還収入	—
後 支 出	324,400	戻し収入	—
戻し支出	—	後 収 入	1,850
期間利益2	20,000		
	404,850		404,850

$$\boxed{\text{III}} \quad 資金会計とその諸相$$

　以上の収支的貸借対照表論に基づいて，とりわけ運動貸借対照表を基礎とし
て，コジオールの提唱した資金会計を以下で説明することとする。その場合，
まず資金会計を行うための基礎資料を提示し，これに基づいて様々な資金会計
を紹介する。

1　資金会計の基礎

　資金会計の基礎となるのは運動貸借対照表である。ただし，前節で示した運
動貸借対照表は，このままでは資金会計および資金計算に適用することができ
ず，そのためには，運動貸借対照表形式の損益決定のみに適合したこれまでの
分類を合目的に分類し，拡張することが必要である。これに関して，コジオー
ルは収支事象を**図表8-9**のように2つの次元に分類する（Kosiol［1976］S.592)。
すなわち，一方では収支事象を収支的貸借対照表によって分類し，他方では損
益的性格によって分類する。

図表8-9	収支事象の分類

収支的性質によって	損益的性格によって
Ⅰ　現金収支	Ⅰ　当該会計期間における損益作用的収支
Ⅱ　計算収支	Ⅱ　当該会計期間における損益非作用的収支
1. 前収支	1. 期間中性的収支
2. 償還収支	2. 本質中性的収支（相関的収支）
3. 戻し収支	
4. 後収支	

　この分類に基づいて，例示における第2会計期間の拡張された運動貸借対照
表を作成すると，**図表8-10**のようになる（Kosiol［1976］S.595-598）[2]。

---

2)　**図表8-10**において，括弧(k)はその在高に関して現金収支が短期的に当該会計期間内で解消
　し，(l)は長期的に後の会計期間に解消し，(t)は全体期間の終わりに初めて解消することを示
　している。また，括弧の数字は取引番号を表している。以下の図表も同じである。

| 図表 8 -10 | 拡張された運動貸借対照表（第 2 会計期間） |

A　収入

I　現金収入
　1.　損益作用的の現金収入：銀行預金(k)　　　　　　　　(12)　　　　　　　　　　150,000
　2.　期間中性的現金収入
　　a）損益作用的の前収入に対する決済収入：銀行預金
　　　（k)　　　　　　　　　　　　　　　　　　　　　(17)　　300,000
　　b）留保：前収入に対する決済収入：現金(k)　　　　　(18)　　　　300
　　c）留保収入：現金(k)　　　　　　　　　　　　　　(16)　　　2,000　　302,300
　3.　相関的現金収入
　　a）債務収入：銀行預金（k)　　　　　　　　　　　　(9)　　39,200
　　b）相関的前収入に対する決済収入：現金(k)　　　　　(18)　　10,000　　49,200
　　現金収入合計　　　　　　　　　　　　　　　　　　　　　　　　　　　　　501,500
II　計算収入
　1.　前収入
　　a）損益作用的の前収入：売掛金(k)　　　　　　　　　(12)　250,000
　　　　　　　　　　　　　未収手数料(k)　　　　　　　(13)　　3,000　　253,000
　　b）期間中性的前収入（留保・前収入）：受取手形(k)　(15)　　　　　　　　　15,000
　　c）相関的前収入：債券(l)　　　　　　　　　　　　　(14)　　　　　　　　　9,700
　　前収入合計　　　　　　　　　　　　　　　　　　　　　　　　　　　　　277,700
　2.　償還収入
　　a）損益作用的の前支出に対する償還収入：未払金(k)　(20)　　6,000
　　　　　　　　　　　　　　修繕引当金(k)　　　　　　(20)　　5,000　　11,000
　　b）期間中性的前支出に対する償還収入
　　　　　　　　（在庫支出）：買掛金(k)　　　　　　　(19)　　15,000
　　　　　　　　　　買掛金・未払金　　　　　　　　　　(22)　358,000　　373,000
　　c）相関的前支出に対する償還収入：資本金の払戻し　(21)
　　　（t)　　　　　　　　　　　　　　　　　　　　　　　　　　　　　　　　5,000
　　償還収入合計　　　　　　　　　　　　　　　　　　　　　　　　　　　　389,000
　3.　戻し収入：
　　前払保険料(k)　　　　　　　　　　　　　　　　　　(10)　　4,000
　　前払利息(l)　　　　　　　　　　　　　　　　　　　(9)　　　800
　　商品仕入(k)　　　　　　　　　　　　　　　　　　　(11)　330,000　　334,800
　4.　後収入：
　　前受利息(l)　　　　　　　　　　　　　　　　　　　(6e)　　150
　　前受賃貸料(k)　　　　　　　　　　　　　　　　　　(16a)　1,000
　　前受利息(k)　　　　　　　　　　　　　　　　　　　(6f)　　700　　　1,850
　　計算収入合計　　　　　　　　　　　　　　　　　　　　　　　　　　　1,003,350
収入合計　　　　　　　　　　　　　　　　　　　　　　　　　　　　　　1,504,850

B　支出

I　現金支出

1. 損益作用的現金支出：
   現金(k)　　　　　　　　　　　　　　　　(8)　　 2,750
   銀行預金(k)　　　　　　　　　　　　　　(8)　　45,000
   銀行預金(k)　　　　　　　　　　　　　　(20)　　　500　　48,250
2. 期間中性的現金収支
   a) 損益作用的前支出に対する決済支出：銀行預金
   　　(k)　　　　　　　　　　　　　　　　(20)　　11,000
   b) 在庫・前支出に対する決済支出：銀行預金(k)　(22)　358,000
   c) 在庫支出：銀行預金(k)　　　　　　　　(10)　　 4,000
   　　　　銀行預金(k)　　　　　　　　　　(11)　　60,000　433,000
3. 相関的現金支出
   a) 債券支出：銀行預金(k)　　　　　　　　(14)　　 9,700
   b) 相関的前支出に対する決済支出：銀行預金(k)　(21)　　5,000　14,700
   現金支出合計　　　　　　　　　　　　　　　　　　　　495,950
Ⅱ　計算支出
1. 前支出
   a) 損益作用的前支出：未払金(k)　　　　　(8)　　 9,000
   　　　　未払利息(k)　　　　　　　　　　(9b)　　3,200　12,200
   b) 期間中性的前支出（在庫支出）：借入金（前払利
   　　　　息）(l)　　　　　　　　　　　　(9)　　　800
   　　　　買掛金(k)　　　　　　　　　　　(11)　270,000　270,800
   c) 相関的前支出：借入金(l)　　　　　　　(9)　　　　　　 39,200
   前支出合計　　　　　　　　　　　　　　　　　　　　322,200
2. 償還支出
   a) 損益作用的前収入に対する償還支出：売掛金(k)　(17)　　　　300,000
   b) 期間中性的前収入に対する償還支出（留保・前
   　　収入）：貸付金(l)　　　　　　　　　(18)　　 300
   　　　　受取手形(k)　　　　　　　　　　(19)　　15,000　15,300
   c) 相関的前収入に対する償還支出：貸付金(l)　(18)　　　　　10,000
   償還支出合計　　　　　　　　　　　　　　　　　　　325,300
3. 戻し支出：前受賃貸料(k)　　　　　　　　(16)　　 2,000
   　　　　前受金(k)　　　　　　　　　　　(15)　　15,000　17,000
4. 後支出：事業設備(l)　　　　　　　　　　(2b)　　 2,000
   　　　　前払利息(l)　　　　　　　　　　(9a)　　　400
   　　　　商品(k)　　　　　　　　　　　　(23a)　320,000
   　　　　前払保険料(k)　　　　　　　　　(10a)　　2,000　324,400
   計算支出合計　　　　　　　　　　　　　　　　　　　988,900
支出合計　　　　　　　　　　　　　　　　　　　　　1,484,850
残高：期間損益　　　　　　　　　　　　　　　　　　　 20,000
　　　　　　　　　　　　　　　　　　　　　　　　　1,504,850

2　資金会計の諸相

　この拡張された運動貸借対照表に基づいて，様々な資金計算を行うことができる。コジオールによれば，収支的貸借対照表の5つの勘定タイプに応じて，それらの運動または変動による現金在高，債権，在庫，債務および留保の資金が形成される。それらはここでは資金計算の基本タイプとよばれる。これらの資金を広く区分し，例えば，債権または在庫の一定の部分を資金とみなすことは可能である。完全な貸借対照表は極限的事例としての総資金である。選択した貸借対照表形式によって，資金運動，資金変動および資金在高に区別される。

　追加的な特徴および選別規準によって，任意の多様性をもって，資金計算の混合タイプが形成される。これらの混合タイプは目的指向的であり，適切に選択された資金資産ないし資金負債から構成される。

　資金計算の目的は，財務事象および投資事象の表示であり，最も広い意味における過去の会計期間の流動性展開の表示である。それゆえ，それは流動性報告もしくは流動性展開証明ともよばれる。流動手段の勘定（例えば，現金および銀行預金）のみが考慮に入れられるならば，いわゆる現金流動性が問題となる。より広い短期的もしくは長期的な流動作用的在高が考慮されるならば，様々な程度および段階の流動性が算定される。

　資金の分類は，勘定に計算的に限定される一定の実態の財務的分析を可能にする。資金の選択はその経営経済的意味および言明力によって行わなければならない。資金計算は，一定の目的設定と事実的適合性をもつ特定の計算である。それは絶対的な資金変動を示すのみならず，勘定および勘定グループによる構造的構成も示す。とりわけそれは，手段の源泉および運用による資金変動の成立に関する原因分析を可能にする（Kosiol〔1976〕S.604-605）。

⑴　資金貸借対照表の基本型

　資金計算の基本型は収支的在高貸借対照表の基本形式の5つの在高に対応する。それは現金在高，債権，在庫，債務および留保のみを資金として含み，資産在高または負債在高を含む。資産資金在高と負債資金在高の結合は，混合型においてのみ現れる。

　上述した数値例の第2会計期間に関して，まず現金に対する資金運動貸借対照表を示すと，**図表8-11**のようになる（Kosiol［1976］S.608）。これは**図表8-10**の拡張された運動貸借対照表の部分として得られる。そして，この詳細に分類した資金貸借対照表は，流動性報告としていわゆるキャッシュ・フロー計算に非常に近くなる。

図表8-11 ┃ **現金に対する資金運動貸借対照表**

現金収入：		現金支出：	
1. 損益作用的現金収入		1. 損益作用的現金支出	
銀行預金(12)	150,000	現　　金(8)	2,750
		銀行預金(8,20)	45,500
2. 期間中性的現金収入：		2. 期間中性的現金支出：	
a）損益作用的前収入に対する決済収入		a）損益作用的前支出に対する決済支出	
銀行預金(17)	300,000	銀行預金(20)	11,000
b）在庫・前収入に対する決済収入		b）在庫・前支出に対する決済支出	
現　　金(18)	300	銀行預金(22)	358,000
c）留保収入		c）在庫支出	
現　　金(16)	2,000	銀行預金(10,11)	64,000
3. 相関的現金収入：		3. 相関的現金支出	
a）債務収入		a）債権支出	
銀行預金(9)	39,200	銀行預金(14)	9,700
b）相関的前収入に対する決済収入		b）相関的前支出に対する決済支出	
現　　金(18)	10,000	銀行預金(21)	5,000
		残高：現金資金増加	5,550
	501,500		501,500

　他の4つの基本型，つまり債権，債務，在庫および留保に対する資金運動貸借対照表も拡張された運動貸借対照表から得られ，その構成は**図表8-12**のようになる（Kosiol［1976］S.609）。なお，これらの各資金の数値は，**図表8-7**の変動貸借対照表に記載されている。

図表 8 -12　5 つの基本型の構成

資金タイプ	資産増加・負債減少	負債増加・資産減少
現　金　(501,500 - 495,950)	5,550	
債　権　(277,700 - 325,300)		47,600
債　務　(389,000 - 322,200)	66,800	
在　庫　(334,800 - 324,400)	10,400	
留　保　(1,850 - 17,000)		15,150
残　高：総増加＝利益		20,000
	82,750	82,750

　基本型は，損益作用的収支，期間中性的収支，本質的に中性的ないし相関的収支における下位分類によって，流入した資金の源泉および運用を部分的に認識する。しかし，収支運動の正確な原因分析のために，形式的および実質的規準による追加的な分類が必要であり，本格的な財務フロー計算を行わなければならない。これは資金貸借対照表の混合型によって得られる。

(2)　資金貸借対照表の混合型

　資金計算の混合型として，収支的運動貸借対照表とは異なった資金から，資産在高ないし負債在高の統合によって様々な収支的カテゴリーを形成することができる。その場合，一般に適用される選別規準は貸借対照表在高の流動期間である。この期間の範囲によって，様々な流動性の在高をもつ資金が生じる。それらの代表的な資金貸借対照表を示すと，以下のようである。

①　純流動資産に対する資金貸借対照表

　純流動資産の場合，流動資産にそれに対応する短期的負債が加わる。つまり，債務および留保が加わる。企業の流動性がある会計期間における純流動資産の運動に関して測定されるならば，それに相応する資金貸借対照表は流動性の証明となる。

　図表 8 -13は純流動資産に対する資金運動貸借対照表を表している（Kosiol [1976] S.612-614）。全体的な基礎資料は**図表 8 -10**の拡張された運動貸借対照表に含まれており，それゆえそこから導出可能である。

　資金増加は57,050マルクになる。その場合，現金増加，債権増加および在庫

増加ならびに債務減少および留保減少は資金増加を意味し，現金減少，債権減少および在庫減少ならびに債務増加および留保増加は資金減少を意味している。

図表8-13 純流動資産に対する資金運動貸借対照表

A　資金収入
I　現金収入
　1.　損益作用的現金収入：
　　　　銀行預金　　　　　　　　　(12)　　　　　　　　　　　　　　150,000
　2.　期間中性的現金収入：
　　　　現金　　　　　　　　　　　(16,18)　　　　　2,300
　　　　銀行預金　　　　　　　　　(17)　　　　　　300,000　　　　302,300
　3.　相関的現金収入
　　　　現金　　　　　　　　　　　(18)　　　　　　 10,000
　　　　銀行預金　　　　　　　　　(9)　　　　　　　39,200　　　　 49,200
　　現金収入合計　　　　　　　　　　　　　　　　　　　　　　　　 501,500
II　計算収入
　1.　短期的前収入
　　a）損益作用的：
　　　　売掛金　　　　　　　　　　(12)　　　　　　250,000
　　　　未収手数料　　　　　　　　(13)　　　　　　　3,000　　　　253,000
　　b）期間中性的：
　　　　受取手形　　　　　　　　　(15)　　　　　　　　　　　　　　15,000
　　c）相関的　　　　　　　　　　　　　　　　　　　　　　　　　　　 ―
　　前収入合計　　　　　　　　　　　　　　　　　　　　　　　　　 268,000
　2.　短期的前支出に対する償還収入
　　a）損益作用的の前支出に対して：
　　　　未払金　　　　　　　　　　(20)　　　　　　　6,000
　　　　修繕引当金　　　　　　　　(20)　　　　　　　5,000　　　　 11,000
　　b）期間中性的の前支出に対して：
　　　　買掛金　　　　　　　　　　(19,22)　　　　　　　　　　　　373,000
　　c）相関的前支出に対して　　　　　　　　　　　　　　　　　　　　 ―
　　償還収入合計　　　　　　　　　　　　　　　　　　　　　　　　 384,000
　3.　短期的戻し収入
　　　　前払保険料　　　　　　　　(10)　　　　　　　　　　　　　　 4,000
　　　　商品　　　　　　　　　　　(11)　　　　　　　　　　　　　 330,000
　　戻し収入合計　　　　　　　　　　　　　　　　　　　　　　　　 334,000
　4.　短期的戻し支出に対する後収入
　　　　前受賃貸料　　　　　　　　(16a)　　　　　　　　　　　　　　1,000
　　　　前受利息　　　　　　　　　(6f)　　　　　　　　　　　　　　　 700
　　後収入合計　　　　　　　　　　　　　　　　　　　　　　　　　　1,700

計算収入合計			987,700
収入合計			1,489,200

B 資金支出

I 現金支出

1. 損益作用的現金支出：

現金	(8)	2,750	
銀行預金	(8,20)	45,500	48,250

2. 期間中性的現金支出：

銀行預金	(10,11,20,22)	433,000

3. 相関的現金支出：

銀行預金	(14,21)	14,700
現金支出合計		495,950

II 計算支出

1. 短期的前支出：

a) 損益作用的

未払金	(8)	9,000	
未払利息	(9b)	3,200	12,200

b) 期間中性的：

買掛金	(11)	270,000

c) 相関的

		―
前支出合計		282,200

2. 短期的前収入に対する償還支出

a) 損益作用的前収入に対して：

売掛金	(17)	300,000

b) 期間中性的前収入に対して：

受取手形	(19)	15,000

c) 相関的前収入に対して

		―
償還支出合計		315,000

3. 短期的戻し支出：

前受賃貸料	(16)	2,000
前受金	(15)	15,000
戻し支出合計		17,000

4. 短期的戻し収入に対する後支出：

商品	(23,23a)	320,000
前払保険料	(10a)	2,000
後支出合計		322,000
計算支出合計		936,200
支出合計		1,432,150
資金増加		57,050
		1,489,200

②　短期的に自由に使用できる純貨幣手段に対する資金貸借対照表

この資金の場合，純流動資産の場合と同様に，短期的な債務が現金在高および短期的債権のほかに考慮される。**図表8-13**において，短期的戻し収入，後収入，戻し支出ならびに後支出が省略される。

それに対して，実務的な利用のために，領域によっては形式的分類を実質的分類によって補うこと（例えば，調達と販売，設備，長期的債権および債務）が，合目的であるとコジオールはいう。これにより，**図表8-14**が得られる（Kosiol [1976] S.617-618）。括弧(e)は，損益作用的項目が問題になることを表している。損益作用的純資金増加は，342,550マルクになる。これは(e)の増加合計と減少合計の差額である。領域Ⅰにおける資金増加は，28,750マルクを示している。

図表8-14 短期的に自由に使用できる純貨幣手段に対する資金運動貸借対照表

		増加	減少	残高
Ⅰ　調達と販売				
a）現金収入（現金,銀行預金）				
商品販売	(12)	150,000 (e)		
前受賃貸料	(16)	2,000		
売掛金の決済	(17)	300,000		
b）前収入（債権の発生）				
売掛金の増加	(12)	250,000 (e)		
未収手数料	(13)	3,000 (e)		
受取手形による前受金	(15)	15,000		
c）償還収入（債務の減少）				
買掛金・未払金の減少	(19,20,22)	371,000		
修繕引当金の減少	(20)	5,000		
領域Ⅰの総収入		1,096,000		
d）現金支出（現金,銀行預金）				
営業費	(8, 20)		48,250 (e)	
前払保険料	(10)		4,000	
商品仕入	(11)		60,000	
買掛金・未払金の決済	(20,22)		361,000	
e）前支出（債務の発生）				
未払金による営業費	(8)		9,000 (e)	
買掛金の増加	(11)		270,000	
f）償還支出（債権の減少）				

売掛金の減少	(17)		300,000	
受取手形の減少	(19)		15,000	
領域Ⅰの総支出			1,067,250	
領域Ⅰの純収入（資金増加）				+28,750

Ⅱ　設備

償還収入（債務の減少）

事業設備に対する未払金の減少	(22)	8,000		

現金支出

事業設備の支払い	(22)		8,000	
残高				—

Ⅲ　長期的債権および債務

現金収入

前払利息を控除した借入金	(9)	39,200	
前受利息を追加した貸付金の返済	(18)	10,300	
		49,500	

現金支出

債券の購入	(14)		9,700
資本金の払戻し	(21)		5,000

前支出（負債の発生）

未払利息	(9b)		3,200 (e)
			17,900

領域Ⅲの純収入（資金増加）		+31,600
総資金増加（純収入）		+60,350

　領域Ⅰにおける自由に使用できる収入余剰は，将来の措置および拡張に対する企業の財務的余地ならびに配当に対する財務的潜在性を示す。領域を活動分野，費用および収益種類，収入および支出カテゴリーにさらに分類するならば，言明力は高められる。支出余剰の場合，逆に，短期的純貨幣資産における財務的欠損が生じる。

　領域Ⅱは，例示において展開されない。通常，ここでは出資からの収入および物的および財務的設備の売却からの収入が発生する。支出は設備に対する総投資を示す。純収入は自由に使用できる財務余剰を意味する。逆に，純支出の場合，場合によっては領域Ⅰから全部または部分的に相殺しうる，もしくはそれによってさらに高められる財務需要が生じる。

　領域Ⅲは，合目的に自己資本と他人資本に分割される。そして，この方法で，

図表 8 -14は，個々の勘定，勘定グループ，領域および部分領域による純貨幣資産の構造および構成を示す。短期的純貨幣手段余剰は，それが損益作用的収支運動を含むのみならず，現金運動のほかに短期的債権および債務も含むということによって，キャッシュ・フロー（cash flow）から区別される。

以上によって，いくつかの典型的な資金計算に関する概観および収支的運動貸借対照表からのその導出を行ったことになる。要約すると，様々な流動性の階層において純流動資産の財務分析展開を構築することが可能であることが指摘できる。ただし，取り扱った資金貸借対照表により，すべての可能性が汲み尽くされたわけではない。**図表 8 -10**における収支的運動貸借対照表から，さらに各々の望まれる資金貸借対照表を導出することができる[3]。

Ⅳ 資金会計に対する対照資金会計

これまで，様々な資金会計を紹介してきた。これで資金会計の概要が明らかとなったので，本節では，これらの資金会計に対応する様々な対照資金（Gegenfonds）会計をコジオールの所論にそって概説していきたい。

1 対照資金会計の基礎

対照資金会計は，資金会計に対する重要な補完である。資金会計は流動性の証拠として資金の運動および変動の計算であるけれども，コジオールによれば，対照資金会計は，その原因を示すことに役立つものである。これらの原因は，収支的損益貸借対照表の当該資金に属さない在高の運動および変動をもとに決定される。そこから，資金に含まれる手段の源泉（資金源泉，資金調達）およびその運用（資金所在，資金投資）が推量される。資金外の性質の運動および変動は，対照資金会計の内容を形成する。それは一般に，当該資金に対する増加または減少をもたらす収支事象を含む。

資金の損益貸借対照表からの除外によって残る，対照資金会計で検討される

---

3) コジオールはこれまで示した資金運動貸借対照表のほかに，「設備資産に対する資金運動貸借対照表」，「純設備資産に対する資金運動貸借対照表」，「純名目資産に対する資金運動貸借対照表」等を示している。さらに，それぞれの資金変動貸借対照表も提示している。

252

在高は，資金計算の残余在高，補足的在高もしくは対照在高（Gegenbestände）とよぶことができる。したがって，対照資金会計に，損益貸借対照表のすべての貸借対照表項目の2つの在高グループへの分解が基本的に用いられる。すなわち，資金在高の現金および非資金在高または対照資金在高の現金である。その場合，1つまたは複数の資金を形成することができる。

資金の運動および変動に対する原因分析のほかに，対照資金会計は，次に示すような広い目的に役立つ。すなわち，それは損益作用的キャッシュ・フローの決定，生産的経営活動からの純現金収入の決定，財務設備および物的設備に対する投資支出の決定，自己資本および他人資本による外部金融の決定等である（Kosiol［1976］S.634-635）。

対照資金会計は，対照資金が問題となるのみで，資金会計と形式的に同じ方法で構築される。その出発点として，収支的運動貸借対照表および変動貸借対照表を選択することができる。その場合，対照資金運動貸借対照表または対照資金変動貸借対照表が得られる。それに応じて，対照資金収入，対照資金支出，対照資金変動，増加および減少が区別される。**図表8-15**は，それら3つの貸借対照表形式における対照資金会計の一般的構成を示している（Kosiol［1976］

図表8-15　対照資金会計の形式

対照資金運動貸借対照表

対照資金収入（資金フロー収入） ＝資金運用（資金の所在）	対照資金支出（資金フロー支出） ＝資金源泉（資金の由来）

残高＝対照資金の総変動

対照資金変動貸借対照表

対照資金在高の資産増加と負債減少 （個別変動） ＝資金運用（資金の所在）	対照資金在高の負債増加と資産減少 （個別変動） ＝資金源泉（資金の由来）

残高＝対照資金の総変動

対照資金在高貸借対照表

対照資金の資産（資産）	対照資金の負債（資本）

残高＝対照資金の総純在高

S.636-637)。

　資金の増加は，資産の対照在高の減少もしくは負債の対照在高の増加から生じる（資金源泉）。それに応じて，資金の減少は，資産の対照在高の増加もしくは負債の対照在高の減少に対して運用される（資金運用）。期間損益は，利益が問題となるか損失が問題となるかによって，資金を増加させるかまたは減少させる効果を有している。それに応じて，収益は資金の増加をもたらし，費用は減少をもたらす。

　資金在高がもっぱら相殺的収支事象に基づいている限り（資金内的運動），資金の全体量は変動しない。対照在高が相互に相殺される収支事象によって影響される場合（対照資金内的運動）にのみ，同じことが妥当する。それに対して，資金在高および対照資金在高が同時に収支事象に関係する場合にのみ，資金量の変動が生じる。これらの場合，対照資金在高の運動および変動により，資金在高に作用する企業過程は終了する。

　原因の連鎖を終了させるために，期間利益は包括的に前支出として，あるいは期間損失は償還収入として計算に入れられる。個々の収益および費用である損益構成要素を，残高量の代わりに導入するならば，対照資金会計は損益貸借対照表からも費用収益計算からも導出される。その場合，資金貸借対照表および対照資金貸借対照表の残高は等しく対置される。両者の部分貸借対照表を統合するならば，再び完全に調整された損益貸借対照表が生じる。

　形式的に，両者の計算を唯一の貸借対照表形式で相互にそして分離して表示する可能性がある。例えば，運動貸借対照表に対して，左側でまず資金の資産増加と負債減少を示し，それから対照資金の同じ変動を示し，右側でまず資金の負債増加と資産減少を示し，それから対照資金の同じ変動を示す可能性がある。これらの場合，資産側に資金増加ならびに資金運用（＝対照資金増加）が現れ，それに応じて，負債側に資金減少ならびに資金源泉（＝対照資金減少）が現れる。両構成要素の明確な分離は，混同や誤謬を避けるために，絶対に必要である。これらの組み合わされた資金計算および対照資金計算を全体として資本フロー計算（全体的流動性計算）とよぶことは有意義である，とコジオールはいう（Kosiol [1976] S.638）。

2　対照資金会計の諸相

　対照資金会計の2つのクラスを区別しなければならない。すなわち，部分対照資金会計と全体対照資金会計である。

　部分対照資金会計の場合，選択された貸借対照表項目による一定の資金が探究され，すなわち，補完的な対照資金計算によってこの資金項目の運動または変動に対するより詳細な原因が明らかにされる。唯一の資金の代わりに，同時により多くの資金が選び出され，財務分析的に検討される。個々の資金およびそれに付随する対照資金を考察する場合，様々な変形，下位分類および組み合わせによる5つの基本型および多数の混合型が区別される。

　全体対照資金会計の場合，その対照資金による個々の資金は分離されない。**図表8-10**の収支的損益貸借対照表は，同時に全体資金および全体対照資金と解される。貸借対照表は，ある側で当該期間中に全体的に現れる貸借対照表在高の運動または変動を示し，他の側でこれらの収支事象の源泉と運用および企業の資産および資本の総量へのその影響を示す。前者が資金貸借対照表となり，後者が対照資金貸借対照表となる。

(1)　対照資金貸借対照表の基本型

　ある一定の資金を収支的損益貸借対照表から選び出すならば，資金運動の原因（源泉と運用）は，対照的な反対運動のこれらの運動を対照資金で決定することによって確定される。反対記帳は勘定で明らかとなる。基本型として，再び現金，債権，債務，在庫および留保の資金運動貸借対照表が使用される。それらには，対照資金の相応する対照資金運動貸借対照表が割り当てられる。

　まず，現金に対する対照資金運動貸借対照表であるが，これは現金の対照資金内的運動ないし資金非作用的運動で構成される。すなわち，これには，現金運動の源泉と運用のみが含まれ，2面的損益非作用的運動および1面的損益作用的運動が含まれる。それは**図表8-10**の拡張された運動貸借対照表の部分として得られ，**図表8-16**のようになる（Kosiol［1976］S.642）。これを**図表8-11**の現金に対する現金運動貸借対照表と比較すると，対照資金は資金の反対記帳であり，資金の源泉と運用を表していることが明らかとなる。

図表 8 -16	現金に対する対照資金運動貸借対照表

I　資金運用（対照資金収入）
　1　前収入：相関的　　　　　　　　　　(14)　　　　　　　　　　　　　9,700
　2　償還収入：
　　　損益作用的前支出に対して　　　　(20)　　　　11,000
　　　期間中性的前支出に対して　　　　(22)　　　358,000
　　　相関的前支出に対して　　　　　　(21)　　　　 5,000　　　　374,000
　3　戻し収入（在庫）　　　　　　　　(10,11)　　　　　　　　　　　 64,000
　4　費用　　　　　　　　　　　　　　(8,20)　　　　　　　　　　　 48,250
　　　　　　　　　　　　　　　　　　　　　　　　　　　　　　　　495,950

II　資金源泉（対照資金支出）
　1　前支出：相関的　　　　　　　　　　(9)　　　　　　　　　　　　39,200
　2　償還支出：
　　　損益作用的前収入に対して　　　　(17)　　　300,000
　　　期間中性的前収入に対して　　　　(18)　　　　　300
　　　相関的前収入に対して　　　　　　(18)　　　 10,000　　　　310,300
　3　戻し支出（留保）　　　　　　　　(16)　　　　　　　　　　　　 2,000
　4　収益　　　　　　　　　　　　　　(12)　　　　　　　　　　　150,000
　　　　　　　　　　　　　　　　　　　　　　　　　　　　　　　　501,500

残高：対照資金減少＝資金増加5,550マルク

　その他の基本型，つまり債権，債務，在庫および留保に対する対照資金運動貸借対照表も同様の考えで得られ，さらに**図表 8 -10**の拡張された運動貸借対照表から得られる。それらは**図表 8 -17**から**図表 8 -20**のようになる（Kosiol [1976] S.644-646）。それらの図表は，それぞれ，資金計算および対照資金計算を示している。

256

図表 8 -17　債権に対する資金計算および対照資金計算

I　資金計算
  1　資金収入：前収入
    a）損益作用的前収入 （12,13） 253,000
    b）期間中性的前収入 （15） 15,000
    c）相関的前収入 （14） 9,700 277,700
  2　資金支出：償還支出
    a）損益作用的前収入に対して （17） 300,000
    b）期間中性的前支出に対して （18,19） 15,300
    c）相関的前支出に対して （18） 10,000 325,300
    残高：資金減少47,600（債権減少）
II　対照資金計算
  1　資金運用（対照資金収入）
    a）現金収入：
      損益作用的前収入に対して （17） 300,000
      期間中性的前収入に対して （18） 300
      相関的前収入に対して （18） 10,000 310,300
    b）償還収入：期間中性的前収入に対して （19） 15,000
    325,300
  2　資金源泉（対照資金支出）
    a）現金支出：相関的前収入に対して （14） 9,700
    b）戻し支出：期間中性的前収入に対して（在庫）（15） 15,000
    c）収益 （12,13） 253,000
    277,700

    残高：対照資金増加47,600

図表 8-18　**債務に対する資金計算および対照資金計算**

I　資金計算
　1　資金収入：償還収入
　　a) 損益作用的前支出に対して　　　(20)　　　　11,000
　　b) 期間中性的前支出に対して　　　(19,22)　　373,000
　　c) 相関的前支出に対して　　　　　(21)　　　　 5,000　　　389,000
　2　資金支出：前支出
　　a) 損益作用的　　　　　　　　　　(8,9b)　　 12,200
　　b) 期間中性的　　　　　　　　　　(9,11)　　270,800
　　c) 相関的　　　　　　　　　　　　(9)　　　　39,200　　　322,200
　　残高：資金減少66,800（債務減少）
II　対照資金計算
　1　資金運用（対照資金収入）
　　a) 相関的前支出に対する現金収入：(9)　　　　　　　　　　39,200
　　b) 戻し収入（在庫）　　　　　　　(9,11)　　　　　　　　270,800
　　c) 費用　　　　　　　　　　　　　(8,9b)　　　　　　　　 12,200
　　　　　　　　　　　　　　　　　　　　　　　　　　　　　322,200

　2　資金源泉（対照資金支出）
　　a) 現金支出　　　　　　　　　　　(20,21,22)　　　　　 374,000
　　b) 償還支出　　　　　　　　　　　(19)　　　　　　　　　15,000
　　　　　　　　　　　　　　　　　　　　　　　　　　　　　389,000

　　残高：対照資金減少66,800

図表 8-19　**在庫に対する資金計算および対照資金計算**

I　資金計算
　1　戻し収入（在庫）
　　前払保険料　　　　　　　　　　　　(10)　　　　 4,000
　　前払利息　　　　　　　　　　　　　(9)　　　　　　800
　　商品　　　　　　　　　　　　　　　(11)　　　330,000　　　334,800
　2　後支出（在庫から）
　　減価償却　　　　　　　　　　　　　(2b)　　　　 2,000
　　支払利息　　　　　　　　　　　　　(9a)　　　　　400
　　売上原価　　　　　　　　　　　　　(23,23a)　　320,000
　　保険料　　　　　　　　　　　　　　(10a)　　　　2,000　　　324,400
　　　残高：資金増加10,400（在庫増加）
II　対照資金計算
　1　資金運用（対照資金収入）費用　　　　　　　　　　　　 324,400
　2　資金源泉（対照資金支出）
　　a) 現金支出　　　　　　　　　　　(10,11)　　 64,000
　　b) 前支出　　　　　　　　　　　　(9,11)　　270,800　　　334,800
　　　残高：対照資金減少10,400

図表 8 -20 留保に対する資金計算および対照資金計算

I 資金計算
 1 後収入（留保から）

前受利息	(6e)	150	
前受賃貸料	(16a)	1,000	
前受利息	(6f)	700	1,850

 2 戻し支出（留保）

前受賃貸料	(16)	2,000	
前受金	(15)	15,000	17,000

　残高：資金増加15,150（留保増加）
II 対照資金計算
 1 資金運用（対照資金収入）

a) 現金収入	(16)		2,000
b) 前収入	(15)		15,000
			17,000

 2 資金源泉（対照資金支出）

収益	(6e,6f,16a)		1,850

　残高：対照資金増加15,150

　以上によって明らかなように，すべての事例において，対照資金運動貸借対照表は資金源泉および資金運用の正確な財務分析を可能にする。それはもっぱら，資金の収支事象に対する反対記帳を明らかにすることになる。資産資金（現金，債権および在庫）の場合，資金の増加または減少は，逆に対照資金の減少または増加に対応することに注意しなければならない。それに対して，負債資金（債務および留保）の場合，資金の増加または減少は，同じ対照資金の増加または減少に対応することになる。これらの資金と対照資金の関係を示すと，**図表 8 -21**のようになる（Kosiol [1976] S.648）。

図表 8 -21 資金と対照資金の関係

	資金	対照資金
現 金	+ 5,550	− 5,550
債 権	− 47,600	+ 47,600
在 庫	+ 10,400	− 10,400
小 計	− 31,650	+ 31,650
債 務	− 66,800	− 66,800
留 保	+ 15,150	+ 15,150
小 計	− 51,650	− 51,650
総変動＝期間損益	+ 20,000	− 20,000

⑵　対照資金貸借対照表の混合型

　対照資金貸借対照表の混合型に関して，前節と同様に，純流動資産および短期的に自由に使用できる純貨幣手段に対する対照資金運動貸借対照表を検討する。

　純流動資産に対する資金運動貸借対照表は，**図表 8 -13**において示されている。これに関連して，純流動資産に対する対照資金運動貸借対照表を作成すると，**図表 8 -22**のようになる（Kosiol［1976］S.649）。**図表 8 -22**は**図表 8 -13**に比して簡素化されているが，これは次のような理由による。すなわち，前述したように，資金在高がもっぱら相殺的収支事象に基づいている限り（資金内的運動），資金の全体量は変動しない。資金在高および対照資金在高が同時に収支事象に関係する場合のみ，資金量の変動が生じる。これにより，**図表 8 -13**から資金内的運動を取り除き，資金外的運動ないし対照資金内的運動のみを表したものが**図表 8 -22**である。

図表 8 -22	純流動資産に対する対照資金運動貸借対照表

Ⅰ　資金運用（対照資金収入）
1	長期的な相関的前収入	(14)		9,700
2	長期的な相関的前支出に対する償還収入	(21)		5,000
3	費用：現金支出	(8, 20)	48,250	
	前支出	(8, 9b)	12,200	
	後支出	(10a,23,23a)	322,000	382,450
				397,150

Ⅱ　資金源泉（対照資金支出）
1	長期的な相関的前支出	(9)		39,200
2	長期的な相関的前収入に対する償還支出	(18)		10,300
3	収益：現金収入	(12)	150,000	
	前収入	(12, 13)	253,000	
	後収入	(16a, 6f)	1,700	404,700
				454,200

　残高：対照資金減少＝資金増加57,050

　図表8-23は，短期的に自由に使用できる純貨幣手段に対する資金運動貸借対照表および対照資金運動貸借対照表を示している（Kosiol［1976］S.654-655）。このうち，資金運動貸借対照表は**図表8-14**に由来している。また，この場合にも，対照資金運動貸借対照表の作成に関して，資金運動貸借対照表における資金内的運動は除去されている。

図表8-23	短期的に自由に使用できる純貨幣手段に対する資金運動貸借対照表と対照資金運動貸借対照表

A　資金運動貸借対照表
Ⅰ　資金収入
　1　現金収入：
a) 損益作用的	(12)	150,000	
b) 期間中性的	(16,17,18)	302,300	
c) 相関的	(9,18)	49,200	501,500

　2　短期的前収入：
a) 損益作用的	(12,13)	253,000	
b) 期間中性的	(15)	15,000	268,000

　3　償還収入：
a) 損益作用的前支出に対して	(20)	11,000	
b) 期間中性的前支出に対して	(19,22)	373,000	384,000
			1,153,500

Ⅱ　資金支出
　1　現金支出：
a) 損益作用的	(8,20)	48,250	
b) 期間中性的	(10,11,20,22)	433,000	
c) 相関的	(14,21)	14,700	495,950

　2　短期的前支出：
a) 損益作用的	(8,9b)	12,200	
b) 期間中性的	(11)	270,000	282,200

　3　償還支出：
a) 損益作用的前収入に対して	(17)	300,000	
b) 期間中性的前収入に対して	(19)	15,000	315,000
			1,093,150

　残高：資金増加60,350
B　対照資金運動貸借対照表
Ⅰ　資金運用（対照資金収入）
1　前収入：相関的	(14)	9,700
2　相関的前支出に対する償還収入	(21)	5,000
3　戻し収入（在庫）		

期間中性的現金支出に対して	(10,11)	64,000	
期間中性的前支出に対して	(11)	270,000	334,000
4　費用：現金支出	(8,20)	48,250	
前支出	(8,9b)	12,200	60,450
			409,150
Ⅱ　資金源泉（対照資金支出）			
1　前支出：相関的	(9)		39,200
2　償還支出：			
期間中性的前収入に対して	(18)	300	
相関的前収入に対して	(18)	10,000	10,300
3　戻し支出（留保）：			
期間中性的現金収入に対して	(16)	2,000	
期間中性的前収入に対して	(15)	15,000	17,000
4　収益：現金収入	(12)	150,000	
前収入	(12,13)	253,000	403,000
			469,500

残高：対照資金減少＝資金増加60,350

3　拡張された対照資金貸借対照表

　図表8-24は，**図表8-11**における現金に対する拡張された完全な対照資金運動貸借対照表を表している（Kosiol［1976］S.660-661）。文字(a)から(g)によって，現金の額に影響を及ぼさない相殺される対照資金内的記帳が示される。**図表8-24**は，費用および収益がすでに組み入れられた，**図表8-16**における対照資金計算の内容を正確にカバーしており，それゆえ，それは拡張された対照資金運動貸借対照表とみなされる。

262

| 図表 8 -24 | 現金に対する拡張された完全な対照資金運動貸借対照表 |

I　資金運用（対照資金収入）

1.　前収入：損益作用的	(12,13)	253,000	(a)	
期間中性的	(15)	15,000	(b)	
相関的	(14)	9,700		277,700
2.　償還収入：				
損益作用的前支出に対して	(20)	11,000		
期間中性的前支出に対して	(22)	358,000		
期間中性的前支出に対して	(19)	15,000	(c)	
相関的前支出に対して	(21)	5,000		389,000
3.　戻し収入（在庫）	(9,11)	270,800	(d)	
	(10,11)	64,000		334,800
4.　後収入（留保から）	(6e,6f,16a)		(e)	1,850
5.　費用：				
現金支出	(8,20)	48,250		
前支出	(8,9b)	12,200	(f)	
後支出	(2b,9a,10a,23,23a)	324,400	(g)	384,850
				1,388,200

II　資金源泉（対照資金支出）

1.　前支出：損益作用的	(8,9b)	12,200	(f)	
期間中性的	(9,11)	270,800	(d)	
相関的	(9)	39,200		322,200
2.　償還支出：				
損益作用的前収入に対して	(17)	300,000		
期間中性的前収入に対して	(18)	300		
期間中性的前収入に対して	(19)	15,000	(b)	
相関的前収入に対して	(18)	10,000		325,300
3.　戻し支出（留保）	(15)	15,000	(c)	
	(16)	2,000		17,000
4.　後支出（在庫から）			(g)	324,400
5.　収益：				
現金収入	(12)	150,000		
前収入	(12,13)	253,000	(a)	
後収入	(6e,6f,16a)	1,850	(e)	404,850
残高：対照資金減少＝資金増加5,550				1,393,750

図表 8 -25は，**図表 8 -13**における純流動資産に対する拡張した完全な対照資金運動貸借対照表を表している（Kosiol［1976］S.662）。(a)から(c)までで示した記帳は，対照資金内的記帳である。他のすべての記帳は資金に対する運用および源泉を示している。**図表 8 -22**における純流動資産に対する対照資金運動

貸借対照表は，同時に，すでに費用および収益を含む，拡張された対照資金運動貸借対照表である。

| 図表8-25 | 純流動資産に対する拡張された完全な対照資金運動貸借対照表 |

I　資金運用（対照資金収入）
　1.　長期前収入：
　　　相関的　　　　　　　　　　　　　　(14)　　　　　　　　　　　　　　9,700
　2.　相関的前支出に対する償還収入　　　(21)　　　　　　　　　　　　　　5,000
　3.　長期戻し収入（在庫）　　　　　　　(9)　　　　　　　　　(a)　　　　 800
　4.　長期後収入（留保から）　　　　　　(6e)　　　　　　　　 (b)　　　　 150
　5.　費用：次のものに対する対照記帳
　　　現金支出　　　　　　　　　　　　　(8,20)　　　　　48,250
　　　短期前支出　　　　　　　　　　　　(8,9b)　　　　　12,200
　　　短期戻し収入に対する後支出　　　　(10a,23,23a)　 322,000
　　　長期戻し収入に対する後支出　　　　(2b,9a)　　　　　2,400　 (c)　384,850
　　　　　　　　　　　　　　　　　　　　　　　　　　　　　　　　　　 400,500

II　資金源泉（対照資金支出）
　1.　長期前支出：
　　　期間中性的　　　　　　　　　　　　(9)　　　　　　　　 800　 (a)
　　　相関的　　　　　　　　　　　　　　(9)　　　　　　　39,200　　　　40,000
　2.　償還支出：
　　　期間中性的前収入に対する　　　　　(18)　　　　　　　 300
　　　相関的前収入に対する　　　　　　　(18)　　　　　　10,000　　　　10,300
　3.　長期後支出（在庫から）　　　　　　　　　　　　　　　　　　　 (c)　 2,400
　4.　収益：次のものに対する対照記帳
　　　現金収入　　　　　　　　　　　　　(12)　　　　　150,000
　　　短期前収入　　　　　　　　　　　　(12,13)　　　 253,000
　　　短期戻し支出に対する後収入　　　　(6f,16a)　　　　1,700
　　　長期戻し支出に対する後収入　　　　(6e)　　　　　　 150　 (b)　404,850
　　　　　　　　　　　　　　　　　　　　　　　　　　　　　　　　　 457,550

残高：対照資金減少＝資金増加57,050

以上によって明らかなように，資金内的記帳および対照資金内的記帳を別に考察しもしくは分離することが重要である。資金内的記帳は，相殺され資金の総額を変えない，資金内的運用および源泉を示す。対照資金内的記帳は対照資金に対してのみ関心があり，それゆえ，それはやはり除外されなければならない（相殺対照資金貸借対照表）。もっぱら資金外的記帳が，残高による資金額を変える，資金運動の運用および源泉を示す。それゆえ，資金の完全な財務分析

のためには，資金内的原因および資金外的原因を考慮しなければならない。

V 対照資金会計の構造的特質と機能

　対照資金会計に関して，これまで，その会計の概要を述べ，それに基づく様々な対照資金貸借対照表，とりわけ対照資金運動貸借対照表を具体的に説明してきた。そこでは，まず対照資金貸借対照表の基本型として，現金，債権，債務，在庫および留保に対する対照資金運動貸借対照表を示した。そしてその後で，その混合型として，純流動資産および短期的に自由に使用できる純貨幣手段に対する対照資金運動貸借対照表を説明した。さらに，拡張された対照資金貸借対照表として，現金および純流動資産に対する拡張された完全な対照資金運動貸借対照表を示した。

　対照資金会計は部分対照資金会計として，これらのほかに，選択された貸借対照表項目による一定の資金に関して，様々な対照資金運動貸借対照表を作成することができる。さらに，様々な対照資金変動貸借対照表および対照資金在高貸借対照表も作成することができる。これらの説明によって，対照資金会計がほぼ明らかになったことと思われる。そこで本節では，このような対照資金会計の会計における本質を解明する意味で，その構造的特質と機能を考えていきたい。

1 対照資金会計の構造的特質

　前述したように，対照資金会計は，資金会計に対する重要な補完である。資金会計は流動性の証拠として資金の運動および変動の計算であるけれども，対照資金会計は，その原因を示すことに役立つものである。これらの原因は，収支的損益貸借対照表の当該資金に属さない在高の運動および変動をもとに決定される。そこから，資金に含まれる手段の源泉（資金源泉，資金調達）およびその運用（資金所在，資金投資）が推量される。資金外の性質の運動および変動は，対照資金会計の内容を形成する。それは一般に，当該資金に対する増加または減少をもたらす収支事象を含む。

　対照資金会計は資金会計の「反対記帳」によって行われる。すべての事例に

おいて，対照資金会計における対照資金運動貸借対照表は資金源泉および資金運用の正確な財務分析を可能にするが，それはもっぱら，資金の収支事象に対する反対記帳を行うことによって明らかにすることになる。すなわち，資金会計における資金収入は対照資金会計における資金源泉（対照資金支出）に対応し，資金会計における資金支出は対照資金会計における資金運用（対照資金収入）に対応する。このことが端的に現れているのが，**図表 8 -17**から**図表 8 -20**における債権，債務，在庫および留保に対する資金計算および対照資金計算である。

例えば，**図表 8 -17**の債権に対する資金計算および対照資金計算に関連する取引事例の仕訳を示し，これに基づいて**図表 8 -17**を再掲すると，次のようになる。

番号	借方科目	金　額	貸方科目	金　額
12	銀 行 預 金（現金収入）	150,000	売　　　　上	400,000
	売 掛 金（前 収 入）	250,000		
13	未収手数料（前 収 入）	3,000	受取手数料	3,000
14	有 価 証 券（前 収 入）	9,700	銀 行 預 金（現金支出）	9,700
15	受 取 手 形（前 収 入）	15,000	前 受 金（戻し支出）	15,000
17	銀 行 預 金（現金収入）	300,000	売 掛 金（償還支出）	300,000
18	現　　　　金（現金収入）	10,300	貸 付 金（償還支出）	10,300
19	買 掛 金（償還収入）	15,000	受 取 手 形（償還支出）	15,000

図表 8 -17	債権に対する資金計算および対照資金計算（再掲）

I　資金計算
　1　資金収入：前収入

a）損益作用的前収入	(12,13)	253,000	
b）期間中性的前収入	(15)	15,000	
c）相関的前収入	(14)	9,700	277,700

　2　資金支出：償還支出

a）損益作用的前収入に対して	(17)	300,000	
b）期間中性的前支出に対して	(18,19)	15,300	
c）相関的前支出に対して	(18)	10,000	325,300

　　残高：資金減少47,600（債権減少）

II　対照資金計算
　1　資金運用（対照資金収入）
　a）現金収入：

損益作用的前収入に対して	(17)	300,000	
期間中性的前収入に対して	(18)	300	
相関的前収入に対して	(18)	10,000	310,300
b）償還収入：期間中性的前収入に対して	(19)		15,000
			325,300

　2　資金源泉（対照資金支出）

a）現金支出：相関的前収入に対して	(14)	9,700
b）戻し支出：期間中性的前収入に対して（在庫）	(15)	15,000
c）収益	(12,13)	253,000
		277,700

　　残高：対照資金増加47,600

　これにより，資金会計における資金収入は対照資金会計における資金源泉（対照資金支出）に対応し，資金会計における資金支出は対照資金会計における資金運用（対照資金収入）に対応することが判明する。そしてこれは，上記の仕訳によって明らかなように，対照資金会計が資金会計を反対記帳したことに起因している。このことを会計の構造的側面および言語的側面から見ると，対照資金会計の各項目（勘定科目）は，資金会計の各項目（勘定科目）を対象としたメタ項目（メタ勘定）であり，資金会計の各項目（勘定科目）は対象項目（対象勘定）であるということができる。

　一般に，言語には階層性があり，すべての言語は対象言語とメタ言語に区別される。これに関して，永井は次のように説明している。言語には対象言語とメタ言語の区別がある。対象言語は対象＝存在者について語る言語である。メ

タ言語は対象＝存在者について語る言語ではなく，言語について語る高次の言語である。すると対象言語はメタ言語の対象となっている。そこで，「対象言語」は「対象について語る言語」という意味と，「メタ言語の対象になっている言語」という意味との二重の意味を含んでいる。

　対象についての思考を対象的思考とよび，思考についての思考を反省的思考あるいは反省とよぶことにすれば，対象的思考の言語が対象言語で，反省の思考がメタ言語である。言語によって了解されている表現の意味についてさらに反省的に語る言語はメタ言語であり，特に意味論的言語である（永井［1979］68頁）。

　すなわち，言語は階層性を有しており，対象言語とは，言語外の対象について考察する言語であり，メタ言語とは，対象言語について語る言語であり，反省的思考に対応し，反省的思考の媒体となる言語である。換言すれば，対象的思考・認識（第1次的思考・認識）を表現する言語を対象言語といい，反省的思考・認識（第2次的思考・認識）を表現する言語をメタ言語という。第2次的思考・認識はさらに反省されて第3次的思考・認識となる。同様の繰り返しでいくらでも高次の反省的思考・認識が可能である。

　それらの媒体となる言語の方からいえば，対象言語を起点として，第2次的言語であるメタ言語は，さらに一段高次の第3次的言語としてのメタメタ言語となり，同様に繰り返していくらでも高次のメタ言語が構成可能である。これが言語の階層性である。そして，対象言語で構成される理論を対象理論といい，メタ言語以上の高次の言語で構成される理論をメタ理論という（永井［1974］24頁）。

　この言語の階層性を資金会計および対照資金会計における各項目に当てはめてみるならば，資金会計における各項目は会計が認識すべき言語外の経験対象，つまり資金および資金の運動や変動を対象としており，これらは対象言語に属することは明らかである。これに対して，対照資金会計は対象言語たる資金会計の項目を反対記帳したものにほかならず，対象言語について語っているので，メタ言語に属することになる。

　現実の会計を行うためには，これらの会計項目に複式簿記を適用しなければならない。そこで，これらの言語を複式簿記の勘定記入に適用すると，対象言

語に属する会計項目の勘定は「対象勘定」となり，メタ言語に属する会計項目
の勘定は「メタ勘定」となる。これらは笠井によって命名されたものである。
彼によれば，勘定によって記録される対象は決して一様ではなく，経済活動
（事実）という会計の経験対象を直接的に記録する勘定と，そのような経済活
動を記録する勘定を対象としつつそれを整理する勘定という2種の勘定が識別
されるのである。会計の経験対象そのものに直接関わっている前者が，対象勘
定であり，この対象勘定を対象として会計の経験対象に直接関わらない後者が，
メタ勘定である（笠井［1994］434頁）。

　そして，このメタ勘定の特質は次の3点にあるとされる（笠井［1994］436-
438頁）。

　⑴　そこに記録された数値が，対象勘定間の差引き計算によって，もしくは
　　　ある対象勘定に記入したものを再度記入することによって算出される。
　⑵　この勘定は，財・用役という会計の経験対象と直接的な関連をもってい
　　　ない。
　⑶　この勘定は，もっぱらある計算目的を遂行するために用いられ，その計
　　　算目的を遂行しさえすれば，すでに機能を果たしたことになるので，個々
　　　の構成要素は示されない。

　本章でいう「メタ勘定」とは，このうち主として第1および第3の特質を有
するものであり，対象勘定を対象として，ある計算目的の見地から再整理する
ことにより生じた勘定である。それゆえ，経済活動の把握それ自体とは別に，
純粋に計算目的の達成に専念することになる。つまり，経済活動の把握と計算
目的の遂行という，勘定の記録機能と計算機能の二局面が分離し，メタ勘定は
そのうちの計算目的遂行という局面のみを分担するのである。

　これらのことを要約すると，対象勘定とは，会計が認識すべき経験対象たる
企業の経済活動を対象とする勘定である。そして，その特質は，経験対象たる
企業の経済活動を一対一の対応関係によって反映するということである。これ
に対して，メタ勘定とは，ある計算目的のもとに対象勘定について説明する勘
定である。その特質は，ある対象勘定から他の対象勘定を差引き計算すること
によって，もしくはある対象勘定に記入したものを再度記入することによって，

経験対象たる企業の経済活動を把握するということにある。ここで，前者のメタ勘定性を「差引き計算性によるメタ勘定性」とよび，後者のメタ勘定性を「再記性によるメタ勘定性」とよぶことにする。

　このことを前提として資金会計および対照資金会計の勘定を見てみると，資金会計の各勘定はやはり会計が認識すべき言語外の経験対象たる資金および資金の運動や変動を対象としており，これらは対象言語に属する勘定，すなわち対象勘定であることは明らかである。これに対して，対照資金会計の各勘定は，資金および資金の運動や変動を直接対象とはしておらず，これらの運動や変動を直接対象としている資金会計の各勘定を対象としているのである。この意味で，対照資金会計の各勘定は対象勘定ではなく，メタ勘定に属することになるのである。

　それでは，これらの勘定がメタ勘定に属することの直接的な原因はどこにあるのかというと，それは，資金の運動や変動を資金会計の各勘定に記入するのみならず，それを対照資金会計の各勘定に再度記入することによるのである。この意味で，対照資金会計の各勘定は再記性によるメタ勘定性という特質を有しているということができる。したがって，対照資金会計の構造的特質および言語的特質は，そこにおける各勘定のメタ勘定性にあるのである。

2　対照資金会計の機能

　対照資金会計のメタ勘定性は，この会計の機能ないし役割に影響を及ぼすことになる。上述したように，メタ勘定は対象勘定を対象としてある計算目的の見地から再整理することにより生じた勘定である。対照資金会計の場合，この計算目的は「財務経済的分析」である。これは，過去期間の流動性の展開を立証し，統制し，実現した財運動を手がかりとして，とりわけ企業の貨幣の流れを手がかりとして，財務手段の調達（資本源泉としての負債）およびその投資（資本運用としての資産）を判断するものである。この分析から，財務経済的措置を決定するために必要な流動性の将来の展開に関する推論が引き出される。

　そして，これを具体的に行ったものが，対照資金運動貸借対照表である。そこでは，資金会計を反対記帳することによって，対照資金運動貸借対照表が導出され，すべての事例において，資金源泉および資金運用の財務分析を可能に

する。資金会計における対象勘定の原因分析を対照資金会計におけるメタ勘定が行うのである。

　ここに対照資金会計の機能がある。すなわち，対照資金会計は経済的財務分析を目的として，再記性によるメタ勘定に基づいて対照資金運動貸借対照表を構成し，これによって資金源泉および資金運用の正確な財務分析を行うのである[4]。

<h1 style="text-align:center">Ⅵ　むすび</h1>

　以上，本章では，資金会計に対応する対照資金会計の概要を明らかにするとともに，その構造的特質と機能を解明することを目的として，まず，その基礎となるコジオールの収支的貸借対照表論をかなり詳細に説明した。彼は組織的単式簿記および全体システムとしての複式簿記を構想し，その最も重要な貸借対照表として収支的運動貸借対照表を位置づける。

　資金会計はこの運動貸借対照表が基礎となる。ただし，この運動貸借対照表は，このままでは資金会計および資金計算に適用することができず，そのためには，運動貸借対照表形式の損益決定のみに適合した分類を合目的に分類し，拡張することが必要となる。これが拡張された運動貸借対照表であり，資金会計および対照資金会計の原型となる。

　拡張された運動貸借対照表を基礎として，資金会計において，まず資金貸借対照表の基本型として，現金，債権，債務，在庫および留保に対する資金運動貸借対照表を作成できることを示唆した。また，資金貸借対照表の混合型として，純流動資産および短期的に自由に使用できる純貨幣手段に対する資金運動貸借対照表を作成した。ただし，これらは資金運動貸借対照表の典型であり，拡張された運動貸借対照表から選択された貸借対照表項目による一定の資金に関して，さらに様々な資金貸借対照表を導出することができる。

---

　4)　対照資金貸借対照表にはこのほかに対照資金変動貸借対照表がある。本章ではその形式を述べるにとどめたが，これは，対照資金運動貸借対照表の相互に対応する項目を差引き計算することによって作成される。そこにおける各勘定は依然としてメタ勘定であり，その意味で，対照資金変動貸借対照表の各勘定は，「差引き計算性によるメタ勘定性」の特質を有しているということができる。

　対照資金会計は財務経済的分析を目的として，資金会計の反対記帳によって資金会計の原因を示すものである。ここでも拡張された運動貸借対照表に基づいて，まず対照資金貸借対照表の基本型として，現金，債権，債務，在庫および留保に対する対照資金運動貸借対照表を作成した。また，対照資金貸借対照表の混合型として，純流動資産および短期的に自由に使用できる純貨幣手段に対する対照資金運動貸借対照表を導出し，さらに，拡張された対照資金貸借対照表として，現金および純流動資産に対する拡張された完全な対照資金運動貸借対照表を作成した。ただし，ここでも，選択された貸借対照表項目による一定の資金に関して，さらに様々な対照資金貸借対照表を導出することができることを示唆した。

　そして，対照資金会計の構造的特質として，これを言語的側面から見ると，対照資金会計の各勘定は再記性によるメタ勘定性（ないし差引き計算性によるメタ勘定性）の特質を有していることを解明した。また，対照資金会計の機能として，このメタ勘定に基づいて対照資金運動貸借対照表（ないし対照資金変動貸借対照表）を構成し，これによって資金源泉および資金運用の財務分析を行うことを指摘した。

　以上が本章の概要であるが，この対照資金会計は資金会計と同様に，会計観としての「収入支出観」に基づく会計であることを，最後に指摘しておきたい。ここで，収入支出観とは，会計を収入および支出を中心として見，利益も1期間における収入と支出の差額として測定しようとする利益観である。

　この収入支出観はすべての会計を一貫して統一的に説明しうるということができる。すなわち，収入支出観は，これまで会計実務および会計理論において提唱されてきた取得原価会計，購入時価会計，売却時価会計，資金会計，キャッシュ・フロー会計，予算会計および現在価値会計のすべてを一貫して統一的に説明することができる[5]。ここに，収入支出観の会計における普遍性がある。

　本章の主題である対照資金会計は資金会計の発展形態として位置づけることができ，資金会計が収入支出観に基礎を置く会計であることからすれば，対照

---

5)　本章ではこれを詳述することはできないが，これに関しては，上野［2018］を参照されたい。

資金会計はその延長線上にあり，その基本思考はやはり収入支出観にあるということができるのである。

第9章

利速会計とEVA会計

はじめに

　会計および会計理論の歴史は，その時間および空間の拡張の歴史であるということができる。これまで，会計および会計理論の歴史において様々な測定基準ないし評価基準による会計システムが提唱されてきた。取得原価会計，購入時価会計，売却時価会計，現在価値会計，公正価値会計がそれである。また，各評価基準を一般物価指数で修正する修正原価会計等も提唱された。

　取得原価会計を会計理論の出発点とするならば，これらの会計は取得原価会計を時間的および空間的に拡張したものであるといってよい。時間的拡張の視点からいえば，各会計の評価基準としての購入時価，売却時価，現在価値等は，取得原価の過去から現在および未来への拡張である。また空間的拡張の視点からいえば，これらの会計は取得原価会計からその種類を増加させ，空間的に拡張したものである。

　これらの会計の共通点は，資産，負債等の測定を基本とし，その変動を利益の測定として把握しようとすることにある。これは，井尻の言葉を借りれば，自動車の運転に際して距離計のデータを集め，走行距離で企業の業績を評価していたことになる。しかし，めまぐるしく移り変わる現代の経営において，距離計のデータだけではだめで，速度計のデータに絶えず目を配りながら経営を行い，速度の向上によって業績を評価する必要がある。定速で運転していたのでは，いくら利益を稼得しても，前の経営者の生み出したモメンタム（慣性）に便乗しているとみられる可能性があるからである（井尻 [1990] まえがき2-3頁）。

　このような考えから生み出されたのが，従来の距離の会計とは異なる速度の会計として，井尻が提唱する「利速会計」である。これは，端的にいえば，従来の会計を時間で微分したものであり，物理学のニュートン力学における「慣性の法則」を会計に適用したものである。利速会計は，利益の時間に対する変動率，すなわち利益の速度，「利速」が測定の基本となる。そして，そこで作成される財務諸表や会計記録の数字も「金額」ではなく，例えば月当たりの額を表す「速額」が用いられる。

　本章の目的の1つは，この利速会計がどのようなものであり，どのような機能を有しており，そして，その利益概念は何かを明らかにすることである。しかし，残念なことに，利速会計は現在の実務においてほとんど使用されていない。ただ，利速会計の基本思考に類似する会計として，現在実務において使用されているものに「EVA会計」（Economic Value Added Accounting；経済付加価値会計）がある。そこで，本章のもう1つの目的は，EVA会計を説明し，このEVA会計と利速会計の関係を明らかにすることによって，両会計の特質と利速会計の本質を解明することにある。

　これらの目的を達成するために，以下ではまず利速会計の概要を示し，次に利速会計を具体的な取引例によって説明する。これによって利速会計の全容が明らかになるので，さらに利速会計の機能と利益概念を解明する。上述したように，利速会計は現在の実務においてほとんど使用されていないけれども，その基本思考に類似するものとして，現在実務において使用されているEVA会計がある。そこで，このEVA会計を概説し，EVA会計を具体的な計算例によって説明する。そして，これらを踏まえてEVA会計と利速会計の計算構造的関係を明らかにし，最後に，両会計の特質と利速会計の本質を解明したい。

Ⅱ　利速会計と利力会計

　上述したように，利速会計は従来の会計を時間で微分したものであり，従来の利益の測定値を時間で微分したものを中心に取り扱う。時間で微分するとは，事物の変動をそのまま測定して報告するのではなく，その変動の時間に対する「変動率」を測定・報告するものである。本節は，この利速会計の概要を説明

するとともに，利速会計と従来の会計との関係を明らかにし，さらに，利速会計を時間でさらに微分したものとしての「利力会計」を説明する。

1　利速会計

従来の会計では利益が円という貨幣単位で測定されるのに対して，利速会計では，従来の会計利益の測定値を時間で微分する関係上，その時間に対する変動率は時間の単位と合成して，例えば「月当たり円」という単位で測定・表示される。

井尻によれば，時間に関してもう1つ注意すべきことは，利益がフローであるのに対して，その変動率はストックであるということである。フローは，2時点を指定してその間にどれだけの変動があったかということで決まる。それは，例えば4月1日から翌年3月31日までに稼得された利益を意味する。ところが，変動率はストックであり，1時点の指定だけで測定・表示されるものである。例えば，3月31日「現在」，利益は月当たり100万円の割合で稼得されつつある，というのがその例である（井尻［1990］15頁）。

ここで利速（income momentumまたは単にmomentum）とは，利益項目の経常的なものについて，それが繰り返し起こるという「慣性」を「利益の速度」として測定したものである。企業の数々の利速を項目ごとに集計して一表にまとめたものは利速計算書とよばれ，その簡単な例は**図表9-1**のようである（井尻［1990］17頁）。

図表9-1では，この会社は3月31日現在，月300万円の率で利益を稼得しつつあることが示されている。この月300万円の利速は現状を表しているのであるが，それのみで，未来の予測になんら役立たないというのではない。「もし現状が維持されれば」来たる1か月間に300万円の利益が稼得されるということができ，そのような現在の状態を示している。いわば，「何もしなければ」時間の経過に従ってこのようになる，という変動率を示している。

これを従来の会計と比較すると，そこでは利速は常にゼロであると考えられており，したがって，経営成績は常に利益ゼロがベースになって測定されていることになる。これに対して，利速会計では，利益がある一定の率で時間とともに稼得されている状態がベースになっている。一定の利速が維持されている

図表9－1	利速計算書の簡単な例

ABC株式会社
1990年3月31日現在
例1

売 上 高	4,400万円／月
売 上 原 価	−3,000
販売管理費	−1,100
経 常 利 益	300

例2

事 業 部 A	1,000万円／月
事 業 部 B	600
事 業 部 C	−500
本 社 費 用	−800
経 常 利 益	300

以上，その率で利益が稼得されているのは当然で注目に値しないのであり，その「現状」に変動があって初めて業績があると考える。

　これをさらに経営成績の観点から見ると，次のようになる。この会社が1年間「現状」を維持した場合，翌年3月31日までに利益は常に月300万円の割合で稼得される。そのような「定速」のもとでは，利益＝利速×経過時間となる。したがって，この1年間に稼得される利益は3,600万円ということになる。これを現在の会計のもとでは3,600万円の経営成績と見るが，利速会計ではこれを経営成績ゼロと見る。利速の額がなんら変化していないからである（井尻[1990]18-19頁）。

　井尻は次に，利速と対応して「作速」（impulse）という考え方を会計および経営に取り入れ，利速・作速が対になる複式関係に基づいた会計記録および財務諸表を展開する。これは**図表9－2**のようである（井尻[1990]32頁）。

　図表9－2では，利速が減少した説明が，いくつかの項目に分けて行の数字として分析されている。この説明の項目が作速勘定である。そして，これらを集めて作速計算書が作成され，これにより，月初と月末の利速純額の変動が説明されることになる。これによって明らかなように，作速は利速増減の理由を示すものである。

図表9-2 | 利速会計の簿記展開表

単位　万円／月

	売上高	原材料	労務費	製造費 変動	製造費 固定	製品 増減	販売管理費 変動	販売管理費 固定	(計) 純利益
月初利速計算書 1990.4.1（残高表）	4,400	-900	-1,200	-300	-600	0	-400	-700	300
月中変動							（変動表）作速計算書		
売価値上げ	10	90	120	30			40		290
製造量切下げ		90	120	30		-300			-60
製造効率向上		36	96						132
原材料超過購入		-144							-144
変動単価値上り		-152	-144	-48			-180		-524
固定費用増加					-112			-220	-332
小　　計	10	-80	192	12	-112	-300	-140	-220	-638
月末利速計算書 1990.4.30（残高表）	4,410	-980	-1,008	-288	-712	-300	-540	-920	-338

　図表9-2の利速会計を仕訳の形式で示すと，**図表9-3**のようになる（井尻［1990］37頁）[1]。

　図表9-3は，利速勘定がすべて借方に記入され，作速勘定がすべて貸方に記入されるという原則のもとに作成されている。勘定科目が借方にあるか貸方にあるかによってただちにそれが利速であるか作速であるかが明確にわかるので，利速と作速の関係が明らかとなる。これは，減分の場合にも負数でそのまま記入し，従来の仕訳のように勘定の反対側に記入することをしないためである。

　その代わり，利速勘定だけまたは作速勘定だけの仕訳も生じ，その場合には勘定の反対側には何も記入されないことになるが，これはまったく差し支えない。というのは，仕訳の合計はどちらもゼロであるので，貸借が一致するから

---

1)　**図表9-3**では，複式簿記における従来の仕訳とは異なり，減分を負数で示していることに注意する必要がある。従来の簿記では，負数が忌避され，減分は勘定の反対側に記入されるが，井尻によれば，これは複式簿記の根本に横たわっている二元性をわかりにくくしてしまっている（井尻［1984］16頁）。従来の方法では，ある勘定の増減が仕訳の位置によって異なり，統一されていないからである。負数を用いる方法では，仕訳の意味がより一層明確となる。仕訳の一方が利速とその変動のみを取り扱い，その他方は作速とその変動のみを取り扱うからである。このことは次に示す**図表9-3**における仕訳で明らかとなる。そして，井尻はこの負数を用いる方法を複式簿記の一般的方法としている。

図表9-3 利速会計の仕訳

取引番号	起速日	勘 定 科 目		借方速額 [利速勘定] 万円／月	貸方速額 [作速勘定] 万円／月
1	1990.4.1	売 上 高		10	
		原 材 料		90	
		労 務 費		120	
		変 動 製 造 費		30	
		変 動 販 売 管 理 費		40	
			売 価 値 上 げ		290
2	1990.4.1	原 材 料		90	
		労 務 費		120	
		変 動 製 造 費		30	
		製 品 増 減		−300	
			製 造 量 切 下 げ		−60
3	1990.4.1	原 材 料		36	
		労 務 費		96	
			製 造 効 率 向 上		132
4	1990.4.16	原 材 料		−144	
			原材料超過購入		−144
5	1990.4.16	原 材 料		−152	
		労 務 費		−144	
		変 動 製 造 費		−48	
		変 動 販 売 管 理 費		−180	
			変 動 原 価 値 上 り		−524
6	1990.4.16	固 定 製 造 費		−112	
		固 定 販 売 管 理 費		−220	
			固 定 費 増 加		−332

である。なお，**図表9-3**で「起速日」とあるが，これは利速の変動が効果を
発揮する最初の日のことである。

2 利速会計と財産会計

　利速会計と従来の会計を比較するために，従来の会計の簿記展開表を示すと，
図表9-4のようになる（井尻［1990］23頁）。なお，井尻は従来の会計を「財
産会計」とよんでいるので[2]，**図表9-4**を財産会計の簿記展開表とする（井
尻［1990］35頁）。そして，ここでも減分として負数が用いられていることに注
意する必要がある。

図表９-４　財産会計の簿記展開表

単位　万円

	現　金	原材料	製　品	機械装置	借入金	（計）資本
月初貸借対照表						
1990.4.1（残高表）	1,400	1,800	3,000	11,800	−2,700	15,300
月中変動					（変動表）	損益計算書
売　　上　　高	4,410					4,410
原　材　料　費	−1,480	648				−832
労　　務　　費	−936					−936
変　動　製　造　費	−264					−264
固　定　製　造　費	−456			−200		−656
製　品　増　減			−300			−300
変動販売管理費	−450					−450
固定販売管理費	−810					−810
借　入　金　返　済	−300				300	
機　械　装　置　購　入	−500			500		
小　　　　計	−786	648	−300	300	300	162
月末貸借対照表						
1990.4.30（残高表）	614	2,448	2,700	12,100	−2,400	15,462

　図表９-２の利速会計の簿記展開表と**図表９-４**の財産会計の簿記展開表を比較してみると，その構造は両者まったく同じである。すなわち，列がストックの勘定で１時点での現状を表し，行がフローの勘定で１期間の変動をその理由に基づいて分類している。そして，そこから作成される財務諸表は，期首と期末の残高表（balance sheet）と期中の変動表（change sheet）とに分かれている。

　2）　複式簿記の二元性は通常，複式記入の等式で「資産＝負債＋資本」として表される。さらに，請求権を負債（貸主の請求権）と資本（株主の請求権）の和と規定して，「資産＝請求権」として表されている。しかし，井尻はこれに疑問を呈する。資産と請求権がどうして対になるのかという理由は明確ではないが，受取勘定と支払勘定のようないくつかの勘定の間には明確な対比――一方が他方の正反対――ができることは確かである。とすると，支払勘定のように負の資産であることが明らかのものが，資本といった負の資産という概念の明らかでないものとどうして一緒に等式の右側におかれているのかという疑問である。
　そこで，井尻は，もう１つの表現方法を用いて，複式簿記の基本構造を説明する。それは，「資産−負債＝資本」という形式であり，より簡単に，財産を資産と負債の差と規定して，「財産＝資本」という形式である。彼によれば，この形式は，資産＝請求権という考え方よりも二元性の追求に便利である。というのは，負債は正負の差を除けば，資本よりも資産にはるかに類似しているからである（井尻［1984］7-8, 16-17頁）。これは簿記および会計の基本構造を示すものであり，この思考から，彼は従来の会計を説明するのに，「財産会計」という名称を用いていると思われる。

280

財産会計においては，それが貸借対照表と損益計算書になっており，利速会計
においては，それは利速計算書と作速計算書となっている。

　図表9-2と**図表9-4**の簿記展開表をさらに見てみると，両者の関係を明ら
かにする上で，重要な点に気づく。それは，**図表9-2**の列の勘定科目と**図表
9-4**の行の勘定科目が同じものであるということである。説明を簡単にする
ために，利益への影響がゼロの科目（借入金返済と機械装置購入）は**図表9-2**
では省略しているが，それ以外の科目は全部同じである。これが利速会計と財
産会計を結びつける重要な要素になっている。

　利速会計を財産会計とまったく別のものとして発展させることは可能であり，
ある面からすると望ましいところもあるかもしれない。しかし，井尻は利速会
計を財産会計からの「論理的な拡張」として展開する。そうすることによって，
これまで会計において長年にわたって導き出されてきたものが無駄になること
なく，それをさらに新しい次元で発展させることができるからである（井尻
［1990］41-42頁）³⁾。

　財産会計では，財産計算と利益計算が複式簿記の機構の中で双対的に統合し
て行われる。利速会計では同様に，利速計算と作速計算が複式簿記の機構の中
で双対的に統合して行われる。いずれの場合も2つの計算構造の間に目的と手
段，結果と原因という関係が成り立っている。

　つまり，財産変動の理由となるものを利益勘定が示し，利速変動の理由とな
るものを作速勘定が示している。これは逆に，利益を稼得していれば財産増大
の目的が達成され，作速を稼得していれば利速増大の目的が達成されるという
関係にもなっている。したがって，このようにつながっているものを2組連結

---

3)　井尻は，従来の会計を新しい会計に拡張・発展させるためには，2つの条件を満たさなけれ
ばならないという。1つは旧システムの保存性であり，もう1つは新システムの必然性である。
まず，あるシステムを旧システムの拡張とよぶためには，旧システムに存在していたものをす
べて保存するものでなければならない。例えば，自然数のシステムが，有理数，実数，複素数
のシステムへと1つずつ拡張されていく過程において，拡張されたシステムは元のシステムの
要素とオペレーションをすべて保存している。そうでなければ，新システムを旧システムの拡
張とよぶことはできない。
　新システムの必然性というのは，旧システムに新しく加えられて新システムとなる次元は，
旧次元に与えられた解釈のもとで論理的に唯一無二のものとして導き出されるものであり，し
たがって，新システムの次元の必然的な一部をなすものでなければならないという要求である
（井尻［1984］5-6頁）。

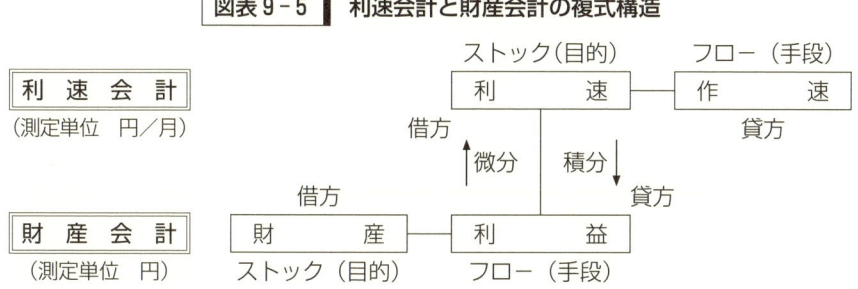

図表9-5　利速会計と財産会計の複式構造

させると，**図表9-5**のような関係が生じる（井尻［1990］42頁）。

　このように，利速会計と財産会計をつなぎ合わせることにより，手段の手段，あるいは目的の目的といった2段にわたる関連がつけられたことになる。

　図表9-5はさらに，利速と利益とは前者が後者を時間で微分したもの，したがって，後者は前者を時間で積分したものという関係にあることを示している。

　井尻によれば，ある期間中に一定な利速からその期間に生じる利益は，利速に期間の長さを掛けたものに等しい。例えば，利速が月162万円でそれが1か月続いたとすると，その間に稼得された利益は162万円／月×1月＝162万円となり，また2か月続くと324万円となる。

　これで明らかなように，利速の変動は2つの意味で利益に影響を及ぼす。1つはどれだけ率が増加したか（月162万円からどれだけ増加または減少したか）ということであり，もう1つはいつその変動が生じたかということである。月の初めに発生した変動は，月の中ほどで発生した変動の倍の影響が当月の利益に与えることは，明らかである。それゆえ，利速変動のタイミング，したがって，作速のタイミングは利益に及ぼす影響を見るのに非常に重要となる（井尻［1990］49頁）。

　そしてさらに，**図表9-5**で示した財産会計と利速会計の2つの複式構造を連結したものをもう1つ伸ばし，「作益」（action）という勘定系統を挿入すると，**図表9-6**のようになる（井尻［1990］52頁）。これは，利速を積分したものが利益になるので，作速を積分すると何か新しいものができるのではないかという発想に基づいている。

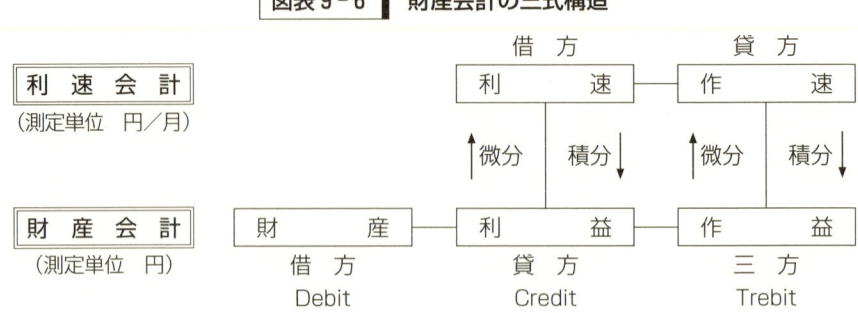

図表 9 - 6　財産会計の三式構造

本文

　井尻によれば，これが経営上も非常に意味のある勘定系統になる。**図表 9 -6** では，利益が財産の変動を説明する役割を果たしているのに対して，作益は利益の変動を説明する役割を果たしている。利益が財産に対して手段・目的の関係にあるならば，作益は手段の手段として財産とつながっている（井尻[1990] 51-52頁）。

　利益と作益の関係を明らかにするために，利益と作益の複式簿記展開表を示したものが，**図表 9 - 7** である（井尻[1990] 53頁）。

　図表 9 - 7 と**図表 9 - 2** の利速の展開表とを比較すると，その形式や勘定科目が両者まったく等しいことに気づく。ただ重要な違いとして，**図表 9 - 2** が万

図表 9 - 7　利益と作益の複式簿記展開表

単位　万円

			売　上　原　価			製品	販売管理費		（計）
				製造費					
	売上高	原材料	労務費	変動	固定	増減	変動	固定	純利益
前月利益：標準	4,400	− 900	− 1,200	− 300	− 600	0	− 400	− 700	300
当月作益									作益計算書
売価値上げ	10	90	120	30				40	290
製造量切下げ		90	120	30	− 300				− 60
製造効率向上		36	96						132
原材料超過購入		− 72							− 72
変動単価値上り		− 76	− 72	− 24			− 90		− 262
固定費用増加					− 56			− 110	− 166
小　　計	10	68	264	36	− 56	− 300	− 50	− 110	− 138
当月利益：実際	4,410	− 832	− 936	− 264	− 656	− 300	− 450	− 810	162

円／月の測定単位で表示されているのに対して，**図表9-7**は万円の測定単位
で表されている。これは，**図表9-2**が利速と作速という利益の変動率（月当
たり万円で表示）を取り扱っているのに対して，**図表9-7**は利益と作益という
利益額そのものを取り扱っているからである。

また，**図表9-2**の最初と最後の行は，月初と月末における利速の残高（ス
トック）を示しているのに対して，**図表9-7**では前月と当月という期間中の
フローを示している。その2つのベクトルの差を二重枠の展開表で調整してい
るのは，**図表9-2**と同じである。

さらに，二重枠の数値を**図表9-2**と**図表9-7**の間で比較して見ると，**図表
9-7**ではその最初の3行は**図表9-2**とまったく同じになっており，最後の3
行は**図表9-2**の数字の半分になっている。これは，**図表9-2**が作速を表し，
月当たり何万円ということで表示されているが，**図表9-7**ではそれが作益に
変わっており，作速×経過時間となっているからである。最初の3つの作速は
月初めに発生したもので，経過時間は1か月であるが，後の3つの作速はそれ
が0.5か月しか作用する機会を与えられていない。したがって，その作益額は
作速×0.5か月となって，数値としては**図表9-2**の半分になっている。

これを念頭に入れて**図表9-7**を詳細に見ると，前月利益300万円がどうして
今月は162万円に減少したか，その理由が作益計算書として説明されている。
作益計算書では，6つからなる作益勘定でその減少の理由の分析が行われてい
る（井尻［1990］51,54頁）[4]。

---

4)　このようにして，財産・利益の双対から財産・利益・作益の三対の勘定系統が生じてくるこ
とがわかるが，これにより，井尻は，作益が複式簿記を三式簿記に発展させる基盤を提供する
という。彼はこれを1，2，3という自然数の列と比較して次のように説明している。1の次に
2がきて，それに続いて3がくるのは，2の1に対する関係が，3の2に対する関係とまった
く同じ（0と与えられた数に「続く」数という2つの概念で自然数列ができあがる）になって
いるからである。われわれの簿記構造においても，利益の財産に対する関係（これを［利益→
財産］と示す）と，作速の利速に対する関係，［作速→利速］はまったく同じである。しかも，
作益は作速を積分してできたものであり，また利益は利速を積分してできたものであるから，
作益の利益に対する関係，［作益→利益］も，利益の財産に対する関係，［利益→財産］とまっ
たく同じであるということがわかる。こうして，作益の導入は，財産・利益に論理的に続いて
簿記の第3の軸を提供し，複式簿記を三式簿記に論理的に発展させる基盤を提供するものであ
るということがわかる（井尻［1990］58-59頁）。

284

3 利力会計

　既述のように，利速会計が財産会計から，その貸方の勘定系統である利益勘定を時間で微分するところから生じた。それと同じ手続を利速会計に当てはめてみるとどうなるかを示したものが，**図表9-8**である（井尻［1990］60頁）。

図表9-8 財産・利速・利力会計の構造

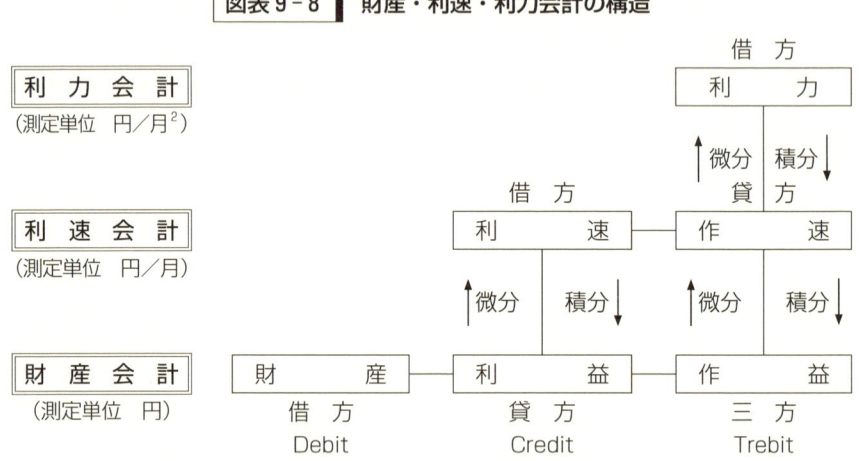

　同じ手続を適用するということは，利速会計の貸方にあたる作速という勘定を時間で微分したものを考えるということになる。井尻はこれを「利力」と名づけている。力学では，これは「力」（force）とよばれているものである。この利力の測定単位は円／月²で，その利力が1か月効果を発揮した場合，利速が月何円の割合で変化するかということを表している（井尻［1990］59頁）。

　井尻は利力を，新製品の導入とこれに伴う広告のキャンペーンという具体的な例で次のように説明している。新製品の導入に伴って利速が一度に上がることもあるが，通常はある一定期間の間，利速が徐々に上がることが多い。これを例えば100万円／月²という測定値で表すと，この利力が効果を発揮している限り，利速は月100万円の割合で増人していく状態を示している。

　例えば，3月末の利速を月300万円とし，4月の初めに新製品が導入され，広告のキャンペーンが始まったと仮定する。その利力を100万円／月²として

測定表示することは，4月末には利速が月400万円に，5月末には利速が月500万円に，6月末には利速が月600万円に，というように上がっていくことを意味している。これによって，4－6月の3か月にどれだけの利益が稼得されるかを見ると，その期間の初期利速が300万円／月，終期利速が600万円／月で，その間直線的に上がっているので，平均値は450万円／月，3か月で1,350万円の利益ということになる。

　これを実際の利益と比較することにより，当初の利力の数値が妥当であったかどうかを検討し，修正を加えつつ従来の測定資料にしていこうとするのである。また，井尻によれば，作速にならって利力の増減の理由を説明する「作力」勘定を設定し，利力・作力の複式構造をもった利力会計を考えることが可能である（井尻［1990］60-61頁）。

　この作力勘定を導入して財産会計，利速会計および利力会計の勘定系統の構造を全体的に示すと，**図表9-9**のようになる（井尻［1990］2頁）[5]。

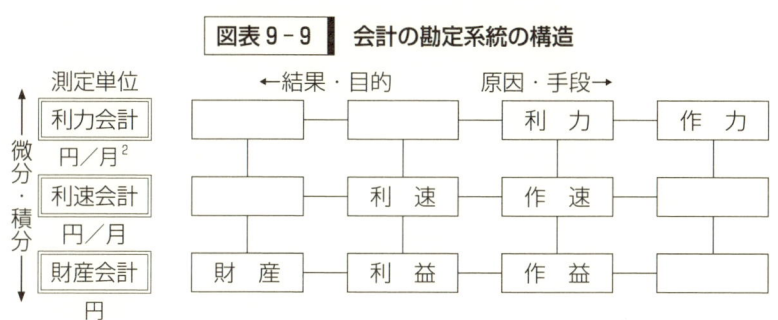

図表9-9　会計の勘定系統の構造

[5]　井尻は**図表9-9**の財産会計の下にさらに「効益会計」を考えている。彼によれば，利速会計を財産会計から導き出した手順を逆に適用すると，ここに「効益」（benefit）会計ともいうべきものができる。測定単位は，利速会計が円／月，財産会計が円，したがって，効益会計では円月というものになる。つまり，金額の単位に時間の単位を掛け合わせたものである。効益会計においては，その貸方が財産勘定を積分したもの，つまり各財産の額にその使用期間を掛けたものとなる。これを使用計算とよぶと，効益会計の複式機構においては，この「使用勘定」が当期において財産をどれだけ使用することができたかを示すことになる。これが手段となり，達成した目的に対応するものが借方の効益計算書になる。効益会計は効益計算書と使用計算書の両方からなっている（井尻［1990］61-62頁）。これは本章の目的とは直接関係がないので，その考察は省略することとする。

Ⅲ 　利速会計の具体的計算

　以上によって，利速会計の概要が明らかになったので，本節ではこれを受けて，利速会計の具体的計算を井尻の示した設例に基づいて行うことにする。その目的は，利速会計を完全に理解することと利速会計の全貌を明らかにすることである。

1　取引例

　井尻は，「KLMリース株式会社の取引例」として，以下の取引例を示している（井尻［1990］68頁）。

(1)　1990年1月1日，KLMリース株式会社は，コンピュータその他のリースを専門にする目的で設立された。決算日は毎年12月31日である。資本金は3,000万円で，その全額が債券の現物出資によって行われた。債券の会社設立時の時価はその額面に等しく3,000万円で，利子は毎月1％の率で毎月末に支払われる。

(2)　同日，債券を全部換金し，3,000万円の現金を得た（なお，現金はすべて無利子の当座預金に預け入れるものとし，また，例を簡単にするために税金はないものとする）。

(3)　同日，銀行から1,000万円の借入れを行った。期限は3年，利子は月1％で，毎月末払いである。

(4)　同日，A型機のコンピュータ3台をリースの目的で，現金3,600万円で購入した。減価償却は月100万円の割合で耐用年数36か月の毎月末に行う。

(5)　同日，A型機3台はただちに月300万円（毎月末現金払い）でリースされた。

(6)　営業費（減価償却費以外，以下同じ）は月90万円（毎月末現金払い）である。

(7)　株主との了解で，出資債券の利子に見合う額として月30万円を，経常利益からまかなえる限り，配当として毎月末に支払う。

以上の経営活動が18か月続いた後，次のように状況が変わった。

(8)　1991年7月1日，前回の借入れと同じ条件で，同銀行からさらに1,000

万円の借入れを行った。

(9)　同日，B型機のコンピュータ2台を現金4,000万円で購入した。減価償却は月100万円の割合で耐用年数40か月の毎月末に行う。

(10)　同日，B型機2台はただちに月280万円（毎月末現金払い）でリースされた。

(11)　営業費は月150万円に増加した。これを，月70万円をA型機リースに配賦し，月80万円をB型機リースに配賦する。

(12)　設立時の債券売却による受取利子の損失，月30万円はこれまで全額A型機リースが負担してきたが，1991年7月1日よりA・B型機で1対2の割合で配賦するため，月20万円をA型機リースからB型機リースに振り替える。

(13)　A型機リース料はこれまで総額で月300万円であったのが，1991年7月1日より月240万円に切り下げられた。

(14)　B型機導入で経常利益の増大が見込まれたため，配当を7月末払いの分よりこれまでの月30万円から月50万円に増加した。
　　　この状態で経営活動がさらに6か月続いた後，次のように状況が変わった。

(15)　1991年12月31日，会社はその労働組合との契約を更改し，それを3年延長した。そこで新たに採用されたインフレ修正の規定は，毎月の営業費を1月末より月5万円の割合で毎月増加させるものであると考えられている（したがって，営業費は1月150万円，2月155万円，3月160万円……となる）。この増加分はA型機リース40％，B型機リース60％の割合で負担する。

2　利速会計の処理

(1)　財産会計の仕訳

　以上の取引例に基づいて，まず財産会計の仕訳と財務諸表を作成すると，**図表9-10**のようになる（井尻［1990］91頁）。ここでもこれまでと同様に，減分の場合に負数でそのまま記入されている。

　図表9-10の貸借対照表では，資産合計から負債合計を差し引いた財産合計から，さらに株主からの出資純額を差し引いたものが累積利益として計上され

ている。つまり，従来の貸借対照表で利益剰余金として計上されているものが，累積利益と累積配当の差に分解されている。さらに，損益計算書では，1年ごとに更改される「期間」損益計算書から，「累積」損益計算書に変更されている。

　井尻によれば，このようにすると，仕訳帳の合計，貸借対照表の合計および損益計算書の合計が，すべて同一の概念を同一の数字で表していることになり，帳簿と財務諸表ならびに財務諸表間の関連が明確になってくる。つまり，仕訳帳の財産勘定のみを集計すると貸借対照表ができ，その純額が累積利益を表す。次に，仕訳帳の利益勘定のみを集計すると損益計算書ができ，その純額も累積利益を表している。したがって，仕訳帳の金額の総計もまた累積利益に一致することになる。これによって，いままで意味のなかった仕訳帳の合計額が累積評価という意味で，確固とした基礎をもつ数字になる（井尻［1990］93-94頁）。

　これは，本来累積である貸借対照表に対応するものが累積損益計算書であることを示している。そして，これらは次の機能と関係を有することも明らかとなる。貸借対照表の2時点の差をとった差分貸借対照表の勘定を適当に配置替えすると資金運用表になる。同様に，累積損益計算書の2時点の差をとると，（期間）損益計算書が得られる。したがって，資金運用表と損益計算書とは，両者が期間計算書であるところから，それが貸借対照表と累積損益計算書と同じような関係に立っていることがわかる。しかも，累積損益計算書はそれさえあれば，どの2時点間の期間損益計算書でも作成できるという，いわば母体の役目を担っていると考えられる（井尻［1990］94-95頁）。

図表9-10　財産会計の仕訳と財務諸表

単位　万円

取引	取引日	財産勘定	利益勘定	金　額
1	1990/1/1	有 価 証 券		3,000
		資 本 金		−3,000
2	1990/1/1	現 金		3,000
		有 価 証 券		−3,000
3	1990/1/1	現 金		1,000
		借 入 金		−1,000
4	1990/1/1	リース機械		3,600
		現 金		−3,600
3−7	1990/1/1—	現 金	リース収益	3,600
	1990/12/31	リース機械	減価償却費	−1,200
		現 金	営 業 費	−1,080
		現 金	支 払 利 子	−120
		配 当 金		360
		現 金		−360
	1990年度仕訳		小 計	1,200
8	1991/7/1	現 金		1,000
		借 入 金		−1,000
9	1991/7/1	リース機械		4,000
		現 金		−4,000
8−14	1991/7/1—	現 金	リース収益	4,920
	1991/12/31	リース機械	減価償却費	−1,800
		現 金	営 業 費	−1,440
		現 金	支 払 利 子	−180
		配 当 金		480
		現 金		−480
	1990−91年度仕訳		合 計	2,700

貸借対照表	1990/12/31	1991/12/31	損益計算書（累積）	1990/12/31	1991/12/31
現 金	2,440	2,260	リース収益	3,600	8,520
リース機械	2,400	4,600	減価償却費	−1,200	−3,000
資産合計	4,840	6,860	営 業 費	−1,080	−2,520
借 入 金	−1,000	−2,000	支払利子	−120	−300
財産合計	3,840	4,860		1,200	2,700
資 本 金	−3,000	−3,000			
配 当 金	360	840			
累積利益	1,200	2,700			

(2) 利速会計の仕訳

　同じ取引例に基づいて利速会計の仕訳を示すと，**図表9-11**のようになる（井尻〔1990〕71頁）。ここでもこれまでと同様に，減分の場合に負数でそのまま記入されている。

図表9-11	利速会計の仕訳

取引 No.	起速日	利速勘定	作速勘定	速　額 万円/月	経過期間 月	金　額 万円
1	1990/1/1	受取利子	資本出資	30	12.00	360
2	1990/1/1	仮投資		30	12.00	360
		受取利子		−30	12.00	−360
3	1990/1/1	仮投資		10	12.00	120
		支払利子		−10	12.00	−120
4	1990/1/1	仮投資		100	12.00	1,200
		減価償却費		−100	12.00	−1,200
5	1990/1/1	リース収益	A型機リース	300	12.00	3,600
		仮投資	A型機リース	−140	12.00	−1,680
6	1990/1/1	営業費	A型機リース	−90	12.00	−1,080
7	1990/1/1	(仕訳なし)				
			小計	100		1,200
8	1991/7/1	仮投資		10	6.00	60
		支払利子		−10	6.00	−60
9	1991/7/1	仮投資		100	6.00	600
		減価償却費		−100	6.00	−600
10	1991/7/1	リース収益	B型機リース	280	6.00	1,680
		仮投資	B型機リース	−110	6.00	−660
11	1991/7/1	営業費	B型機リース	−80	6.00	−480
		営業費	A型機リース	20	6.00	120
12	1991/7/1		B型機リース	−20	6.00	−120
			A型機リース	20	6.00	120
13	1991/7/1	リース収益	A型機リース	−60	6.00	−360
14	1991/7/1	(仕訳なし)				
			小計	50		300
			合計	150		1,500
15	1992/1/31	営業費	A型機リース	−2	11.00	−22
		営業費	B型機リース	−3	11.00	−33
16	1992/2/29	営業費	A型機リース	−2	10.00	−20
		営業費	B型機リース	−3	10.00	−30
		(以下毎月末，同様の仕訳)				

　そして，この仕訳に基づいて利速・作速計算書を作成すると，**図表9-12**のようになる（井尻［1990］72頁）。これは，利速勘定および作速勘定を各項目別にまとめ，それぞれの計算書としたものである。

図表9-12 利速・作速計算書

		利速・作速		利益への影響	
		速　額（万／月）		金　額（万／月）	
		1990/12/31	1991/12/31	1990/12/31	1991/12/31
利速勘定	リース収益	300	520	3,600	4,920
	減価償却費	−100	−200	−1,200	−1,800
	営　業　費	−90	−150	−1,080	−1,440
	支払利子	−10	−20	−120	−180
	合　計	100	150	1,200	1,500
作速勘定	資本出資	30	30	360	360
	A型機リース	70	50	840	720
	B型機リース		70		420
	合　計	100	150	1,200	1,500

　図表9-11の特徴的な仕訳について説明すると，以下のようになる。

　まず取引1に関して，利速会計の場合，出資財産が問題なのではなく，損益計算書の収益力が問題なのであり，どれだけの利速の「出資」があったかということが問題となる。債券出資の場合はその利率がすでに規定されているので，月1％の利率に出資額3,000万円を掛けて得た利速，月30万円が株主によって出資されたことが仕訳されている。

　取引2に関して，受取利子がなくなったのは債券を換金したのが直接の原因であるが，それはA型機のコンピュータを購入してリースするためである。つまり，受取利子を犠牲にしたのはリース収益を得るためである。しかし，いまの段階ではまだリース機械への投資は実現していない。したがって，財産会計における「仮払金」にならって，「仮投資」という利速勘定が導入される。この考えは取引3および4においても同じである。

　取引5に関して，取引2，3および4における仮投資勘定を集計してみると，受取利子のロスが月30万円，支払利子の発生が月10万円，減価償却費が月100

万円で，合計月140万円の犠牲をこれまでに払ったことになる。これはいわば
財産会計における製品の原価というべきもので，それと交換に月300万円の
リース収益が得られたことになる。その差額月160万円はA型機リースを始め
るという経営行為によって得られたものであると判断し，「A型機リース」と
いう作速勘定を設け，それにこの業績を帰属させている。

　図表9-11において，1990年度のすべての取引が同年1月1日に行われたも
のとして設定されている。**図表9-12**の利速・作速計算書からもみられるとお
り，この年度の取引を総括すると，純利速は月100万円で，その内訳はリース
収益が月300万円，減価償却費が月－100万円，営業費が月－90万円，支払利子
が月－10万円である。これら借方の利速勘定に対して，貸方の作速勘定は2勘
定のみで，資本出資が月30万円とA型機リースが月70万円の合計月100万円で
ある。つまり，純利速の30％は出資によるもので，70％が経営者によって得ら
れたということになる。

　これらの作速はいずれも1月1日の起速日なので，その期末までの経過期間
はすべて12か月である。したがって，これらの作速の1990年度の利益に及ぼし
た影響は，**図表9-12**にあるように，月100万円掛ける12か月で1,200万円とな
る（井尻［1990］81頁）。

　取引8からは1991年7月1日を起速日とする取引である。

　取引11に関して，これまで18か月間，月90万円の営業費であったが，B型機
の導入によって月150万円となった。ここで，この営業費はA・B型機のための
支出であるという考えから，両作速勘定に月70万円と月80万円の割合で按分す
る。その結果，A型機リースは月90万円から月70万円となり，月20万円分だけ
負担が軽くなった。それと新たにB型機リースへ月80万円を割り当てることに
より，営業費による利速月－60万円の変動が仕訳される。

　取引12に関して，これは，設立時の債券売却による受取利子の損失，月30万
円のうち月20万円分をA型機リースからB型機リースに振り替える仕訳であり，
作速勘定間の振替えで，利速勘定が計上されない仕訳となる（井尻［1990］83
頁）。

　さて，これらの取引が1991年7月1日に行われた結果，純利速は6月末まで
18か月にわたって定速で維持された月100万円から月150万円に増加された。**図**

表9-12にみられるように，その内訳はリース収益が月520万円，減価償却費が月−200万円，営業費が月−150万円，支払利子が月−20万円となっている。これに対する作速勘定は，資本出資が月30万円，A型機リースが月50万円，B型機リースが月70万円，計月150万円となっている。

　さらに，**図表9-12**における作速勘定の2時点間の速額を比較してみると，今期の純作速は月50万円で，残りの月100万円は前期につくられた利速の持越しによるものであることがわかる。また，純作速月50万円は，A型機リースの月−20万円をB型機リースの月70万円でカバーして残ったものであることもわかる。

　そして，これをもとに利益計算を行うと，1月から6月までは前の利速月100万円で，7月から12月まではB型機導入後の利速月150万円なので，合計1,500万円となる。これは，資本出資の作速の結果としてその作益が360万円（月30万円×12か月），A型機リースの作益が720万円（月70万円×6か月＋月50万円×6か月），B型機リースの作益が420万円（月70万円×6か月），合計1,500万円となる。これが**図表9-12**にまとめて示されている。

3　利力と作力

　既述のように，井尻は利速会計をさらに進めて「利力」会計を考える。これは，利速会計の貸方にあたる作速勘定を時間で微分したものである。この測定単位は円／月^{2}で，その利力が1か月効果を発揮した場合，利速が月何円の割合で変化するかということを表している。自動車の運転に対比して，財産会計が走行距離を表し，利速会計が速度を表すならば，利力会計は「加速度」を表すことになる。

　また，作速にならって利力の増減を説明する「作力」勘定を設定し，利力・作力の複式構造をもった利力会計を考えることが可能である。すなわち，利力・作力の双対のもとに複式機構の中で利力会計を展開することができる。その概念図は**図表9-9**で示したところである。

　利力が利速ならびに累積利益に及ぼす影響を示すと，**図表9-13**のようになる（井尻［1990］108頁）。

図表 9 -13　利力とその利速・利益への影響

日　付	月末利力 万円／月²	月間作速 万円／月	月末利速 万円／月	月間利益 万円	累積利益 万円
1991.12.31	−5		150		2,700
1992. 1.31	−5	−5	145	150	2,850
1992. 2.29	−5	−5	140	145	2,995
1992. 3.31	−5	−5	135	140	3,135
1992. 4.30	−5	−5	130	135	3,270
1992. 5.31	−5	−5	125	130	3,400
1992. 6.30	−5	−5	120	125	3,525
1992. 7.31	−5	−5	115	120	3,645
1992. 8.31	−5	−5	110	115	3,760
1992. 9.30	−5	−5	105	110	3,870
1992.10.31	−5	−5	100	105	3,975
1992.11.30	−5	−5	95	100	4,075
1992.12.31	−5	−5	90	95	4,170

(注)　利力の効果は 1 か月潜在し，月末に一挙に作速となって現れるものと仮定する。

　これは，上記の取引15に基づいて作成したものであり，インフレ修正により毎月の営業費が1992年 1 月末より 5 万円ずつ増加するという仮定のもとに作成したものである。そこでは，利力は何万円／月²として表され，利力が 1 か月効果を発揮した場合に，利速がどれだけ変動するかということを表している。したがって，このインフレの利力が− 5 万円／月²として表され，その力が発揮される 1 か月ごとに− 5 万円の割合で利速が変動することを意味している。その仕訳は，**図表 9 -11**の最後に示されている。

　井尻によれば，利力は他の一時的な作速とは違って，それが取り除かれない限り継続的に作速を加えるもので，いわば毎月− 5 万円の作速をかける契約をしたようなものである（井尻 [1990] 107-108頁）。したがって，利速も1991年12月31日には月150万円であったものが，1992年 1 月31日には月145万円，同 2 月29日には月140万円というように減少していく。

4　利速会計の機能と利益概念

　以上によって利速会計の全容が明らかになったと思われるので，ここで，このような利速会計の機能と利益概念を考えてみたい。

　前述したように，利速会計は従来の財産会計を時間で微分したものであり，従来の利益の測定値を時間で微分したものを中心に取り扱う。そこでは，事物の変動をそのまま測定して報告するのではなく，その変動の時間に対する「変動率」をストックとして測定報告する。

　利速会計における利速は過去の取引に基づいた企業の現状を表しているのであるが，それのみで，未来の予測になんら役立たないというのではない。「もし現状が維持されれば」来たる1か月間にこれだけの利益が稼得されるということができ，そのような現在の状態を示している。いわば「何もしなければ」時間の経過に従ってこのようになる，という変動率を示している。

　これを従来の財産会計と比較すると，そこでは利速は常にゼロであると考えられており，したがって，経営成績は常に利益ゼロがベースになって測定されていることになる。これに対して，利速会計では，利益がある一定の率で時間とともに稼得されている状態がベースになっている。一定の利速が維持されている以上，その率で利益が稼得されているのは当然で注目に値しないのであり，その「現状」に変動があって初めて業績があると考える。

　これをさらに経営成績の観点から見ると，次のようになる。例えば，ある会社が1年間「現状」を維持した場合，翌年3月31日までに利益は常に月300万円の割合で稼得されるとする。そのような「定速」のもとでは，利益＝利速×経過時間となる。したがって，この1年間に稼得される利益は3,600万円ということになる。これを財産会計のもとでは3,600万円の経営成績と見るが，利速会計ではこれを経営成績ゼロと見る。利速の額がなんら変化していないからである。

　このように見ると，利速会計の機能の1つは，企業および経営者の業績評価ということになるが，この業績評価は財産会計よりも厳しいということができる。上記の例において，財産会計のもとでは3,600万円が利益として認識されるのに対し，利速会計のもとではそれは利益として認識されないからである。それは前任の経営者の経営成績に帰属し，現在の経営者の経営成績には帰属しないのである。

　ということは，現在の経営者は3,600万円を稼得することはいわばノルマであり，自己の経営成績を上げようとするならば，さらに多くの額を稼得しなけ

ればならない。それゆえ，利速会計は業績評価の厳しさを内在しているとともに，経営成績の帰属を明確にするという機能を有しているということができる。したがって，業績評価の厳しさと経営成績の帰属の厳格性が，利速会計の第1の機能である。

しかし，それだけではない。利速会計における利速は過去の取引に基づいた企業の現状を表しているが，将来をまったく考慮していないというわけではない。上述したように，利速は，「もし現状が維持されれば」来たる1か月間にこれだけの利益が稼得されるということを表しており，そのような現在の状態を示している。さらに，現在の利速を稼得しただけでは，経営成績はゼロとなる。

このように見ると，利速会計における利速は将来の企業活動に対する標準ないし基準であるということができる。利速会計では，利益がある一定の率で時間とともに稼得されている状態がベースになっている。このベースが利速会計における標準ないし基準となり，将来の企業活動に対する方向づけを与えることになる。この意味で，利速会計は将来の企業活動に対する最低限の指標を提供することになり，ここに利速会計のもう1つの機能があるということができる。利速会計は現在および将来に向けた会計なのである。

それでは，このような機能を有する利速会計の利益概念はどういうものであろうか。ここで注目しなければならないのは，利速会計における重要な原則として井尻が主張する「原速主義」である。ここで原速とは，ある利速を得るために犠牲にされた利速のことであり，原速主義とは，土地への投資利速など，利速の額がまだ確定していない不確定利速の評価を，その利速を得るために犠牲とされた利速額によって決定しようという主義のことである。

これに関して，井尻は従来の原価主義と対比して原速主義を次のように説明している。原価主義は購入資産の増価を認めないということに対して，原速主義は購入資産の「加速」を認めないということである。逆にいえば，一定の速度で増価していることを認めるということである。つまり，資産は，それを得るために犠牲になった利速で計上される原速のまま毎月増価することになる。そして，この原速で増価するのはいわばノルマと考えるべきで，資産を保有するために失った利子その他の費用よりも上回る利益があって初めて貢献があっ

たと見られるのである。

　したがって，利速会計における原速主義は，財産会計における原価主義から見ると資産の過大評価になる。しかし，これは利速・利益調整表で調整すればいい問題である。例えば，月1％の利率で利子を稼得していた預金5,000万円を引き出して1990年1月1日に土地を購入したとする。失った利速は月50万円で，これが土地の収益に化体されたものとして記録される。したがって，1990年12月31日には土地は600万円の増価をしたものとして推定されることになる。

　ところが，土地を5,600万円で評価することは原価主義に反するので，その簿価は原価の5,000万円に切り下げなければならない。それから生ずる600万円の損失は，土地に投資した行為そのものに帰属させ，やがて土地が例えば6,000万円で1991年1月1日に売却されたとすると，そのときに決済して，土地投資収益として400万円の純益を得たとし，その投資行為に帰属させるのである。

　後の600万円は，直接には土地投資行為から生まれたように見えるが，機会損益からいうとその行為がなくとも得ていた利益なので，それは差し引くのが当然であるということになる。売価と原価の差額の1,000万円をすべて土地投資行為に帰属せしめるのは妥当ではない，というのが利速会計からの結論である（井尻［1990］79-80頁）。

　この例からも推察されるとおり，財産会計では現金が測定の基準になっているのに対し，利速会計では現金×市場利子率が1つの測定基準となり，遊休資産を投資した場合の原速の決定に用いられる。すなわち，原速は投資額と利子率で決定されるのである。そして，投資収益力は，この原速を基準としながら，それ以上の利速が稼得されるかどうかを判断して投資行為が行われることになる。

　これを円／月という利速会計独自の観点から述べると，次のようになる。土地の原価が5,000万円で，原速が月50万円という経営上の意味は，この土地の将来の増価による収益が，月率にして50万円以上のものがあって初めてプラスの作速があったとみなされ，そのベースを提供するということである。例えば，月80万円の利速が実現した場合，原速の月50万円を差し引いて，月30万円の作速があったもの（それだけ利速に対して貢献があったもの）とみられるのである。

　つまり，利速の将来の実現を評価するに当たって，原速はいわばノルマの役

298

目を果たし、それだけはまず確保して、それ以上稼得された部分を業績として認めるということである（井尻［1990］141-142頁）。

　このようにみてくると、利速会計における利益概念が明らかとなる。すなわちそれは、作速から原速を控除したものであり、さらにいうならば、利速利益＝作速収益−原速費用として表現することができる。そして、この原速費用は利子その他の費用を含むものであり、原速費用＝通常の原速費用＋利子費用（資本コスト）ということになる。したがって、利速利益を全体的に表現すると、利速利益＝作速収益−通常の原速費用−利子費用（資本コスト）となるのである[6]。

　このことは、前述した利速会計の具体例に当てはめてみると、明確となる。そこでは、1990年度において作速収益としてのリース収益は月300万円であり、通常の原速費用としての減価償却費は月100万円であり、営業費は月90万円である。そして、自己資本コストは月30万円であり、他人資本コストは月10万円である。したがって、利速利益は月70万円（＝月300万円−月100万円−月90万円−月30万円−月10万円）となる。

　そして、利速の利益に及ぼす影響は840万円（＝月70万円×12か月）となり、A型機リースの速額および利益金額と符合する。ここでは、利速利益は月70万円だけであり、資本出資の月30万円は利速利益とはみなされない。それは新たな利速の稼得に貢献していないからである。ここに、利速会計における経営成績帰属の厳格性の機能が現れることになる。

6)　ただし、利子費用の利子率を決定するには、考慮すべきことがある。これに関して、井尻は次のように述べている。財産会計において棚卸資産の原価については、先入先出法・後入先出法・平均原価法など、いろいろな方法があるが、投資に用いられる資本コストもいろいろあり、どれを用いるかについて個々のケースで判断しきれない場合も生じてくる。その場合には、先入先出とか後入先出とかといった公式に基づいた計算方法が便利なことが多い。この場合、平均原速法などの資金全部の総合平均から計算したものを使うのも、公式による方法の1つである。
　　ただ、ここで問題となるのは他人資本のコストと自己資本のコストの違いで、両者はある程度のバランスをもたせながら企業の成長を考えなければならない。したがって、長期的には両者の資金コストを平均したものを用いるべきだという説ももっともである。要は、原速の決定に当たって、短期的・中期的な見地から決めるか、より長期的な見通しのもとに決めるかということにも関連してくる（井尻［1990］144頁）。
　　このように、原速の決定に際して利子率の決定が問題となるのであり、非常に難しい問題であるが、その1つの解決策として後述する加重平均資本コスト（WACC, weighted average cost of capital）がある。

　以上，利速会計を詳細に説明し，利速会計の機能と利益概念を解明してきた。これにより，会計思考の新発想および会計の新領域としての，利速会計の全貌および経営上の重要性が明らかになったことと思われる。しかし，残念なことに，この利速会計は現在の実務においてほとんど使用されていない。

　ただ，利速会計の基本思考に類似する会計として，現在実務において使用されているものに「EVA会計」（Economic Value Added Accounting；経済付加価値会計）がある。そこで，次節において，EVA会計を説明することにする。

Ⅳ　利速会計の実践としてのEVA会計

　EVAは前述したように，Economic Value Addedの頭文字を取ったものであり，「経済付加価値」とよばれる。これは米国のコンサルタント会社であるスターン・ステュワート社が開発し，普及させた概念である。この概念はいたって単純であり，後述するように，EVAは税引後営業利益から投下資本にかかる資本費用を控除して算定される。

　EVAの基本的思考は株主を重視した経営を行うことであり，その基本的目的は株主価値を創造することである。そして，その背後には，株主価値を創造することによって，すべての利害関係者のニーズを満たし，企業価値を創造するという考えが存在する。企業の利害関係者には，従業員，顧客，供給者，債権者，政府，株主等があるが，これらのうち株主の請求権は1番最後であり，この株主の価値を最大にすることによって，経営者はすべての利害関係者の価値を最大にすることができるからである。

　EVAは様々な利点を有しているが，その最も大きな利点は，それが株主価値創造および企業価値創造を測定することによって株式市場と直接連動する業績尺度であるということである。これについて，EVAの提唱者であるステュワート（Stewart）は次のように表現し，EVAを推奨している。EVAの最も重要な利点は，唯一，企業の本質市場価値に結びついた業績尺度であるということである。EVAは株式市場価値にプレミアムを与える燃料になる。したがって，EVAを目標設定，資本予算決定，業績認識，インセンティブ報酬，「リーダー牛」投資家とのコミュニケーションの尺度として推奨する。言い換えると，

EVAを新しくて完全な統合的財務マネジメント・システムの実行に利用するように主張したい（Stewart［1991］p.119）。

EVAはこのように経営的側面から考察され，企業価値創造とインセンティブ報酬システムについて論じられるのが一般的であるが，本節はこのEVAを会計学的側面から説明する。

1 EVA会計

上述したように，EVA（経済付加価値）は株主を重視することによる株主価値創造および企業価値創造の尺度である。株主が企業に投資するのは，企業が彼らの期待する収益率を上回る利益を稼得することを予測するからである。株主的観点からすれば，彼らの期待収益率を超える利益のみが真の利益であり，それを下回る利益は利益ではないということになる。この株主の期待収益率は「株主資本コスト（率）」とよばれる。

しかし，投下資本に対する資本コストという観点からすると，株主資本コストのみが資本コストではない。債権者も企業に投資するからである。そして，債権者が企業に投資するのは，やはり，企業が彼らの期待する利子率を上回る利益を稼得することを予測するからである。この債権者の投資は企業の側からみれば負債になるので，この利子率は「負債コスト（率）」とよばれる。

後で詳細に述べるように，企業全体の資本コスト（cost of capital）はこれらの株主資本コストと負債コストを加重平均したものであり，これは企業の機会費用としての性格を有することになる。それは株主や債権者の投資家が相対的なリスクをもつ株式や債券のポートフォリオに資金を投入することで期待できる収益率であり，企業が投下されたすべての資本に対して最低限稼得しなければならない収益率である。

これに対して，企業が実際に稼得した収益率は投下資本利益率（ROIC, return on invested capital）とよばれ，これは税引後営業利益（NOPAT, net operating profit after tax）を投下資本で除すことによって求められる。したがって，EVAはこの投下資本利益率から資本コストを控除した率に投下資本を乗じることによって算定されることになる。いま，ステュワートにならって，投下資本利益率をrとし，資本コストを$c*$とするならば，EVAは次式のように

なる（Stewart ［1991］ p.136）[7]。

$$EVA = （r-c*） ×投下資本 \tag{1}$$

しかし，EVAを会計学的に考察するために，この式をさらに次のように変形する必要がある。

$$EVA = r×投下資本 - c*×投下資本$$

ここで，$r×$投下資本はNOPAT（税引後営業利益）であり，$c*×$投下資本は資本費用（capital charge）であるので，(1)式は結局次のようになる。

$$EVA = NOPAT - 資本費用 \tag{2}$$

すなわち，EVAは税引後営業利益から資本費用を控除したものである。換言すれば，EVAは，企業が事業を行うために調達した資本を営業活動を通じて運用し，その結果として得られた税引後営業利益が資本の調達コストである資本費用をどの程度上回っているかを算定するものである。これによって得られるEVA値がプラスならば，企業は事業活動によって企業価値を創造したことになり，逆にEVA値がマイナスならば，企業価値を破壊したことになるのである。

2　NOPATと投下資本

上述したように，EVAはNOPATと資本費用の差額として算定され，NOPATは税引後営業利益であり，資本費用は資本コストに投下資本を乗じたものである。これだけ見ると，EVA会計は簡単なようにみえるが，現実は必ずしもそうではない。というのは，NOPATおよび投下資本は現行の会計シス

---

7)　この式から，EVAが増加するのは次の場合であり，ステュワートによれば，企業はこれに基づいて経営されなければならないことになる（Stewart ［1991］ p.137）。
　⑴　現在の資本から稼得される投下資本利益率が改善する場合。すなわち，より多くの営業利益が事業への追加投資なしに生み出される場合
　⑵　新規資本の資本コストを上回るプロジェクトに追加投資がなされる場合
　⑶　不十分な収益率しか稼得できない水準以下の事業から資本が除却されるか，これ以上の投資が削減される場合

302

テムのそれではなく，現行の発生主義会計に現金主義会計の考えを加味したものとなっているからである。さらにいうならば，現金主義会計の思考が強いからである。

そして，その原因を考えてみると，これもEVAの株主価値重視思考に起因していることが明らかとなる。既述のように，EVAは株主価値の創造を基本目的として，資本費用を超える利益が真の利益であると考えるが，この思考をさらに推し進めると現金主義会計に行きつくことになる。株主の観点からすると，現行の発生主義会計に基づいて，企業が資本費用を超えて利益を稼得したと思われる場合でも，現実にキャッシュで回収が行われていないような未収利益は，真の利益とみなすことはできないからである。

しかし，現金主義会計にも問題がある。例えば固定資産の場合，その経済的効果はその耐用年数を通じて実現するものであり，その支出時に実現するものではないからである。また，研究開発費（R&D）の場合，現行の会計制度ではその支出時に費用計上されるが，その経済的効果は将来に実現するものであり，その支出時に実現するものではない。そこで，EVA会計では，これらの項目は発生主義で処理することになる。

このように，EVA会計ではすべての項目に現金主義を適用するのではなく，現金主義をベースとしながら，発生主義を適宜適用して，NOPATおよび投下資本を算定することになる。具体的には，通常の発生主義会計に基づく財務諸表（損益計算書および貸借対照表）を必要な部分に関して現金主義会計に修正していく方法をとる。

その場合，NOPATおよび投下資本を算定するために通常の財務諸表を修正する方法として，2つのものがある。それは，財務アプローチと事業アプローチである。

財務アプローチは，貸借対照表の貸方に焦点を当てて，投下資本を有利子負債と普通株主持分の合計と定義し，それに対して調整を行うという考え方を採用している。NOPATは普通株主持分に帰属する普通株主利益額に税引後有利子負債利息を加えたものとして定義して，投下資本の修正の考え方に従って修正を加えるという方法をとる。

事業アプローチは，貸借対照表の借方に着目し，投下資本とは総資産額その

ものであるとまず定義する。その上で，EVA上の投下資本と考えられる項目
の追加と投下資本とは考えられない項目の削除を行う。NOPATについては，
税引前営業利益（NOPBT, net operating profit before tax）から始めて所定の修
正を行い，修正後のNOPBTを求める。そして，このNOPBTからNOPBTにか
かるキャッシュ・ベースの税金額を控除してNOPATを算定する。

　財務アプローチおよび事業アプローチに基づいて算定されるNOPATおよび
投下資本はそれぞれ当然一致することになる。これらを具体的に計算する方法
を説明するのにいくつかの形式が考えられるが，表形式が最も理解しやすいと
思われる。そこでいま，これらをマーティン＝ペティ（Martin and Petty）を
参考にして表形式で示すと，**図表9-14**および**図表9-15**のようになる（Martin
and Petty［2000］pp.92,93）。

図表9-14　NOPATの計算

財務アプローチ	事業アプローチ
普通株主利益 ＋税引後支払利息 ＋オフバランス・リースの税引後利息 －その他受動的投資の税引後利益及び利息 ＋優先株式配当金 ＋非支配株主利益	税引前営業利益（NOPBT） ＋オフバランス・リースに含まれる利息 －キャッシュ・ベース税額 　　納税引当金 　　　－繰延税準備金の増加額 　　　＋特別損失（利益）に対する税額 　　　＋支払利息に対する税額 　　　＋オフバランス・リースに含まれる利息に対する税額 　　　－その他受動的投資利益及び利息に対する税額
＋株主資本等価項目の変動 　繰延税準備金の増加額 　LIFO引当金の増加額 　営業権償却 　貸倒引当金の増加額 　R&D，製品開発等の費用計上した無形資産（純）累計額の増加額 　税引後特別損失（利益） 　棚卸資産の陳腐化，製品保証，繰延利益等に対するその他引当金の増加額 ＝NOPAT	＋株主資本等価項目の変動 　LIFO引当金の増加額 　貸倒引当金の増加額 　営業権償却 　R&D，製品開発等の費用計上した無形資産（純）累計額の増加額 　棚卸資産の陳腐化，製品保証，繰延利益等に対するその他引当金の増加額 ＝NOPAT

図表 9-15 投下資本の計算

財務アプローチ	事業アプローチ
普通株主持分 ＋有利子負債 ＋オフバランス・リースの現在価値 ＋オンバランス・リース －市場性ある有価証券 －建設仮勘定 ＋優先株式資本金 ＋非支配株主持分 ＋株主資本等価項目 　繰延税準備金 　LIFO引当金 　貸倒引当金 　営業権償却累計額 　オフバランス営業権 　R&D，製品開発等の費用計上した無形 　資産（純）累計額 　税引後特別損失（利益）累計額 　棚卸資産の陳腐化，製品保証，繰延利 　益等に対するその他引当金 ＝投下資本	総資産 －市場性ある有価証券 －建設仮勘定 －無利子流動負債 ＋オフバランス・リースの現在価値 ＋株主資本等価項目 　LIFO引当金 　貸倒引当金 　営業権償却累計額 　オフバランス営業権 　R&D，製品開発等の費用計上した無形 　資産（純）累計額 　税引後特別損失（利益）累計額 　棚卸資産の陳腐化，製品保証，繰延利 　益等に対するその他引当金 ＝投下資本

3　資本コスト

　それでは次に，EVA会計においてもう1つの重要な構成要素である資本コストについて述べることにしよう。上述したように，資本コストは資本に価値を付加するために企業が最低限稼得しなければならない収益率である。それは，投資者が同等のリスクをもつ企業の株式や債券に投資して稼得が期待できる全体の収益率に等しい機会費用である。この資本コストは負債コストと株主資本コストとに分けられる。

　負債コストは，負債の利息および元本の返済に対する信用リスクに見合う収益率である。これは具体的には負債の利子率を税引後で示したものであるが，その利子率として，現在の負債の利率ではなく，企業が新規に負債を借り入れようとするときに支払わなければならない利率が採用される。いま，ステュワートにならって，税引前の負債の利子率を b とし，実効税率を t とするならば，負債コストは $(1-t)b$ となる。すなわち，負債コストには税効果が働

くことになる。

　株主資本コストは，株主が個々の企業の株式を所有することによる期待収益率であり，その計算には資本資産評価モデル（CAPM, capital asset pricing model）を用いることが多い。そこでは，それは国債等の無リスクの収益率に当該企業の株式リスク・プレミアムを加えたものとなる。いま，無リスクの収益率をr_f，株式市場全体のリスク（株式市場全体の期待収益率）をr_m，株式市場全体に対する個別株式のリスク（市場全体に対する個別企業の株価のボラティリティ）をβとするならば，株主資本コスト（y）は次のように表される。

$$y = r_f + \beta\,(r_m - r_f) \tag{3}$$

　ここで，（$r_m - r_f$）は株式市場のリスク・プレミアムであり，これをr_pで表すと，株主資本コストは次のようになる[8]。

$$y = r_f + \beta\,r_p \tag{4}$$

　そして，企業全体の資本コストはこれらの負債コストと株主資本コストを，投下総資本に対する負債と株主資本との比で加重平均したものとなる。したがって，これは加重平均資本コスト（WACC, weighted average cost of capital）とよばれる。いま，ステュワートにならって，総資本をTC，負債をD，株主資本をEとするならば，WACCの加重平均資本コスト（c^*）は次のようになる（Stewart [1991] p.276）。

$$c^* = (1-t)\,b \times D/TC + y \times E/TC \tag{5}$$

8）これらの式は，「株式に投資する投資家は，比較的リスクの少ない国債に投資する投資家よりも高いリスクをとり，その分だけ高い見返りを求めている」という考え方に基づいている。より高いリスクをとっていることに対する追加分の見返りは，統計的に集計された株式市場全体の平均収益率（r_m）からリスクのない国債投資からの収益率（r_f）との差によって求められる。この差が株式市場のリスク・プレミアム（r_p）であり，株式投資の追加的なリスクをとる場合に得られる追加的な収益率を示している。またβは，各々の株式市場における上場株式の平均的な価格変動と，個別企業の株式の価格変動を比較し，数値化したものである。そもそも，株式投資のリスクは価格変動リスクであるが，βは株式市場全体の平均価格変動を基準とした場合，個別企業の株式の価格変動が平均価格変動をどれほど上回っているか，あるいは下回っているかを示す数値である（アーサーアンダーセン [1999] 33-34頁）。

Ⅴ　EVA会計の具体的計算

　これで，EVA会計の概要が明らかとなったので，本節ではこの会計をさら
に理解するために，具体的な設例を用いて説明することにする。

　EVA会計の計算に際して，その具体的な数値例として，マーティン＝ペティ
が作成した数値例（Martin and Petty［2000］pp.92-98）を参考として用いるこ
とにする。

　いま，ある会社の貸借対照表および損益計算書が**図表9-16**および**図表9-17**
のようであったとする。なお，それらの単位は千ドルである。

図表9-16　**貸借対照表**

	2000年12月31日	2001年12月31日
現金及び預金	$　16	$　20
市場性ある有価証券	4	5
受取手形及び売掛金	300	350
貸倒引当金	(20)	(25)
純受取手形及び売掛金	$　280	$　325
棚卸資産	2,650	3,350
流動資産合計	$2,950	$3,700
土地	210	263
建物及び構築物	2,475	3,114
総固定資産	$2,685	$3,377
減価償却累計額	(500)	(690)
純固定資産	$2,185	$2,687
営業権	50	43
資産合計	$5,185	$6,430
支払手形及び買掛金	$1,040	$1,350
未払金	120	125
未払法人税等	406	530
短期借入金	135	52
流動負債合計	$1,701	$2,057
長期借入金	210	190
オンバランス・リース	880	1,010
負債合計	$2,791	$3,257
繰延税準備金	78	94
繰延利益準備金	15	20
優先株式資本金	20	25
非支配株主持分	25	25
普通株式資本金	$　226	$　232
留保利益	2,030	2,777
普通株主持分	$2,256	$3,009
負債及び資本合計	$5,185	$6,430

308

図表9-17　損益計算書

	2001年12月31日
売上高	$20,650
売上原価	15,900
売上総利益	$ 4,750
販売費及び一般管理費	3,400
減価償却費	210
営業権償却	7
営業利益	$ 1,133
受取利息	5
支払利息	135
特別利益	40
優先株式配当金	3
非支配株主利益	5
税引前利益	$ 1,035
納税引当金	488
普通株主利益	$ 　547

EVAを計算するための補足資料は，次のとおりである。

(1)　当社は棚卸資産および売上原価の評価に関してLIFO（後入先出法）を採用しており，2000年度および2001年度のLIFO引当金は175千ドルおよび200千ドルである。

(2)　当社はオフバランス形式のリース契約を有している。これらのリースの現在価値は各年度においてそれぞれ200千ドルおよび225千ドルである。2001年度において，これらのリースに含まれている利息は21千ドルと推定される。

(3)　当社は持分プーリング法を採用して他社を買収し，その結果40千ドルの営業権が計上されていない。しかし，他の買収における営業権は計上されており，費用として償却されている。2001年度の営業権償却は7千ドルであったが，2000年度末までの営業権償却累計額は73千ドルであり，2001年度末までは80千ドルであった。

(4)　特別利益の累計額は2000年度において210千ドルであり，2001年度において250千ドルである。

(5)　当社の資本コストは10%であり，実効税率は34%である。

　以上の資料に基づいてEVAにおけるNOPATおよび投下資本の計算をそれぞれ財務アプローチおよび事業アプローチに関して行うと，**図表9-18**および**図表9-19**のようになる。

図表9-18 NOPATの計算

NOPAT：財務アプローチ	
普通株主利益	$547
プラス：	
税引後支払利息	89(=135×(1-0.34))
オフバランス・リースの税引後利息	14(=21×(1-0.34))
優先株式配当金	3
非支配株主利益	5
マイナス：税引後投資利益	(3)(=5×(1-0.34))
プラス：株主資本等価項目の変動	
繰延税準備金の増加額	16(=94-78)
LIFO引当金の増加額	25(=200-175)
貸倒引当金の増加額	5(=25-20)
繰延利益の増加額	5(=20-15)
営業権償却	7
税引後特別利益	(26)(=40×(1-0.34))
NOPAT	$687

NOPAT：事業アプローチ		
営業利益		$1,133
オフバランス・リースに含まれる利息		21
税引前営業利益（NOPBT）		$1,154
マイナス：キャッシュ・ベース税額		
納税引当金	488	
－繰延税準備金の増加額	16(=94-78)	
－特別利益に対する税額	14(=40×0.34)	
＋支払利息に対する税額	46(=135×0.34)	
＋リースに含まれる利息に対する税額	7(=21×0.34)	
－投資利益に対する税額	2(=5×0.34)	
キャッシュ・ベース税額		$　509
プラス：株主資本等価項目の変動		
LIFO引当金の増加額		25
貸倒引当金の増加額		5
営業権償却		7
繰延利益の増加額		5
NOPAT		$　687

図表 9-19 投下資本の計算

投下資本：財務アプローチ		
	2000	2001
普通株主持分	$2,256	$3,009
プラス：		
有利子負債	345	242
オンバランス・リース	880	1,010
オフバランス・リースの現在価値	200	225
優先株式資本金	20	25
非支配株主持分	25	25
マイナス：市場性ある有価証券	(4)	(5)
プラス：株主資本等価項目		
繰延税準備金	78	94
LIFO引当金	175	200
貸倒引当金	20	25
営業権償却累計額	73	80
オフバランス営業権	40	40
税引後特別利益累計額	* (139)	** (165)
繰延利益準備金	15	20
	$ 262	$ 294
投下資本	$3,984	$4,825
投下資本：事業アプローチ		
総資産	$5,185	$6,430
マイナス：		
市場性ある有価証券	(4)	(5)
無利子流動負債	*** (1,566)	**** (2,005)
プラス：オフバランス・リースの現在価値	200	225
プラス：株主資本等価項目		
LIFO引当金	175	200
貸倒引当金	20	25
営業権償却累計額	73	80
オフバランス営業権	40	40
税引後特別利益累計額	(139)	(165)
	$ 169	$ 180
投下資本	$3,984	$4,825

*139=210× （1 −0.34）　　**165=250× （1 −0.34）
***1,566=1,040+406+120　　****2,005=1,350+530+125

　財務アプローチのNOPAT計算では，普通株主利益から出発し，支払利息や優先株式配当金のようなすべての財務費用が加算され，投資利益が控除される。財務費用には，オフバランス・リースの利息が含められ，これらの修正はすべ

て，税引後ベースで行われる。次に，発生主義会計から現金主義会計に変換するために，株主資本等価項目のすべての増加額（引当金の増加額，繰延利益の増加額，営業権償却など）が加算され，税引後特別利益が控除される。その結果，NOPATは687千ドルとなる。

　事業アプローチのNOPAT計算では，税引前営業利益から始め，オフバランス・リースに含まれる税引前利息を加算する。次に，損益計算書において発生主義に基づいて計上されている納税引当金を現金主義に変換する。そこでは，財務費用および特別利益に対する税効果も認識される。最後に，発生主義会計から現金主義会計に変換するために株主資本等価項目の増加額を加算する。その結果，財務アプローチと同様に，687千ドルのNOPATが得られる。

　次に投下資本の計算であるが，財務アプローチの投下資本を計算するために，普通株主持分から出発し，買掛金や未払費用のような無利子流動負債を除くすべての負債，優先株式資本金および非支配株主持分を加算する。それから，市場性ある有価証券のような非営業資産を控除する。最後に，株主資本等価項目の増加額ではなく総額を加算する。そうすると，2000年度末および2001年度末においてそれぞれ3,984千ドルおよび4,825千ドルの投下資本が算定される。

　事業アプローチの投下資本計算では，貸借対照表に計上されている企業の総資産から始め，市場性ある有価証券および無利子流動負債を控除し，オフバランス・リースの現在価値を加算し，最後に株主資本等価項目を加算する。その結果，財務アプローチの場合と同様に，3,984千ドルおよび4,825千ドルの投下資本が得られる。

　これらによってNOPATおよび投下資本が計算できたので，いまやEVAを容易に計算することができ，次のようになる。

$$EVA = NOPAT - 資本費用$$
$$= NOPAT - 資本コスト \times 期首投下資本$$
$$= 687千ドル - 10\% \times 3,984千ドル = 289千ドル$$

既述のように，EVAを次のようにも計算することができる。

$$EVA = （投下資本利益率 - 資本コスト） \times 期首投下資本$$

312

ここで，投下資本利益率は次のように算定できる。

投下資本利益率＝NOPAT／期首投下資本＝687千ドル／3,984千ドル
＝17.244%

したがって，EVAは次のようになり，上の計算と当然一致する。

EVA＝（17.244%－10%）×3,984千ドル＝289千ドル

Ⅵ　EVA会計と利速会計の特質

　これまで，利速会計の概要およびその具体的計算を示し，利速会計の実践としてのEVA会計の概要およびその具体的計算を示した。これらの会計を見てみると，それらの間に計算構造的な共通点があることに気づく。利速会計において，利速利益は次のように計算された。

利速利益＝作速収益－通常の原速費用－利子費用（資本コスト）

これは次のように表現することができる。

利速利益＝（作速収益－通常の原速費用）－利子費用（資本コスト）
＝作速利益－利子費用（資本コスト）

他方，EVA会計における利益は次のようであった。

EVA＝税引後営業利益（NOPAT）－資本費用

　ここで，利子費用と資本費用は同じものであり，税引後営業利益は税引後の営業収益から営業費用を差し引いたものである。両者の相違は作速利益と営業利益との違いのみであり，両者は計算構造的に同じであるということができる。利速会計の実践としてEVA会計をあげたゆえんである。
　このことを踏まえて，本節では，EVA会計と利速会計の特質を会計システム論および利益概念論の視点から解明していきたい。まずはEVA会計の特質からであり，これと比較する形式で利速会計の特質を述べることにする。

1 EVA会計の特質

(1) 企業収益力単位と成果利益

　第1章で示したように，会計システムはすべて測定要素である測定単位と評価基準から構成され，利益が決定される。測定単位とは，資産を測定するための基準単位であり，それには，(1)名目貨幣単位，(2)一般購買力単位，(3)個別購買力単位および(4)企業収益力単位がある[9]。他方，評価基準とは，測定単位によって関係づけられる資産の基準となる測定値のことであり，これには，(1)取得原価，(2)購入時価，(3)売却時価および(4)現在価値がある[10]。各会計システムはこれらの測定単位と評価基準を組み合わせることによって導出されることになる。

　これらのことを前提としてEVAを考察すると，EVA会計における評価基準は取得原価であり，測定単位は企業収益力単位であることがわかる。まず，評価基準に関してであるが，EVAの算定に際して投下資本を計算する場合，ほとんどの論者が主張するのは時価ではなく簿価であり，これは評価基準としての取得原価にほかならない。このことから，EVA会計における評価基準は取得原価であるということができる。

　次に，EVA会計における測定単位であるが，これを考察するためにはEVAの原点にまで戻る必要がある。既述のように，EVAは税引後営業利益（NOPAT）から資本費用を控除して算定され，この資本費用は投下資本に資本コストを乗じて計算される。そして，この資本コストは資本に価値を付加する

---

9)　名目貨幣単位は，一般物価の変動，個別物価の変動ないし企業収益力の変化を考慮しない測定単位であり，その時々の基準単位を修正しないものである。一般購買力単位は，一般物価の変動を考慮した測定単位であり，一般物価指数の変動に応じて基準単位を修正していくものである。個別購買力単位は，個別物価の変動を考慮した測定単位であり，個別物価指数の変動に合わせて基準単位を修正していくものである。企業収益力単位は，企業の収益力ないし貨幣収益力を考慮した測定単位であり，企業収益力の変化に応じて測定単位を修正していくものである。

10)　取得原価は，ある資産を購入するために，過去に支払われた貨幣単位量である。購入時価は，ある資産をいま購入するとするならば，支払わなければならない貨幣単位量である。売却時価は，ある資産をいま売却するとするならば，受け取るであろう貨幣単位量である。現在価値は，ある資産を将来売却するとするならば，受け取るであろう貨幣単位量をある利子率で現在に割り引いたものである。

ために企業が最低限稼得しなければならない収益率であり，企業の収益力ない
し貨幣収益力を考慮したものにほかならない。この企業収益力を考慮した測定
単位がまさに企業収益力単位であり，資本コストは実は企業収益力単位であっ
たのである。そして，測定単位として企業収益力単位を採用し，評価基準とし
て取得原価を用いる会計が成果取得原価会計であるので，EVA会計の原型は
成果取得原価会計であり，そこで算定される利益は成果実現利益であるという
ことができるのである。

さらに，これが顕著に表れるのが，EVA会計においてNOPATから控除され
る資本費用である。この資本費用は企業収益力単位で測定され，NOPATから
控除されるということは，この分だけ企業内に留保されるということであり，
成果資本維持機能を果たしているということにほかならない。これによっても，
EVA会計の原型は成果取得原価会計であるということができる。

⑵ 将来成果指向的利益概念

上述したように，EVA会計の原型は成果取得原価会計であり，そこで算定
される利益は成果実現利益であるということができるが，ここで改めて，
EVA会計における利益概念について考えてみよう。

前述したように，EVAは現金主義会計の思考が強い。その理由は，EVAが
株主価値の創造を基本目的としており，株主の観点からすると，現行の発生主
義会計に基づいて，企業が資本費用を超えて利益を稼得したと思われる場合で
も，現実にキャッシュで回収が行われていないような未収利益は，真の利益と
みなすことはできないためである。

しかしながら，上で見たように，EVA会計ではすべての項目に現金主義を
適用するのではなく，現金主義をベースとしながら発生主義を適宜適用して，
NOPATおよび資本費用を算定することになる。具体的には，通常の発生主義
会計に基づく損益計算書および貸借対照表を適宜現金主義会計に修正していく
方法をとる。したがって，これによって算定されるEVAは発生主義会計と現
金主義会計が混合した混合的利益概念であるということができる。

それでは，EVA会計の基本思想が現金主義であるにもかかわらず，なぜ発
生主義が部分的に残るのであろうか。それを解く鍵が，EVA会計において残っ

ている発生主義の各項目に関する理由にあるように思われる。

　EVA会計における発生主義の典型は，有形固定資産の減価償却費，研究開発費（R&D），営業権償却およびオフバランス・リース費用である。これらの項目について，EVA会計で発生主義が採用されるのは，企業の投資行動に対する経済的効果が将来発揮される場合である。すなわち，EVA会計では，企業の投資対象が有形であるか無形であるかに関わりなく，その経済的効果が将来実現すると認識される場合に，その投資を資産計上し，経済効果の実現時にそれに対する費用を認識し，計上するのである。

　この考えはさらに，EVA会計において現金主義を採用する場合にも妥当する。EVAにおいて，現金主義会計が採用される典型は，各種引当金の非計上と税額計算の場合であるが，これらに発生主義会計を適用するとしても，その原因が，経済的効果が将来発揮される企業の投資行動にはないので，これらに対しては現金主義を適用し，支出時に費用計上することになるのである。

　EVA会計の原型は成果取得原価会計であり，その利益概念は成果実現利益概念であるが，その背後には，企業投資に対して将来の経済的効果を会計的に正しく認識するという考えが潜んでおり，EVA会計では，この考えに基づいて発生主義会計と現金主義会計を統合しているのである。そして，そこにおける利益概念は将来の成果を指向した利益概念であり，そのうち当期に実現したものとして認識されるのが成果実現利益であり，株主価値創造および企業価値創造の尺度となるのである。この意味で，EVA会計における利益概念は将来成果指向的利益概念であるということができる。

2　利速会計の特質

(1)　企業収益力単位と成果利益

　EVA会計の第1の特質は，それが測定単位として企業収益力単位を採用し，評価基準として取得原価を用いる成果取得原価会計であり，そこで算定される利益は成果実現利益であるということであった。これと同じことを利速会計についてもいうことができる。

　前述したように，利速会計は原速主義に則っており，そこにおける利速利益は次のように算定される。

$$利速利益 = （作速収益 - 通常の原速費用） - 利子費用 （資本コスト）$$
$$= 作速利益 - 利子費用 （資本コスト）$$

　ここでいう原速とは，財産会計における原価と対比される概念であり，ある利速を得るために犠牲にされた利速のことである。そして，原速主義とは，利速の額がまだ確定していない不確定利速の評価を，その利速を得るために犠牲とされた利速額によって決定しようという主義のことである。

　従来の原価主義との対比において，原価主義は購入資産の増価を認めないということに対して，原速主義は購入資産の「加速」を認めないということである。この原速主義は原価主義に基礎をおいており，したがって，原速は原価と同じ基本思考を有している。この意味で，利速会計における評価基準は取得原価であるということができる。

　次に，利速会計における測定単位であるが，これもEVA会計と同様に，企業収益力単位であるということになる。既述のように，利速利益は作速利益（作速収益 - 通常の原速費用）から利子費用を控除して算定され，この利子費用はやはり投下資本に利子率を乗じて計算される。そして，この利子費用は経営成績に貢献しない「定速」を意味しており，新たな利速を得るために企業が最低限稼得しなければならない収益であり，企業の「定速」における収益力を考慮したものにほかならない。

　この企業収益力を考慮した測定単位がまさに企業収益力単位であり，利子費用（資本コスト）は実は企業収益力単位を測定単位とするものであったのである。そして，測定単位として企業収益力単位を採用し，評価基準として取得原価を用いる会計が成果取得原価会計であるので，利速会計の原型は，EVA会計と同様に成果取得原価会計であり，そこで算定される利益は成果実現利益であるということができる。

(2) 将来成果指向的利益概念

　EVA会計における第2の特質として，そこにおける利益概念は将来成果指向的利益概念であるということであった。これに関しても，多少理論的意味は異なるが，同じことを利速会計についてもいうことができる。

　利速会計は原速主義であり，そこにおける利速は過去の取引に基づいた企業の現状を表しているが，将来をまったく考慮していないというわけではない。前述したように，利速は，「もし現状が維持されれば」来たる1か月間にこれだけの利益が稼得されるということを表しており，そのような現在の状態を示している。さらに，現在の利速を稼得しただけでは，経営成績はゼロとなる。

　このことから，利速会計における利速は将来の企業活動に対する標準ないし基準であるということができる。利速会計では，利益がある一定の率で時間とともに稼得されている状態がベースになっている。このベースが利速会計における標準ないし基準となり，将来の企業活動に対する方向づけを与えることになる。この意味で，利速会計は将来の企業活動に対する最低限の指標を提供することになり，ここに利速会計のもう1つの特質があるということができる。すなわち，利速会計は現在および将来に向けた会計であり，そこにおける利益概念は，EVA会計と同様に，将来成果指向的利益概念であるということができる。

Ⅶ　む す び

　以上，本章では，利速会計の概要およびその具体的計算を示し，利速会計の実践としてのEVA会計の概要およびその具体的計算を示した。そしてさらに，利速会計とEVA会計の計算構造的共通性に着眼し，両会計の特質を解明した。すなわち，利速会計およびEVA会計の原型は，評価基準として取得原価を採用し，測定単位として企業収益力単位を適用する成果取得原価会計であり，その利益概念は将来成果指向的利益概念であることを明らかにした。

　このように，利速会計とEVA会計はいくつかの共通の特質を有しているのであるが，利速会計はさらに独自の特質を有している。そこで，最後にこれを解明することによって，利速会計の本質を明らかにしたい。

　既述のように，利速会計は従来の財産会計を時間で微分したものであり，物理学のニュートン力学における「慣性の法則」を会計に適用したものである。そこでは，従来の走行距離で企業の業績を評価していたのに対して，速度および速度の向上によって業績を評価しようとする。定速で経営していたのでは，

いくら利益を稼得しても，前の経営者の生み出したモメンタム（慣性）に便乗していると見られる可能性があるからである。

このような考えから，速度の会計として生み出されたのが利速会計である。従来の財産会計では利益が円という貨幣単位で測定されるのに対して，利速会計では，従来の会計利益の測定値を時間で微分する関係上，その時間に対する変動率は時間の単位と合成して，例えば「月当たり円」という単位で測定・表示される。

ここで注意すべきは，利益がフローであるのに対して，その変動率はストックであるということである。フローは，2時点を指定してその間にどれだけの変動があったかということで決まる。これに対して，変動率はストックであり，1時点の指定だけで測定・表示されるものである。

利速会計はこの変動率を重視する会計であり，そこにおける利速利益は，期間利益ではなく，時点利益である。これは利速会計独自の特質であり，それゆえ，利速会計の第1の本質は，それがフロー会計ではなくストック会計であり，利速利益も時点利益としてのストック利益であるということである。

利速会計独自の第2の特質は，そこでは利益の認識が連続的に行われるということである。井尻によれば，従来の財産会計では，利益の認識は連続的に行われない。たとえ利子やレンタル収益のように時間の経過に伴って連続的に発生するものであっても，月末とか年末に一挙に仕訳してその記録を行っている。財産会計では，利益はすべて離散的に発生するものであるとし，たとえ連続的に発生するものがあったとしても，それも離散的に発生するものと便宜上みなす。

利速会計では，これとは逆に，利益はすべて連続的に発生するものとし，離散的に発生するものは連続的なもので近似させるか，それがどうしてもできない場合には，利速会計の外の事象として別に利益との調整項目とする（井尻[1990] 127頁）。そして，利速会計では，利速は常に一定つまり「定速」で，経過時間に比例して発生するものとする。さらに，このような「定速」のもとでは，利益＝利速×経過時間となり，利益は連続的に発生するものとなる。ここに利速会計の第2の本質があり，それは，利速会計では利益の認識が連続的に行われるということである。

　以上のような特質および本質をもつ利速会計は，従来の会計を空間的に拡張したということができ，業績評価の新たな視点を提供するものであるということができる。

　会計の空間的拡張に関して，利速会計は時価会計や現在価値会計とは次元的に異なる空間的拡張である。時価会計や現在価値会計は取得原価会計に対する評価基準の拡張であるのに対して，利速会計は取得原価会計に評価基準とはまったく別の時間的な微分・積分の思考を導入したことによる拡張であるからである。

　また，業績評価の新たな視点に関して，利速会計は，従来の期間に基礎を置く業績評価とは異なり，時点に基礎を置く業績評価を重視する会計である。そして，利速会計では，利益がある一定の率で時間とともに稼得されている状態がベースになっている。一定の利速が維持されている以上，その率で利益が稼得されているのは当然で注目に値しないのであり，その「現状」つまり「定速」に変動があって初めて業績があると考える。これにより，利速会計は，従来の曖昧で不明瞭な業績評価に対して，業績評価を厳しくし，経営成績の帰属を厳格にする機能を備えた会計であるということができる。

　本章を終えるに際して，このような利速会計の新しい会計思考が会計科学の発展につながることを強調しておきたい。これに関連して，井尻は次のように述べている。会計の概念や技術を発見・開発していくことは，他の理由がなくとも，科学的に好奇心を満足させる意味からも追求されるべきである。新しく開発されたものが実務で受け入れられて実行されることはいいことであるが，しかし，それは会計事象を理解するという科学上の主目的から見ると，二次的なものにすぎないのである（井尻［1984］110頁）。

　利速会計はまさに新しい会計の概念および技術を発見・開発させたものであり，この意味で，利速会計は会計の科学的発展に大いに寄与するものとして，高く評価すべき会計であるということができるのである。

　ただし，会計の科学的発展のために会計の概念および技術を発見・開発すべきという井尻の主張とその実現は，利速会計だけにとどまるものではない。これには，本章で取り扱ったEVA会計および前章で解説した資金会計および対照資金会計も該当するということができる。

　しかし，そればかりではない。第1章で示したように，会計システムはすべて測定要素である測定単位と評価基準から構成され，利益が決定される。そこでは少なくとも，4つの測定単位と4つの評価基準があり，それらを組み合わせることによって16の会計システムが導出される。その中には，これまで提唱されてこなかった会計システムや利益概念がある。さらに，本書では取り扱わなかったが，現在価値会計の延長線上に「リアル・オプション会計」がある。

　それらを研究対象とし，それらの概念および技術を発見・開発することによって，会計研究の幅が広がることになる。そこに，会計および会計理論において新しい発見や思想が生まれてくる可能性がある。そして，これが会計を科学的に発展させる契機となるのである。

参考文献

[第1章]

岩波書店［1998］『岩波　哲学・思想事典』岩波書店。

上野清貴［1993］『会計利益測定の構造』同文舘出版。

戸田山和久［2015］『科学的実在論を擁護する』名古屋大学出版会。

平凡社［1971］『哲学事典』平凡社。

Bhaskar, R.［2008］*A Realist Theory of Science*, Routledge.

Edwards, E. O. and P. W. Bell［1961］*The Theory and Measurement of Business Income*, University of California Press.

Heath, L. C.［1978］*Financial Reporting and the Evaluation of Solvency*, Accounting Research Monograph No.3, AICPA.

Heath, L. C.［1979］The Funds Statement: Should It be Scrapped, Retainted or Revitalized ?, *Journal of Accountancy*, Vol.148 No.6, pp.88-97.

Heath, L. C.［1981］Cash Receipts and Payments versus Income Reconciliation, in B. E. Hicks and P. Hunt（eds.）, *Cash Flow Accounting*, Cheb Publishing Inc., pp.164-171.

Heath, L. C.［1987］Accounting Communication, and the Pygmalion Syndrome, *Accounting Horizons*, Vol.1, No.1, pp.1-8.

IASB［2018］IFRS *Conceptual Framework for Financial Reporting*, IASB.

Mattessish, R.［1991］Social versus Physical Reality in Accounting, and the Measurement of its Phenomena, *Advances in Accounting*, No.9, pp.3-17.

Mattessish, R.［1995］*Critique of Accounting, Examination of the Foundations and Normative Structure of an Applied Discipline*, Westport, CT.

Mattessish, R.［2003］Accounting Representation and the Onion Model of Reality: A Comparison with Baudrillard's Orders of Simulacra and his Hyperreality, *Accounting, Organization and Society*, Vol.28 No.5, pp.443-470.

Mattessish, R.［2014］*Reality and Accounting, Ontological Explorations in the Economic and Social Sciences*, Routledge.

Sterling, R. R.［1970］*Theory of the Measurement of Enterprise Income*, The University Press of Kansas.

Sterling, R. R.［1979］*Toward a Science of Accounting*, Scholars Book Co.

[第2章]

大森荘蔵［1964］「論理実証主義」（碧海潤一郎他共編『科学時代の哲学1　論理・科学・哲

322

学』培風館所収)。

Dinkel, F. [1974] *Bilanz und Bewertung, Eine wissenschafts- und entscheidungslogische Untersuchung*, Berlin.

Eckardt, H. [1963] *Die Substanzerhaltung industrieller Betriebe*, Köln und Opladen.

Engels, W. [1962] *Betriebswirtschaftliche Bewertungstheorie*, Köln und Opladen.

Feuerbaum, E. [1966] *Die polare Bilanz*, Berlin.

Hax, K. [1957] *Die Substanzerhaltung der Betriebe*, Köln und Opladen.

Heinen, E. [1968] *Einführung in die Betriebswirtschaftslehre*, Wiesbaden.

Hempel C. G. and P. Oppenheim [1953] The Logic of Explanation, in *Readings in the Philosophy of Science*, H. Feigel and M. Brodbeck eds, New York.

Kosiol, E [1970b] Zur Axiomatik der Theorie der pagatorischen Erfolgsrechnung, *Zeitschrift für Betriebswirtschaft*, Jahr.40 Nr.3, S135-162.

Kosiol E. [1976] *Pagatorische Bilanz*, Berlin.

Melinski, S. [1976] *Die organischen Bilanzauffassungen aus der Sicht der Wissenschafts- und Entscheidungslogik*, Tübingen.

Schmalenbach, E. [1956] *Dynamische Bilanz*, 12.Auflage, Köln und Opladen.

Schmidt, F. 1923] *Der Wiederbeschaffungspreis des Umsatztages in Kalkulation und Volkswirtschaft*, Berlin.

Schmidt, F. [1951] *Die Organische Tageswertbilanz*, 3.Auflage, Wiesbaden.

Schmidt, R-D. [1963] *Die Gewinnverwendung der Unternehmung*, Berlin.

Schulze, H.-H. [1965] *Zum Problem der Messung des wirtschaftlichen Handelns mithilfe der Bilanz*, Berlin.

Schweitzer, R. [1970] Axiomatik des Rechnungswesens, in *Handwörterbuch des Rechnungswesens*, hrsg. v. E. Kosiol, Stuttgart, S.83-90.

Schweitzer, M. [1972] *Struktur und Funktion der Bilanz*, Berlin.

Stevens, S. S. [1951] Mathematics, Measurement and Psychophisica, in: *Handbook of Experimental Psychology*, S. S. Stevens ed., New York.

Walb, E. [1926] *Erfolgsrechnung privater und öffentlicher Betriebe*, Berlin und Wien.

[第 3 章]

Sterling, R. R. [1970a] *Theory of the Measurement of Enterprise Income*, The University Press of Kansas.

Sterling, R. R. [1970b] On Theory Construction and Verification, *The Accounting Review*, Vol.45, No.3, pp.444-457.

Sterling, R. R. [1973] Accounting Research, Education and Practice, *The Journal of Accountancy*, Vol.136, No.3, pp.44-52.

Sterling, R. R. [1975] Toward a Science of Accounting, *The Financial Analysts Journal*, Vol.31, No.5, pp.28-36.

Sterling, R. R. [1979] *Toward a Science of Accounting*, Scholars Book Co.

Sterling, R. R. [1985] *An Essay on Recognition*, The University of Sydney Accounting Research Centre.

Sterling, R. R. [1988a] Confessions of a Failed Empiricist, *Advances in Accounting*, Vol.6, No.1, pp.3-35.

Sterling, R. R. [1988b] The Subject-Matters of Accounting, Draft-10/24/88, pp.1-39.

Sterling, R. R. [1989] Teaching the Correspondence Concept, *Issues in Accounting Education*, Spring, Vol.4, pp.82-93.

Sterling, R. R. [1990] Positive Accounting: An Assessment, *Abacus*, Vol.26, No.2, pp.97-135.

Watts, R. L. and J. L. Zimmerman [1986] *Positive Accounting Theory*, Prentice- Hall.

[第 4 章]

平凡社 [1971] 『哲学事典』 平凡社。

Bell, P. W. and L. T. Johnson [1979] Current Value Accounting and the Simple Production Case: EDBEJO and Other Companies in the Taxi Business, in Sterling R. R. and A. L. Thomas (eds.), *Accounting for a Simplified Firm Owning Depreciable Assets*, Scholars Book Co., pp.95-130.

Edwards, E .O. and P. W. Bell [1961] *The Theory and Measurement of Business Income*, University of California Press.

Edwards, E. O., P. W. Bell and L. T. Johnson [1979] *Accounting for Economic Events*, Scholars Book Co.

Sterling, R. R. [1970a] *Theory of the Measurement of Enterprise Income*, The University Press of Kansas.

Sterling, R. R. [1970b] On Theory Construction and Verification, *The Accounting Review*, Vol.45, No.3, pp.444-457.

Sterling, R. R. [1972] Decision Oriented Financial Accounting, *Accounting and Business Research*, Vol.3, Summer, pp.198-208.

Sterling, R. R. [1973] Accounting Research, Education and Practice, *The Journal of Accountancy*, Vol.136, No.3, 1973, pp.44-52.

Sterling, R. R. [1975a] Relevant Financial Reporting in an Age of Price Changes, *The Journal of Accountancy*, Vol.139, No.2, pp.42-51.

Sterling, R. R. [1975b] Toward a Science of Accounting, *The Financial Analysts Journal*, Vol31, No.5, pp.28-36.

Sterling, R. R. [1979] *Toward a Science of Accounting*, Scholars Book Co.

324

Sterling, R. R. [1981] Costs (Historical versus Current) versus Exit Values, *Abacus*, Vol.17, No.2, pp.93-129.

Sterling, R. R. [1985] *An Essay on Recognition*, The University of Sydney Accounting Research Centre.

[第 5 章]

青柳文司 [1986]『アメリカ会計学』中央経済社。

青柳文司 [1998]『会計物語と時間―パラダイム再生―』多賀出版。

青柳文司 [2008]『現代会計の諸相―言語・物語・演劇―』多賀出版。

井尻雄士 [1968]『会計測定の基礎』東洋経済新報社。

井尻雄士 [1976]『会計測定の理論』東洋経済新報社。

椛田龍三 [2013]「会計における二重の受託責任概念（目的）について」『経済論集』（大分大学）第65巻第 2 号, 89-124頁。

渡邉泉 [2016]『帳簿が語る歴史の真実―通説という名の誤り―』同文舘出版。

AAA [1966] *A Statement of Basic Accounting Theory*, AAA.

AAA [2007] The FASB's Conceptual Framework for Financial Reporting: A Critical Analysis, *Accounting Horizons*, Vol.21 No.2, pp.229-238.

AICPA [1973] *Objectives of Financial Statements*, AICPA.

Austin, J. L. [1975] *How to Things with Words*, 2nd ed., Harvard University Press.

FASB [1978] *Objectives of Financial Reporting by Business Enterprises*, SFAC No.1, FASB.

IASB [2010] The Conceptual Framework for Financial Reporting, IASB.

Ijiri, Y. [1981] *Historical Cost Accounting and Rationality*, the Canadian Certified General Accountants' Research Foundation.

Rosenfield P. [1974] Stewardship, in Cramar, Jr., J. J. and G. H. Sorter eds., *Objectives of Financial Statements*, AICPA.

[第 6 章]

青柳文司 [1979]『新版会計学の原理』中央経済社。

青柳文司 [1991]『会計学の基礎』中央経済社。

上野清貴 [2018]『財務会計の基礎（第 5 版)』中央経済社。

永井成男・黒崎宏 [1962]『科学哲学概論』有信堂。

永井成男 [1971]『科学と論理』河出書房新社。

永井成男 [1974]『哲学的認識の論理』早稲田大学出版部。

永井成男 [1976]『世界観の論理』早稲田大学出版部。

永井成男 [1979]『分析哲学とは何か』紀伊國屋書店。

永井成男［1984］『認識と価値』早稲田大学出版部。

永井成男［1988］『現象主義と世界』世界書院。

[第7章]

井尻雄士［1968］『会計測定の基礎』東洋経済新報社。

井尻雄士［1976］『会計測定の理論』東洋経済新報社。

永井成男［1971］『科学と論理』河出書房新社。

永井成男［1984］『認識と価値』早稲田大学出版部。

Ball, R. and P. Brown［1968］An Empirical Evaluation of Accounting Income Numbers, *Journal of Accounting Research*, Vol.6 No.2, pp.159-178.

Chambers, R. J.［1966］*Accounting, Evaluation and Economic Behavior*, Prentice- Hall.

Chambers, R. J.［1980］*Price Variation and Inflation Accounting*, McGraw-Hill Book Co.

Edwards, E. O. and P. W. Bell［1961］*The Theory and Measurement of Business Income*, University of California Press.

Edwards, E. O., P. W. Bell and L. T Johnson［1979］*Accounting for Economic Events*, Scholars Book Co., 1979.

Ijiri, Y.［1981］*Historical Cost Accounting and Rationality*, the Canadian Certified General Accountants' Research Foundation.

Mattessich［1995］*Critique of Accounting, Examination of the Foundations and Normative Structure of an Applied Discipline*, Quorum Books.

Nicklisch, H.［1922］*Wirtschaftliche Betriebslehre*, 6.Auflage, Stuttgart.

Nicklisch, H.［1932］*Die Betriebswirtschaft*, 7.Auflage, Stuttgart.

Schär, J. F.［1922］*Buchhaltung und Bilanz*, 5.Auflage, Berlin.

Schmalenbach, E.［1939］*Dynamische Bilanz*, 7.Auflage, Leipzig.

Schmalenbach, E.［1956］*Dynamische Bilanz*., 12.Auflage, Köln und Opladen.

Sterling, R. R.［1970］*Theory of the Measurement of Enterprise Income*, The University Press of Kansas.

Sterling, R. R.［1979］*Toward a Science of Accounting*, Scholars Book Co.

Watts, R. L. and J. L. Zimmerman［1986］*Positive Accounting Theory*, Prentice Hall.

[第8章]

上野清貴［2018］『収入支出観の会計思考と論理』同文舘出版。

笠井昭次［1994］『会計構造の論理』税務経理協会。

永井成男［1974］『哲学的認識の論理』早稲田大学出版部。

永井成男［1979］『分析哲学とは何か』紀伊國屋書店。

Kosiol E.［1954］Pagatorische Bilanz（Erfolgsrechnung）, in *Lexikon des kaufmännischen*

Rechnungdwesens, hrsg. v. K. Bott, Stuttgart, S.2095-2120.

Kosiol, E [1964] *Buchhaltung und Bilanz*, Walter de Gruyter & Co.

Kosiol, E [1970a] Pagatorische Bilanztheorie, in *Handwörterbuch des Rechnungswesens*, hrsg. v. E. Kosiol, Stuttgart, S279-302.

Kosiol, E [1970b] Zur Axiomatik der Theorie der pagatorischen Erfolgsrechnung, *Zeitschrift für Betriebswirtschaft*, Jahr.40 Nr.3, S135-162.

Kosiol, E [1976] *Pagatorische Bilanz*, Duncker & Humblot.

Schmalenbach, E. [1939] *Dynamische Bilanz*, 7.Auflage, G. A. Gloeckner, Verlagsbuchhandlung.

Schmalenbach, E. [1956] *Dynamische Bilanz*, 12.Auflage, Westdeutscher Verlag.

Walb, E. [1926] Die *Erfolgsrechnung privater und öffentlicher Betribe, Eine Grundlegung*, Industrieverlag Spaeth & Linde.

[第 9 章]

アーサーアンダーセン[1999]『株主価値重視の企業戦略』東洋経済新報社。

井尻雄士 [1984]『三式簿記の研究』中央経済社。

井尻雄士 [1990]『利速会計入門』日本経済新聞社。

上野清貴 [2005]『公正価値会計と評価・測定』中央経済社。

内井惣七 [2004]『アインシュタインの思考をたどる　時空の哲学入門』ミネルヴァ書房。

内井惣七 [2006]『空間の謎・時間の謎』中公新書。

Ijiri, Y. [1982] *Triple-Entry Bookkeeping and Income Momentum*, AAA.

Ijiri, Y. [1989] *Momentum Accounting and Triple-Entry Bookkeeping*, AAA.

Martin, J. D. and J. W. Petty [2000] *Value Based Management: The Corporate Response to the Shareholder Revolution*, Harvard Business School Press.

Stewart, G. B. Ⅲ [1991] *The Quest for Value*, Harper Collins Publishers.

索　引

328

≪著者紹介≫

上 野 清 貴 (うえの きよたか)

1950年	和歌山市に生まれる。
1973年	中央大学商学部卒業
1977年	中央大学大学院商学研究科博士前期課程修了
1980年	神戸大学大学院経営学研究科博士後期課程単位取得
	九州産業大学経営学部専任講師
1986年	九州産業大学経営学部助教授
1988年	ユタ大学経営学部客員研究員 (〜1990年)
1992年	九州産業大学経営学部教授
1994年	長崎大学経済学部教授
1995年	博士 (経済学) (九州大学)
2001年	税理士試験委員 (〜2003年)
2008年	中央大学商学部教授

【主要著書】

『スターリング　企業利益測定論』(訳,同文舘出版,1990年),『会計利益測定の理論』(同文舘出版,1991年),『会計利益測定の構造』(同文舘出版,1993年,日本公認会計士協会学術賞受賞),『会計利益概念論』(同文舘出版,1995年),『会計の論理構造』(税務経理協会,1998年),『キャッシュ・フロー会計論』(創成社,2001年),『公正価値会計と評価・測定』(中央経済社,2005年),『会計利益計算の構造と論理』(編著,創成社,2006年),『公正価値会計の構想』(中央経済社,2006年),『現代会計基準論』(中央経済社,2007年),『企業簿記の基礎 (第2版)』(中央経済社,2012年),『現代会計の論理と展望』(創成社,2012年),『簿記のススメ』(監修,創成社,2012年,日本簿記学会学会賞受賞),『会計測定の思想史と論理』(中央経済社,2014年),『連結会計の基礎 (第3版)』(中央経済社,2014年),『会計学説の系譜と理論構築』(編著,同文舘出版,2015年),『人生を豊かにする簿記』(監修,創成社,2015年),『現場で使える簿記・会計』(編,中央経済社,2017年),『会計理論研究の方法と基本思考』(中央経済社,2017年),『全国経理教育協会公式簿記会計仕訳ハンドブック』(共編著,創成社,2017年),『スタートアップ会計学 (第2版)』(編著,同文舘出版,2018年),『収入支出観の会計思考と論理』(同文舘出版,2018年),『財務会計の基礎 (第5版)』(中央経済社,2018年),『日本簿記学説の歴史探訪』(編著,創成社,2019年)。

会計の科学と論理

2019年6月1日　第1版第1刷発行

著　者　上　野　清　貴
発行者　山　本　　　継
発行所　㈱中央経済社
発売元　㈱中央経済グループ
　　　　パ ブ リ ッ シ ン グ

〒101-0051　東京都千代田区神田神保町1-31-2
電　話　03 (3293) 3371 (編集代表)
　　　　03 (3293) 3381 (営業代表)
http://www.chuokeizai.co.jp/
製　版／三英グラフィック・アーツ㈱
印　刷／三英印刷㈱
製　本／誠　製　本㈱

© 2019
Printed in Japan

会計と会計学の到達点を理論的に総括し、
現時点での成果を将来に引き継ぐ

体系現代会計学 全12巻

■総編集者■

斎藤静樹(主幹)・安藤英義・伊藤邦雄・大塚宗春

北村敬子・谷　武幸・平松一夫

■各巻書名および責任編集者■

中央経済社